21世纪高等院校教材

物流运输管理

李文翎　编著

科学出版社
北　京

内 容 简 介

本书是一本体系结构合理、理论与方法并重、信息量大、操作性强的物流规划与管理类教科书。全书共十章，由物流运输基础、物流运输管理与物流运输决策三大部分组成。第一章至第三章为基础部分，主要介绍物流运输的基本原理及基础概念、特点与形式；第四章至第七章介绍主要的物流运输管理领域与方法；第八章至第十章借助大量案例分析企业运输的主要决策与方法。各章既有相对独立的主题与体系，彼此之间又互相承启、密不可分，使理论与实践得到很好的结合，可较有效地启发学生的思维和激发学生学习的积极性与主动性。

本书既可作为高等院校的本科、高职高专等层次的物流规划与管理专业的教学用书，又可以作为物流运输管理人员、技术人员的参考资料和决策指南用书。

图书在版编目（CIP）数据

物流运输管理/李文翎编著. —北京：科学出版社，2014.6
21 世纪高等院校教材
ISBN 978-7-03-040599-9

Ⅰ.①物… Ⅱ.①李… Ⅲ.①物流-货物运输-管理 Ⅳ.①F252

中国版本图书馆 CIP 数据核字（2014）第 095794 号

责任编辑：杨　红/责任校对：张凤琴
责任印制：赵　博/封面设计：迷底书装

科学出版社 出版
北京东黄城根北街 16 号
邮政编码：100717
http://www sciencep com
固安县铭成印刷有限公司印刷
科学出版社发行　各地新华书店经销
*
2014 年 6 月第　一　版　　开本：787×1092　1/16
2026 年 1 月第七次印刷　　印张：13 1/2
字数：354 000

定价：39.00 元

（如有印装质量问题，我社负责调换）

前　言

现代物流是我国国家发展和改革委员会提出的十大振兴产业之一，因为它融合了运输业、仓储业、货运代理业和信息业等产业，涉及领域广、吸纳就业人数多、拉动消费作用大，所以是我国国民经济的重要组成部分；而且，十大产业振兴规划中，除物流业之外的其他产业的振兴规划都需要以物流业为代表的服务业的支撑。因此，我国物流业正在进入一个快速腾飞阶段。市场上有不少有关物流运输管理的教材，其内容各具特点，然而，笔者始终觉得缺乏从不同的层面来审视物流运输的格局与组织决策的著作。因此，作者希望在系统介绍基本理论和知识的基础上，构筑我国物流与运输的宏观格局，探索区域间的中观物流运输组织规划，并在微观上重视结合本土化的案例分析与决策训练，在深度和广度上全面体现理论与实践的紧密结合。编写本教材的目的是为各高校物流规划与管理专业的学生、从业人员以及广大有志从事物流服务工作的人员提供一本理论性和实践性兼备的专业教材。

教材结构设计分为基础知识、管理方法和决策实操三部分，共十章，具体内容包括物流运输导论、物流运输的基本结构、集装箱运输与国际多式联运、物流运输市场管理、物流运输成本管理、物流运输绩效管理、物流运输信息管理、运输经营决策、干线运输决策、配送运输决策。采用理论、案例、分析的写法，注重操作性与分析评价，深入剖析物流运输的管理经验与决策方法。

本书除第二章由李久兰编写、第三章由李久兰和李文翎合作编写之外，其他各章都由李文翎独立撰写完成。此外，何佳伟、廖洁英、胡静婷、夏薇、招伟彬等多位同学在案例搜集和资料整理方面也做了大量的辅助工作。在此对各位老师、同学表示衷心的感谢！

本书在编写过程中，参阅了大量的相关著作、论文及网络资源等参考文献，并将引用的资料列于书后的参考文献中，如有遗漏，恳请谅解。在此向参考文献中的所有作者对本书提供的大力帮助也一并表示诚挚的谢意！

同时还要感谢广州市重点学科（地理学）、广州市教学团队项目（资源环境与城乡规划管理）、广东省教改项目、广州大学教材出版基金、广州大学专业综合改革试点项目（人文地理与城乡规划）给予的经费支持。

由于编者水平有限，书中不妥之处在所难免，恳请同行专家、学者及读者朋友批评指正。

李文翎
2014 年 3 月

目　　录

第一章 物流运输导论

运输业作为一个特殊的生产行业，通过一定时间内商品的空间位移，来实现商品的价值和使用价值。应该说在“位移”这一特征上，运输与物流没有本质的区别，只不过现代物流意义上的“位移”，其范围更为广泛，内容更为深刻。因此，交通运输的五大主要方式——公路、铁路、水路、航空与管道运输，也是现代物流系统中最重要的运行方式。

第一节 运输与现代物流

一、运输的概念及其地位

运输是社会生产必备的一般条件，是整个社会经济的主要基础之一。生产、分配、交换和消费必须通过运输这一纽带才能得到有机结合。生产的社会化程度越高，商品经济越发达，生产对流通的依赖性越大，运输在再生产中的作用越重要。运输活动及其载体所构成的运输体系是物流管理系统中最重要的组成部分。可以说运输是现代物流的业务核心，是物流运作与管理不可缺少的一环。因此，加强对现代物流运输活动的研究，实现企业运输合理化，无论对物流系统整体功能的发挥，还是对国民经济持续、稳定、协调的发展，以及企业的自身竞争实力的增强都有着极为重要的意义。

（一）运输的概念

运输是指物品借助于运力在空间上所发生的位置移动。具体地讲，运输是通过各种运输手段使货物在物流节点之间流动，以改变“物”的空间位置为目的的活动，其中包括集货、分配、搬运、中转、装入、卸下、分散等一系列操作。虽然运输过程不产生新的物质产品，但它可以实现物流的空间效用。

运输作为物流系统的一项功能来讲，包括生产领域的运输和流通领域的运输。生产领域的运输活动一般是在生产企业内部进行，称为厂内运输。厂内运输是作为生产过程的一个组成部分，直接为物质产品的生产服务的。其运输内容包括原材料、在制品、半成品和成品的运输。流通领域的运输活动，则是作为流通领域里的一个环节，其主要内容是对物质产品的运输，是以社会服务为目的，完成物品从生产领域向消费领域在空间位置上的物理性的转移过程。它既包括物品从生产所在地直接向消费所在地的移动，也包括物品从生产所在地向物流网点的移动和由物流网点向消费（用户）所在地的移动。为了区别长途运输，往往把从物流网点到用户的运输活动称为“发送”或“配送”；将场地内部的移动称为“搬运”。

（二）运输的作用

运输的作用是克服产品生产与需求之间存在的空间和时间上的差异。通过时间和空间的变动，运输使产品产生了增值。因此，运输的作用主要体现在以下几点。

1. 开拓市场的空间与时间效用

运输最重要的作用是克服产品在生产与需求之间存在的时间和空间上的差异。运输首先实现了产品在空间上移动的职能，即产品的位移。无论产品是哪种形式，是材料、零部件、配件、在制品或成品，或是在流通中的商品，要被转移到下一阶段，或更接近最终的顾客，运输都是必不可少的。

随着技术的发展，运输手段的不断改善，运输效率的不断提高，运输费用的不断降低，市场引力范围的不断扩大，使从远距离市场采购的货物也能获利。因此运输系统的改善既扩大了市场区域范围，也扩大了市场本身的交换规模，为大规模的商品销售提供了前提条件。

运输在开拓市场过程中不仅能创造出明显的“空间效用”，同时也具有明显的“时间效用”。运输的时间效用与空间效用密切相关。市场上对某种商品的需要往往具有很强的时限性，超过了这一时限，商品的需求量就会大大减少甚至完全消失。一种商品如果因为时间关系失去了市场需求，这种商品在特定的时间内就不再具有价值，或者其价值大打折扣。高效率的运输能够保证商品在市场需要的时间内适时运到，从而创造出一种“时间效用”，繁荣市场。与运输的空间效用一样，运输的时间效用同样可以开拓市场。

2. 促进劳动的地域分工和市场专业化

运输的空间效用使地域分工专业化和规模化生产得以实现。

任何一个地方都不可能生产所有的产品，每个地域都会根据当地的资本、劳动力和原材料情况，提供能够发挥地域最大优势的产品和服务，这种生产的地域分工专业化将带来双赢的局面。在我国，地域分工的专业化很明显。例如，石油工业是新疆的第一大支柱产业；原油加工业和人造原油生产业是陕西的比较优势所在；以兰州为基地的石化工业是甘肃的传统优势产业；在东北，原油加工业和人造原油加工业是辽宁最具比较优势的产业；在华北，内蒙古是甜菜种植和食糖生产的重要地区，金属冶炼业也比较发达（有色金属矿产丰富）；在西北，宁夏和青海的铁合金冶炼业、轻有色金属冶炼业也是竞争力很强的产业。

地域分工专业化假设大规模的生产发生在生产地，而对产品的需求分布于或近或远的其他地方。原材料需要被运输到生产地，成品也需要依赖运输系统被送到需要该产品的其他地方。因此，地域分工专业化得以充分发挥的必要条件是通过运输系统实现物资的空间位移，将在A地（最有效生产）的产品运输到B地，而将B地（最有效生产）的产品运输到A地。如果没有高效的运输网络，则规模经济的优势、生产效率和低价生产设施的效用都会受到影响。

3. 鼓励市场竞争并降低市场价格

运输费用是所有商品市场价格的重要组成部分，商品市场价格的高低在很大程度上取决于它所含运输费用的多少。运输系统的改革和运输效率的提高，有利于降低运输费用，从而降低商品价格。运输费用的降低可以使更多的产品生产者进入市场参与竞争，也可以使消费者得到竞争带来的好处。如果没有运输，离市场近的厂商就可以影响甚至垄断市场，可以决定商品的市场价格，而高效的运输系统和廉价的运输可以扩大市场销售范围，使离市场更远的厂商进入市场并参与竞争。这样，商品的市场价格将通过公平竞争和市场机制决定。实际上，由于劳动分工和地区专业化的作用，商品的市场价格很可能是由远方供应者决定的，因为它的生产成本最低。因此，正是由于运输系统的存在鼓励了市场竞争，也降低了商品价格。

运输与土地利用方式和土地价格之间存在密切的关系。高效、廉价的运输可以使土地获得多种用途，如果没有运输将产品送到远方市场，很多土地将变得无用或用途很小。运输条件的改善可以使运输延伸到的地区地价增值，从而促进该地区的市场繁荣和经济发展。

二、运输与现代物流的关系

（一）运输与物流的区别

物流是指为满足用户需要而进行的原材料、中间库存、最终产品及相关信息从起点到终点间的有效流动，以及实现这一流动而进行的计划、管理和控制过程。物流过程包括包装、装卸、运输、储存、流通加工、配送和信息处理等内容。运输在物流过程中承担了改变空间状态的主要任务，它是改变物品空间状态的主要手段。运输再配以搬运、配送等活动，就能圆满地完成改变物品空间状态的全部任务。从概念可以看出，运输只是物流过程中的一个组成部分。

现代物流具有系统性、综合性和总成本控制的思想。它将市场经济活动中的所有供应、生产、销售、运输、库存及相关的信息流动等活动视为一个具有动态性的系统总体，关心的是整个系统的运行效率和效益，物流的效率与效益是整个物流过程的综合反映，因此物流的现代化水平往往是整个国家综合实力的重要标志。另外物流突出了市场服务的观点，一切从客户的需要出发。专业物流企业通过不断提高服务水平取得竞争优势，争得市场份额。物流与运输的主要区别表现在以下几个方面。

1. 物流在时间上的刚性约束

物流的仓储、运输、配送是以企业的生产、销售计划为前提的。物流的精益化生产要求物流服务时间上的精确化，因此产品的实物流动快或慢、接取送达的早或晚都是不合理的。物流管理与运输的最大区别就在于全过程是否用精确的时间进行控制和组织。

2. 物流服务在时间上的弹性调整

物流的作业应当有高度的计划性，但这种计划的本质要求服从企业的生产、销售节奏，一旦生产、销售节奏发生变化，合理的物流计划也要不厌其烦地进行调整和补救。物流作业计划不像运输计划那样可以作为与用户争执责任的证明，其随生产变化的灵活性是服务水准的体现。

3. 物流服务在范围上的延展性

物流服务应追求高质量的水准，要理解质量有标准但没有极限。在服务过程中，凡是用户不满意的地方都应加以改进，这些改进和附加的工作往往会形成新的服务项目或服务产品，为企业带来更多的商机和更高的回报。

4. 物流服务是企业营销进行的创造性设计

物流企业要加强营销以争取用户，但这种营销不是传统运输的报价和合同的签订，而是为用户设计一整套最优化、最经济的产品物流方案，因此营销的成败往往取决于是否有一支既懂运输又精通生产、销售和财务管理的人才队伍，取决于它们是否具有创造性的应变和设计能力。

5. 物流服务在实力上须有长期性伙伴关系

物流服务与运输的明显不同之处在于选择且高度重视那些能长期合作的用户，不惜代价与它们建立一荣共荣、一损共损的伙伴性关系。这种伙伴性关系的实力体现在与具有各种运输方式的协作伙伴关系是否巩固、网络化支撑是否强大，因此具备多式联运功能也是物流企业不可或缺的手段。

（二）运输在物流中的作用

运输是物流过程的主要职能之一，也是物流过程各项业务的中心活动。物流过程中的其他各项活动，如包装、装卸搬运、物流信息传递等，都是围绕着运输而进行的。可以说，在科学技术不断进步、生产的社会化和专业化程度不断提高的今天，一切物质产品的生产和消费都离不开运输。物流合理化在很大程度上取决于运输合理化，所以在物流过程的各项业务活动中，运输是关键，起着举足轻重的作用。运输工作是整个物流工作一个十分重要的环节，搞好运输工作对企业物流的意义体现在以下方面。

1. 运输是物流系统功能的核心

物流系统具有创造物品的空间效用、时间效用、形质效用三大效用（或称三大功能），时间效用主要由仓储活动来实现，形质效用由流通加工业务来实现，空间效用通过运输来实现。运输是物流系统不可缺少的功能。物流系统的三大功能是主体功能，其他功能（装卸、搬运和信息处理等）是从属功能。而主体功能中的运输功能的主导地位更加凸显，是所有功能的核心。

2. 运输影响着物流的其他构成因素

运输在物流过程中还影响着物流的其他环节。例如，运输方式的选择决定着装运货物的包装要求；使用不同类型的运输工具决定其配套使用的装卸搬运设备以及接收和发运站台的设计；企业库存储备量的大小直接受运输状况的影响，发达的运输系统能适量、快速和可靠地补充库存，以降低必要的储备水平。

3. 运输费用在物流费用中占有很大比重

在物流过程中，直接耗费的活劳动和物化劳动所支付的直接费用主要有运输费、保管费、包装费、装卸搬运费和物流过程中的损耗等。其中，运输费用所占的比重最大，是影响物流费用的一项重要因素，是降低物流费用、提高物流速度、发挥物流系统整体功能的中心环节，特别是在我国交通运输业还不很发达的情况下更是如此。因此，在物流的各环节中，如何搞好运输工作，开展合理运输，不仅关系到物流时间占用的多少，而且还会影响到物流费用的高低。不断降低物流运输费用，对于提高物流经济效益和社会效益都有着重要的作用，所谓物流是企业的“第三利润源”，其意义也在于此。

4. 运输合理化是物流系统合理化的关键

物流合理化是指在各物流子系统合理化的基础上形成的最优物流系统总体功能，即系统以尽可能低的成本创造更多的空间效用、时间效用和形质效用。或者从物流承担的主体来说，以最低的成本为用户提供更多优质的物流服务。运输是各功能的基础与核心，直接影响着物流子系统，只有物流合理化，才能使物流结构更加合理，总体功能更加优化，因此，运输合理化是物流系统合理化的关键。

（三）物流对运输的超越

1. 物流的系统化管理远远超出运输范畴

物流管理系统的建立和运转，是以服务生产、流通、消费的全部过程为出发点的。物流系统根据生产企业的供应渠道和生产过程以及销售渠道，从生产和流通企业中取得的收益远远大于运输的收益。

2. 物流关注着信息流和增值流的同步联动

物流不同于运输只注重实物的流动，它还同时关注着信息流和增值流的同步联动。信息流不仅通过电子或纸质媒介反映产品的运送、收取，更重要的是反映由市场做出的对物流质量的评价。增值流是指物流所创造的形态效用（通过生产、制造或组装过程实现商品的增值）、空间效用（原材料、半成品或成品从供方到需方的位置转移）和时间效用（商品或服务在客户需要的时间准确地送到)。有人把物流称为继降低成本和提高生产效率之后的“第三利润源”。物流所创造的增加值不断影响企业产品的价格和利润。这是因为：一方面，在市场零售价格均衡一致时（同类产品的价格相当），特定企业产品的物流费用越少，企业的利润越高；另一方面，企业在确定了产品的合理利润率的情况下，物流费用越少，产品的零售价格就越有降低的可能，从而刺激消费者购买，提高企业产品的竞争能力。

3. 物流的出发点是以生产和流通企业的利益为中心的

运输只是物流管理控制的必要环节，处于从属地位。从这一意义说，有物流必然有运输，而再完善的运输也远不是物流。运输企业要开展物流，必须主动地服务于工商企业产品的生产和销售，服务于产品的市场竞争和利益，主动开展物流市场调查、市场预测，到工商企业中做好推销、宣传等业务，根据工商企业的需要，为其提供全方位的物流服务，并且从上游企业的利益增长中取得的附加值远大于运输的回报。从社会利益上讲，物流业也可以促进专业分工的发展。

4. 物流的管理观念比运输更先进

物流更强调为顾客服务，不是管理者和产品造就企业，而是顾客造就了企业。如果物流与顾客保持接触并满足顾客需要，物流会在产品、价格相同的市场战略上起很大作用。物流经营者一般参与企业之间的供应链，即面向为顾客服务所做的从原材料供给到商品送到消费者手中的整个过程，这是许多企业参与的联动行为，生产企业可以集中精力从事自己的核心业务，物流企业则专门搞好物流业务，如联运、配送、仓储、流通加工等。

5. 物流比运输更重视先进技术的应用

由于现代物流关心顾客的服务水平提高、总成本的降低和网络化、规模化，所以人们普遍认为：通过全球卫星定位系统对物流的全过程进行实时监控、适时货物跟踪和适时调度是很有必要的；实现与顾客特别是与长期合作的主要顾客通过电子数据交换系统（electronic data interchange，EDI）联系，这在国外一些物流先进的国家已经得到很好的应用。另外，自动装卸机械、自动化立体仓库、自动堆垛机和先进适用的信息系统也在国外得到了广泛的应用。

（四）物流中运输的构成

1. 物流中运输的参与者

运输交易与一般的商品交易不同，一般的商品交易只涉及买方和卖方，而运输交易往往受到托运人（起始地）、收货人（目的地）、承运人、政府和公众五方面的影响。

（1）托运人和收货人。托运人和收货人的共同目的是要在规定的时间内以最低的成本将货物从起始地转移到目的地。运输服务中应包括具体的提取货物和交付货物的时间、预计运输时间、货物损失率以及精确和适时的交换装运信息和签发凭证。

（2）承运人。承运人作为中间环节，期望以最低的成本完成所要完成的运输任务，同时获得最大的运输收入。因此，承运人希望按托运人（或收货人）愿意支付的最高费率收取运费，从而使转移货物所需的劳务、燃料和运输工具成本最低，并且期望在提取和交付时间上有灵活性，以便能够使个别的装运整合成经济运输批量。

（3）政府。运输也是一种经济行业，要维持交易中的高效率，政府具有重要作用。政府期望形成稳定而有效率的运输环境，促进经济持续增长，使产品有效地转移到全国各地市场，并以合理的成本获得产品。为此，政府比一般企业更多地干预承运人的活动，这种干预往往采取规章制度、政策促进、拥有承运人等形式。政府通过限制承运人所能服务的市场或确定他们所能收取的价格来规范承运人的行为，通过支持研究开发或提供诸如公路或航空交通控制系统之类的通行权来促进承运人的发展。

（4）公众。公众关注运输的可达性、费用和效果以及环境和安全标准。公众按合理价格产生对周围商品的需求并最终确定运输需求。尽管最大限度地降低成本对于消费者来说是重要的，但与环境和安全标准有关的交易代价也需要加以考虑。尽管目前在降低污染和消费安全方面已有了重大进展，但会造成空气污染等仍是困挠交通运输业发展的一个重大问题。既然要把降低环境风险或运输工具事故的成本转嫁到消费者身上，那么他们必然会共同参与对运输的安全的判断和决策。

显然，各方的参与使运输关系变得很复杂，使运输决策也很复杂。这种复杂性要求运输管理者需要考虑多方面的因素，顾及各个方面的利益。

2. 运输服务的提供者

运输服务是由各种提供者综合提供的。主要包括单一方式经营人、专业承运人、联运经营人和非作业性质的中间商。

（1）单一方式经营人。最基本的承运人类型是仅利用一种运输方式提供服务的单一方式经营人，这种集中程度使承运人高度专业化，有足够的能力和较高的效率。航空公司就是单一方式的货运或客运承运人，它们只提供机场至机场的服务，托运人或旅客必须自己前往机场和离开机场。

（2）专业承运人。小批量货物装运和交付在运输中存在很多问题，主要是公共承运人很难提供价格合理的小批量装运服务，而且服务质量较低。于是提供专门化服务的公司乘机进入小批量装运服务市场或包裹递送服务市场，在美国如 UPS 公司、联邦快递、DHL 等，在我国也出现了很多这样的承运人，如中国邮政、EMS 和一些快递公司等。

（3）联运经营人。联运经营人使用多种运输方式，利用各自的内在经济，在最低的成本条件下提供综合性服务，组成托运人眼中的“一站式”服务。对于每一种多式联运的组合，其目的都是综合各种运输方式的优点，以实现绩效最优化。现在人们越来越强烈地意识到多式联运将成为一种提供高效的运输服务的重要手段。

（4）中间商。运输服务的中间商通常不拥有或经营运输设备，但向其他厂商提供经纪服务，他们的职能类似于营销渠道中的批发商。中间商通常向托运人提供的费率在相应的装运批量上低于专业承运人的费率，中间商的利润是向托运人收取的费率和向承运人购买的运输服务成本的差额。货运中间商可以使托运人和承运人有机结合起来，既方便了小型托运人的托运活动，同时也简化了承运人的作业行为，并且可以通过合理安排运输方式来避免物流运输的浪费。运输服务中间商主要有货运代理人、经纪人以及托运人协会。

第二节　运输功能与原理

一、运输功能

运输是供应链运作必需的环节，是货物空间状态改变的唯一手段。在货物空间状态改变的过程中，运输工具是货物暂时储存的流动仓库，货物信息也随运输传递。货物位移、储存和信息传递是运输的基本功能。

（一）货物位移功能

运输的主要功能是克服产品在生产与需求之间存在的空间上和时间上的差异，使产品在价值链中来回移动，即通过改变产品的位置，消除产品在生产与消费的空间位置上的背离，或将产品从效用价值低的地方转移到效用价值高的地方，创造出产品的空间效用。运输的主要目的是以最少的时间和最低的费用完成物品的运输任务。同时，产品转移所采用的方式必须满足顾客的要求，产品遗失和损坏必须降低到最低水平。通过位置移动，产品价值得以提升，运输创造出产品的时间效用。

（二）货物存储功能

运输的另一大功能就是对物品、货物的短时储存。在运输工具上的、在运输期间的各类物资等都被理解为短时储存，也就是说，将运输工具作为临时的储存设施。如果转移中的物品需要储存，而在短时间内还需要重新转移，装货和卸货的成本也许会超过储存在运输工具中的费用，或在仓库空间有限的情况下，可采用迂回路径或间接路径运往目的地。尽管使用运输工具储存产品可能是昂贵的，但如果从总成本或完成任务的角度来看，考虑装卸成本、储存能力的限制等，使用运输工具储存货物有时是合理的，甚至是必要的。只不过物品是在运输工具上或在移动过程中，而不是处于纯粹的库存或闲置状态。

（三）货物信息传递功能

随着信息技术的发展和货物标识（条形码或电子标签）的普及，货物运输信息化已在众多企业实现。信息传递功能主要指带有条形码或电子标签的货物，随着其位置的移动，相应的信息随之传递，这也是货物能够进行跟踪的基本原理。

二、运输原理

运输业同生产制造业一样遵循规模效益原理，即随着运输要素投入的增加，单位运输成本随之降低，形成运输规模效益。运输规模效益集中反映在规模经济、距离经济和时间经济三方面，是企业运输方式选择、运输网络设计、运输调度等决策的理论依据。

（一）规模经济原理

规模经济原理是指随着单次运输装运量的增大，单位重量货物的固定运输成本逐步下降。因为运量越大，单位重量货物分摊的固定费用越低。固定费用包括接受运输订单的行政管理费，定位运输工具装卸的时间，开票以及设备费用等。如铁路运输和水路运输的运输工具装载量大，其规模经济相对于运输量小的汽车、飞机等运输工具要好；整车运输由于利用了整个车辆的运输能力，固定费用也较低，因而单位重量货物的运输成本也会低于零担运输。因此，利用规模经济原理，企业在运输过程中可采用集中运输、共同配送、小车换大车、选择运输量大的运输方式等方法，使运输资源和货源能够产生集中效益，降低企业运输成本。

（二）距离经济原理

距离经济原理是指同一种运输方式，单位距离分摊的运输成本随距离的增加而逐渐减少。这是因为货物在运输端点装卸所发生的固定费用要分摊到单位距离上，随着距离的增加，可以使固定费用分摊给更多的千米数，导致每千米支付的总费用降低。从图 1.1 可以看出，在运输距离为零时，运输成本并不为零，这个费用称为终端费用。同时，水路运输的终端费用远大于铁路运输和公路运输，这也说明水路运输在短距离运输时没有优势。可见在综合考虑规模经济与终端费用的基础上，企业在选择运输方式时，要考虑距离经济问题，如铁路和水路运输在长距离运输中，距离经济效益表现显著。

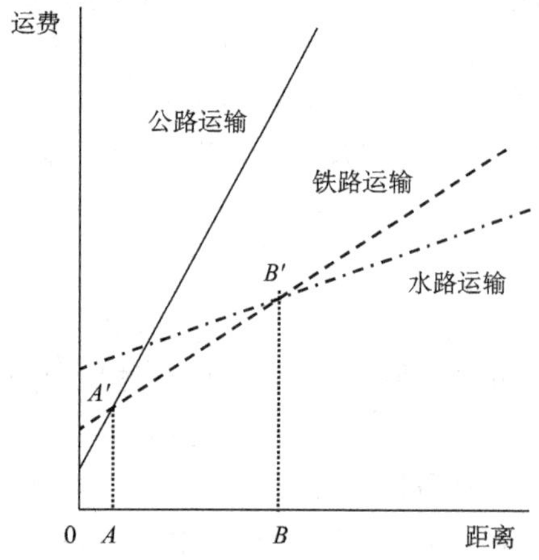

图 1.1　各种运输方式合理使用范围
（杨万钟，1999）

（三）时间经济原理

物流运输时间经济的本质要求，是节约物品从生产领域向消费领域转移过程中的时间。通过节约运输时间，使物品能够在其流通的极限时间内，以较快的速度进入消费领域，与客户见面，实现物品的价值。物品的极限时间可以用物品寿命周期、保质期、订货提前期、销售季节等表示。在选定的运输方式和事先确定的运送时间中，运输时间越短，运输效率越高，运输产生的效益也越大。

运输所需的时间越短，其效用价值越高。首先，运输时间缩短，实际是单位时间里的运输量增加，与时间有关的固定费用分摊到单位运量上的费用减少，如管理人员的工资、固定资产的使用费、运输工具的租赁费等；其次，由于运输时间短，物品在运输工具中停滞的时间缩短，使到货期提前，有利于减少库存、降低存储费用。因此，快速运输是提高运输效用价值的有效途径。

快速运输不仅指提高运输工具的行驶速度，还包括其他辅助作业的速度提高及相互之间的衔接时间缩短，如分拣、包装、装卸、搬运，以及中途换乘转装等。快速的运输方式当然是影响快速运输的重要因素，但是运输速度快的运输方式一般运输成本也较高。因此，通过选择高速度的运输方式来实现快速运输时，应权衡运输的速度与成本之间的关系，在运输方式已定的情况下，应尽可能加快各环节的速度，并使它们更好地衔接。

第三节　我国交通与物流的发展

一、运输发展概况

改革开放以来，我国交通运输业实现了全面快速发展，以公路、铁路、航空、水运等为主的综合运输网络初步形成，交通运输量和港口吞吐量大幅增长，运输设施和装备水平显著提高，现代管理方式和信息化应用水平明显提升。交通运输业无论从运输里程、运输量，还是从技术装备水平等各个方面都实现了跨越式发展，步入了交通线路纵横交错、多种运输方式共同发展的新阶段。

（一）交通运输业全面快速发展

新中国成立以来，全国的交通运输业经过六十多年的建设有了较大的发展（表 1.1），已初步形成了以铁路干线、公路干线、长江水运、海运为骨架，由铁路、公路、水运、航空、管道五种运输方式组成的综合运输体系。

表 1.1　中国历年各种运输方式营运里程变化　　（单位：万 km）

运输方式	1950 年	1960 年	1970 年	1980 年	1990 年	2000 年	2004 年	2010 年
铁路	2.22	3.39	4.10	4.99	5.34	5.87	7.44	9.12
公路	9.96	51.00	63.67	88.33	102.8	140.27	187.07	400.82
内河航道	7.36	17.00	14.84	10.85	10.92	11.93	12.33	12.42
民航	1.13	3.81	4.06	19.53	50.68	150.29	204.94	276.51

资料来源：1950～1990 年数据来源于《公路运输文摘——现代高速》，2002 年第 12 期；2000～2010 年数据来源于《中国统计年鉴》。

改革开放初期，我国交通运输业基础薄弱，运输总量不足。1978 年，全国运输路线总里程只有 123.5 万 km，其中，铁路 5.2 万 km，公路 89 万 km，内河航道 13.6 万 km，民用航空航线 14.9 万 km，管道运输 0.8 万 km。全国铁路复线里程 7630km，电气化里程只有 1030km；铁路机车拥有量 10179 台，其中蒸汽机车 8039 台，占机车总量近 80%。公路中，高级和次高级公路占的比重很小，仅为 14.7%，路面铺装率只有 71.9%，绝大部分为砂石路面，等外公路占 40%以上，没有高速公路；汽车缺重少轻，性能差，油耗高。内河航道大都处于自然状态，通航里程逐渐萎缩，沿海港口深水泊位仅有 133 个，港口机械设备落后，运输船舶少。民用机场只有 30 多个，机场设施落后，飞机陈旧。

改革开放以来，我国交通运输基础设施，尤其是陆路交通基础设施得到了迅速发展。如我国大陆地区高速公路建设是在 20 世纪 80 年代中期才起步，第一条高速公路是沪嘉（上海桃浦工业区，原上海嘉定县）高速公路，全长 18km，1984 年动工，1988 年建成通车。我国高速公路建设起步虽晚，但发展迅速。1999 年，高速公路里程突破 1 万 km；2002 年突破 2 万 km；2003 年达到 2.9745 万 km，居世界第二位（仅次于美国）；2004 年突破 3 万 km；2005 年突破 4 万 km；2007 年突破 5 万 km；2008 年突破 6 万 km。我国高速铁路的发展更是神速，第一条高速铁路是 2008 年开通的京津城际高铁。而截至 2010 年 10 月，我国高速铁路里程已超过 7055km，居世界首位。

（二）综合运输网络初步形成

在中国广袤的国土上，一个分布遍及沿海和内地，以铁路、内河航道为主轴，公路为支脉，兼有航空和管道运输的水-陆-空立体综合运输网已经初步形成。在此基础上，综合运输网的骨架已基本形成，在全国范围内已经形成由不同运输方式组成的“七纵六横”通道网络。

1.“七纵”大通道

（1）哈尔滨—沈阳—大连—上海—广州通道。由陆路、海上和空中 3 种交通干线组成。它既是中国北煤南运、北油南运的通道，也是南北沿海各地区联系的主要通道，其沿海部分是中国开放战略中“弓箭战略”的对外交通联系的“弓身”，海上运输潜力巨大。

（2）北京—天津—济南—徐州—南京—上海通道。主要由京沪铁路、京沪高速公路（G2）、京沪高速铁路及京杭大运河、鲁宁管道等组成，它沟通了京津唐、沪宁杭两大工业带，也是北煤南运、北油南运的重要通道，是我国运输密度最大的交通主干道之一。

（3）北京—石家庄—郑州—武汉—长沙—广州通道。主要由京广铁路、京港澳高速公路（G4）、武广高速铁路及北京至广州的航空线路组成，是北煤南运的通道，沟通了华北、华中和华南；北端是首都，我国的政治、经济、文化中心，南端是我国对外开放的前沿，经济发展水平高，该干线是我国又一条运输密度较大的交通主干道之一。

（4）北京—九江—南昌—赣州—深圳—九龙通道。主要由大广高速（G45）、京九铁路组成，京九铁路纵贯中国南北，是京沪、京广两大南北向干线之间的一条铁路新干线，于 1996 年 9 月 1 日正式通车，极大地缓解了京广铁路、京沪铁路的压力。

（5）大同—太原—焦作—枝城—柳州—湛江通道。由北同蒲、太焦、焦柳、黎湛等铁路线组成，是山西、陕西、河南煤炭南运的通道和开发中西部的一个重要条件，也是京广铁路的分流线。

（6）包头—潼关—西安—安康—重庆—贵阳—柳州—防城—友谊关通道。由襄渝、川黔、黔桂、湘桂、南防等铁路线组成，沟通了华北西北部、西北东部和华南西部。

(7) 中卫—宝鸡—成都—昆明—河口通道。主要由京昆高速（G5）汉中—昆明段及中宝、宝成、成昆铁路线组成，是目前联系西北和西南两大地区的主要通道。

2. “六横”大通道

(1) 绥芬河—哈尔滨—满洲里通道。位于东北中北部，主要由绥满高速（G10）及滨绥、滨洲两条铁路线组成，东、西两端通过与俄罗斯的铁路连接形成第一亚欧大陆桥，在国内沟通了松嫩工业基地和东北木材、粮食、石油、煤和畜产品产区的经济联系。

(2) 兰州—中卫—包头—大同—北京—秦皇岛—沈阳—丹东通道。连接了西北、华北、东北大干线，主要由京藏高速（G6）、京新高速（G7）部分路段及包兰、京包、京秦、大秦、京沈、沈丹铁路与京兰、京沈等民用航空线路组成，其东端经丹东与朝鲜的交通网相连，中部通过集二铁路线与蒙古及俄罗斯相通，在国内沟通了京津唐与辽中南两大工业基地，是晋煤外运的重要通道，沿线还拥有全国重要的铁矿、畜产品产出地及全国最大的盐场——长芦盐场。

(3) 潼关—太原—石家庄—济南—青岛通道。主要由南同蒲、石太、石德、胶济等铁路线及京昆高速（G5）、青银高速（G20）的部分路段组成，沟通了晋中南的煤炭产出地、胶济沿线工业地带和山东盐场的经济联系。

(4) 阿拉山口—乌鲁木齐—兰州—西安—郑州—徐州—连云港通道。主要由北疆、兰新、陇海等铁路线及连霍高速（G30）组成，是连接华东、华北、西北的最长的东西向大动脉，它不仅是山西、陕西、内蒙古、山东的煤炭与新疆物资外运的主要线路，更是我国通向中亚、欧洲的又一条亚欧大陆桥。

(5) 成都—重庆—武汉—上海通道。主要由长江水运线及成渝铁路、沿江高速、沿线航空线路组成，沟通了中国实力最强的沪宁杭工业带、武汉工业区和成渝工业区的经济联系，也是中国实施开放的“弓箭战略”的“箭体”所在。

(6) 昆明—贵阳—怀化—株洲—南昌—杭州—上海通道。由贵昆、湘黔、浙赣、沪杭等铁路及沪昆高速（G60）、上海至昆明等民用航空线路组成，沿线有丰富的有色金属、煤、磷灰石等资源，是华东通往中南和西南地区的重要通路。

（三）运输结构渐趋合理

1. 客运结构发生了根本性的变化

从表1.2和表1.3可以看到，在1950～2010年的60多年时间里，我国的客运结构发生了根本性变化。虽然铁路仍是国民经济的命脉，承担了中长距离的客运，但铁路在客运中的地位逐渐下降，其“铁老大”的地位已不复存在，主要原因是公路（尤其是高速公路）迅速发展。公路客运不仅成为中短途客运的主力，并且开始抢占部分中长途客运市场。公路客运量大幅增长，所占比重从1970年的48%上升至2000年的91%，年均增幅1.48%，分流了大量的短途客运。而水运，无论是客运量还是客运周转量，所占比例均明显下降。水运在客运市场上地位的下降是正常现象，因为从时效性、舒适性等方面来看，水运均无法与其他客运方式竞争（观光旅游除外）。航空运输也得到飞速发展，分流了部分中长途客运量，其周转量已占总周转量的8%，但客运量所占比率仅为0.45%。随着我国经济发展水平和人民生活水平的提高，航空客运量将会继续缓步增加。总之，我国客运结构逐渐趋于合理化，各种运输方式的特点得以充分发挥。

表 1.2　中国历年客运周转量变化　　（单位：亿人·km）

运输方式	1950 年	1960 年	1970 年	1980 年	1990 年	2000 年	2004 年	2010 年
铁路	212.4	674.0	718.2	1383.0	2612.0	4532.6	5712.2	8762.2
公路	12.8	146.0	240.1	729.5	2620.3	6657.4	8748.4	15020.8
水路	14.7	61.9	71.0	129.1	164.9	100.5	66.3	72.3
民航	0.1	0.6	1.8	39.6	230.5	970.5	1782.3	4039.0
合计	240.0	882.5	1031.1	2281.2	5627.7	12261	16309.1	27894.3

资料来源：同表 1.1。

表 1.3　中国历年客运量变化

运输方式		1950 年	1960 年	1970 年	1980 年	1990 年	2000 年	2004 年	2010 年
铁路	客运量（万人）	15691	61822	52455	92122	95712	105073	111764	167609
	比例（%）	77	58	40	27	12	7.1	6.32	5.12
公路	客运量（万人）	2301	32524	61812	222799	648085	1347392	1624526	305273
	比例（%）	11	30	48	65	84	91.1	91.91	93.4
水路	客运量（万人）	2377	12333	15767	26439	27225	19386	19040	22392
	比例（%）	12	12	12	8	4	1.3	1.08	0.68
民航	客运量（万人）	1	21	22	343	1660	6722	12123	26769
	比例（%）	0	0	0	0	0	0.5	0.69	0.81
合计	客运量（万人）	20370	106700	130056	341703	772682	1478573	1767453	3269508
	比例（%）	100	100	100	100	100	100	100	100

资料来源：同表 1.1。

2. 货运需求及其结构的变化

在货运周转量方面，水运占主导地位（54%），公路增长速度最快；在货运量方面，公路占主导地位（78%），铁路所占比例明显减少，水路则略有下降趋于平缓，见图 1.2。经进一步分析可看出，水路货运量虽略有下降，但周转量却保持上升势头，平均运距增长幅度更大（表 1.4）。这表明水路在远洋运输，尤其在粮食、煤、建材、矿石、石油等大宗散货运输上具有不可替代的优势。水运和铁路是货运的主力，这与它们的技术经济特征是相一致的，与我国的国情及目前的经济发展水平也是一致的。

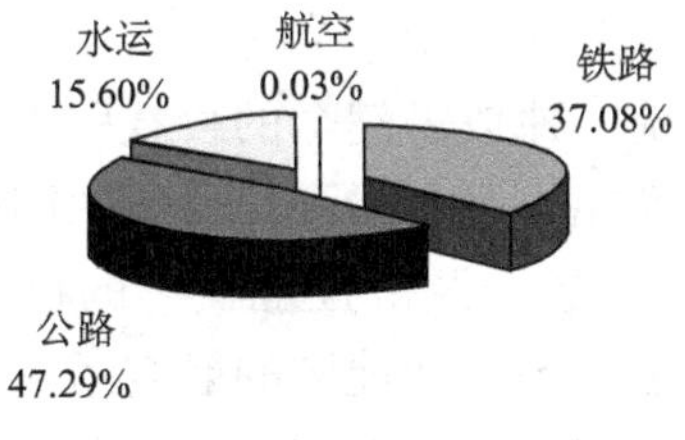

(a) 货运量构成比重：1980年

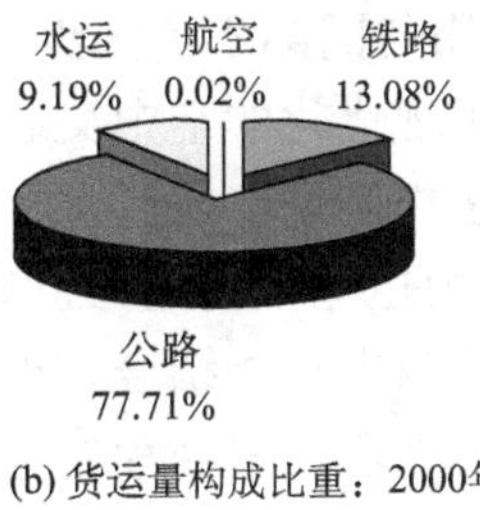

(b) 货运量构成比重：2000年

图 1.2　中国货运量构成比重变化

表 1.4　各种运输方式平均运距变化趋势　（单位：km）

运输方式		1950 年	1960 年	1970 年	1980 年	1990 年	2000 年	2004 年	2010 年
铁路	客运	135.4	109.0	136.9	150.1	273.0	431	511	523
	货运	394.8	411.6	513.1	513.7	705.0	781	775	759
公路	客运	55.6	44.8	38.8	32.7	40.4	49	53	49
	货运	10.6	18.7	24.3	20.0	46.4	59	63	177
水路	客运	61.8	50.2	45.0	48.8	60.6	52	35	32
	货运	191.1	235.9	366.0	1184.0	1447.3	1939	2211	1806
航空	客运	1000	761.9	818.2	1154.5	1388.6	1444	1470	1509
	货运	1000	1000	1000	1555.6	2216.2	2556	2595	3177

资料来源：同表 1.1。

（四）交通运输设施设备水平提高

在交通运输基础建设不断加强、运力结构显著改善、运输能力不断提高的同时，随着科学技术的研发和应用，综合交通运输设施、设备快速发展。

1. 铁路列车运行速度达国际水平

2007 年我国铁路复线和电气化里程分别达到 25794km 和 24047km，是 1978 年的 3.4 倍和 23.3 倍，拥有机车 1.83 万台，牵引动力全部实现内燃动力化。目前，我国铁路已形成了“四纵两横”的提速网络，时速 160km 及以上的线路延展里程达到 16000km，覆盖了全国大部分地区和主要城市。

2006 年 7 月 1 日青藏铁路建成通车，克服了高寒缺氧、多年冻土、环境保护等难题，谱写了铁路建设的新篇章。客运专线、城际铁路和高速铁路建设全面推进，北京到天津的高速列车最高运行时速达 350km。2009 年 12 月 26 日正式运营的武广高铁纵跨湖北、湖南、广东三省，北起武汉新火车站，南到广州南站，全长 1068.6km，列车设计时速 350km，试验最高时速达 394.2km，是目前世界上运营时速最快、一次性建成里程最长的高速铁路。

2. 公路运输装备水平提高

公路运输车辆不断增加的同时，车辆装备水平也不断提高，高档化、舒适化、大型化、专业化车辆比重上升，高档载客汽车和大型化、专业化载货汽车数量迅速增加。公路旅客运输向快捷、舒适、安全方向发展，公路货运向快速、长途、重载方向发展，专用车产品向重型化、专用功能强、技术含量高的方向发展。

3. 民用飞机应用与国际水平同步

民航业已建成了现代化的空中交通管理系统，建成了健全的科技引进创新体系、人力资源开发体系和法律法规体系，航空安全综合保障能力逐步增强。目前中国民航已拥有各类型飞机 1000 多架，主力运输飞机均为世界上技术先进、经济性能良好的机型，并形成了一个国内四通八达、干线与支线相结合，连接世界主要国家和地区的航空运输网络。目前，在主要航路上已实现了航管雷达覆盖和先进的通信导航设施联网，其中京穗、京沪、沪穗航路在 7000m 以上高空实现了二次雷达覆盖。北京首都机场、上海浦东机场和广州白云机场等三大枢纽机场已初步达到国际先进水平。

4. 长输油气管道技术进步

目前，管道勘察、选线已经应用航空遥感和卫星定位技术，管道设计采用了先进的计算机辅助设计，管道施工的开沟、布管、焊接、下沟回填实现了自动化一条龙施工作业。我国已具备了在国际市场上进行长距离输送管道及其配套工程的设计、施工能力，年管道建设能力由20世纪70年代的400多千米，提高到现在的2500km。我国长输油管道技术已达到国际20世纪90年代水平。横贯我国东西4000多千米的西气东输管道工程于2010年正式通过国家竣工验收，它覆盖110多个城市、3000多家大中型企业，我国长输油气管道技术取得了较大的进步。

（五）现代管理和信息化应用水平不断提高

随着计算机技术和网络技术的普及，铁路车号自动识别及铁路运输管道系统等技术已得到普遍应用；公路不停车收费和联网收费系统、船舶交通管理系统、海运信息化管理系统等已接近国际先进水平；民航票务和结算系统达到较高水平；管道运输数据采集与监控系统等已得到广泛运用。智能交通系统技术研究正在我国全面启动，部分城市已经建立了信息化交通管理指挥中心，交通运输管理水平不断提高。

二、物流发展概况

总体来看，中国物流产业的规模目前还比较小，发展水平也比较低，一方面是由我国经济发展水平和阶段所决定的；另一方面，也是更为重要的是，我国经济体制中还存在着许多影响和制约物流产业健康发展的因素。

（一）物流产业发展仍然面临着较大的市场需求约束

受传统计划经济体制的影响，我国相当多的企业仍然保留着“大而全”、“小而全”的经营组织方式，从原材料采购到产品销售过程中的一系列物流活动主要依靠企业内部组织的自我服务完成。据2000年中国国际物流研讨会上中国仓储协会《中国物流市场供求分析报告》，在工业企业中，36％和46％的原材料物流由企业自身和供应方企业承担，而由第三方物流企业承担的仅为18％。产品销售物流中由企业自理、企业自理与第三方物流企业共同承担比例分别是24.1％和59.8％，而全部由第三方物流企业承担的仅为16.1％；在商业企业中，由企业自理和供货方承担的物流活动分别为76.5％和17.6％。与此同时，多数企业内部各种物流设施的保有率都比较高，并成为企业经营资产中的一个重要组成部分。这种以自我服务为主的物流组织模式在很大程度上限制和延迟了工商企业对高效率的专业化、社会化物流服务需求的产生和发展，这也是当前制约中国物流产业快速发展的一个重要瓶颈。

在工商企业优化内部物流管理、提高物流效率的过程中，也存在着企业内部物流活动逐步社会化的发展趋势及对社会化物流的潜在需求。但由于市场发育不完善和现代企业制度改革不彻底，一方面企业内部运输和仓储等设施、各种物流装备、各类物流从业人员等资源，还不能在全社会范围内实现合理的交流和流动；另一方面，企业缺乏提高物流效率、降低运输成本的内在动力和手段，无法将其内部低效率的物流设施、人员和组织实施与企业有效的剥离，使得企业不得不继续沿用以往的物流方式，社会化、专业化物流需求仍难以转化为现实。

（二）专业化物流服务和经营管理水平有待提高

尽管中国已出现了一些专业化物流企业，但物流服务水平和效率还比较低，主要表现在以下三方面。第一，服务方式和手段比较原始和单一。目前多数从事物流服务的企业只能简单地提供运输（送货）和仓储服务，而在流通加工、物流信息服务、库存管理、物流成本控制等物流增值服务方面，尤其在物流方案设计以及全程物流服务等更高层次的物流服务方面还没有全面展开。第二，物流企业组织规模较小，缺乏必要的竞争实力。目前我国从事物流服务的企业，包括传统的运输和储运等流通企业和新型的专业化物流企业，规模和实力都还较小，网络化经营组织尚未形成。例如，全国从事公路货物运输的经营业户有274万户，平均每个经营业户拥有的运营车辆仅1.43辆；拥有运营车辆超过100辆的企业只有中远、中外运等少数企业。第三，物流企业经营管理水平较低，物流服务质量有待进一步提高。多数从事物流服务的企业缺乏必要的服务规范和内部管理规程，经营管理粗放，很难提供规范化的物流服务，服务质量较低。

（三）低水平的物流基础设施和装备条件严重影响着物流效率的提高

虽然我国的物流基础设施和装备条件已有较大的发展和改善，但与我国经济水平以及物流产业的发展要求相比，与发达国家相比，仍然有较大的差距，在相当程度上影响着我国物流效率的提高，不利于物流产业的快速健康发展。主要表现在以下几方面。

第一，我国交通运输基础设施总体规模仍然很小。按国土面积和人口数量计算的运输网络密度，我国仅为1344.48km/万km^2和10.43km/万人，而美国为6869.3km/万km^2和253.59km/万人，德国为14680.4km/万km^2和65.94km/万人，印度为5403.9km/万km^2和21.6km/万人，巴西为1885.8km/万km^2和118.4km/万人，不仅远远落后于欧美等经济发达国家，与印度、巴西等发展中国家相比，也存在较大差距。

第二，现代化物流集散和储运设施较少，发展水平较低。长期以来，我国在交通枢纽、公共储运设施、各种现代化物流中心等物流集散设施建设方面明显滞后，各种工商企业内部仓储设施也难以构成企业投资发展的重点。目前，交通运输部的公路主枢纽规划虽已经完成，但是仅有上海、深圳等地的一级主枢纽开始建设；航空货运基地尚在规划之中。我国经济系统中能够有效连接不同运输方式的大型综合货运枢纽、服务于区域经济或城市内部的各种物流基地、物流中心还比较缺乏，这严重影响着物流集散乃至运输效率的提高。

第三，各种物流设施及装备的技术水平较低，物流作业效率不高。以货物运输设施和装备为例，铁路的货运重载、高速、自动化管理目前仍处在起步阶段；高速公路和高等级公路还比较少，汽车专用公路仅占公路总里程的1%，等外公路仍高达20%以上；公路货运中各种专用运输车辆的比例仅占全部货运车辆的3%；沿海港口装备水平参差不齐，近年来建设的北仑港、盐田港、秦皇岛港及大连、天津、青岛、上海等港口的集装箱码头的现代化程度比较高，相当于发达国家20世纪80年代的水平，其他大部分港口或港区的装备水平仅相当于发达国家20世纪60～70年代的水平，发达国家已极少采用的件杂散货运输方式在我国港口仍普遍存在；民航货运业还很不发达，全国航空货运飞机仅有14架，以客运飞机搭载货运仍然是主要的航空货运方式。

第四，设施结构不尽合理，不能充分发挥现有物流设施的效率。如在运输设施方面，一是运输设施的区域布局不均衡，东部地区运输设施比较发达，而中西部地区，特别是西部地区运输设施比较落后；另外，各种运输方式之间尚未形成合理分工关系，市场范围交叉严重，在同类货源上进行盲目竞争，使得各种运输方式不能合理地发挥各自的优势。

第五，物流设施和装备的标准化程度较低。物流设施和装备的标准化是物流产业发展中的一个关键问题，标准化程度的高低不仅关系到各种物流功能、要素之间的有效衔接和协调发展，也在很大程度上影响着全社会物流效率的提高。

我国物流设施和装备方面的标准化程度较低的主要表现，一是各种运输方式之间装备标准不统一。例如，海运集装箱与铁路集装箱标准的差异，在一定程度上影响着我国海铁联运规模的扩展，我国海铁联运的集装箱运输在集装箱运输总量及铁路运输总量中的比例都比较低，对我国国际航运业务的拓展、港口作业效率的提高以及进出口贸易的发展都有一定程度的影响。二是物流器具标准不配套，例如，现有托盘标准与各种运输装备、装卸设备标准之间缺乏有效衔接，降低了托盘在整个物流过程中的通用性，也在一定程度上延缓了货物运输、储存、搬运等过程的机械化和自动化水平的提高。三是物流包装标准与物流设施标准之间缺乏有效的衔接，虽然目前我国对商品包装已有初步的国家和行业标准，但在与各种运输装备、装卸设施、仓储设施相衔接的物流单元化包装标准方面还比较欠缺，这对各种运输工具的装载率、装卸设备的荷载率、仓储设施空间利用率等方面的影响较大。

第六，信息技术应用水平较低。以信息系统建设为例，一是工商企业内部物流信息管理和技术手段都还比较落后，如条形码技术、全球卫星定位系统（global positioning system，GPS）、物资采购管理（material requirement planning，MRP）和企业资源管理（enterprise resource planning，ERP）等物流管理软件，在物流领域中的应用水平较低；二是缺乏必要的公共物流信息交流平台，以电子数据交换（electronic data interchange，EDI）、互联网等为基础的物流信息系统在我国还没有得到广泛的应用。

（四）物流产业发展面临着较大的制度约束

物流产业的发展不仅仅要有充分的市场需求基础、活跃的市场主体以及完善的物流设施，更为重要的是要有适应物流产业发展的制度环境，以保证市场机制能够充分发挥作用并使各种物流活动规范有序地进行，促进物流产业健康有序发展。

1. 条块分割的管理模式

在运输管理体制上，我国实行的是按照不同运输方式划分的分部门管理体制；同时，从中央到地方也有相应的管理部门和层次。这种条块分割式的管理体制，一方面，使得部门之间、地区之间的权力和责任存在交叉和重复，难以有效合作和协调；另一方面，各部门、各地区各管一块，将全社会的物流过程分割开来，实行分段式的管理模式。这种条块分割的体制，不仅无法适应和满足物流产业发展的要求，而且在相当程度上影响和制约了物流产业的发展。

首先，影响各种物流服务方式的协调发展。例如，由于多头管理和相互分割，各种运输方式长期以来呈现分立发展的局面，不同运输方式在运输组织、服务规范、技术及装备标准等方面存在较大差距，使得物流企业很难根据市场需要选择合理的运输服务方式，许多企业只能利用单一的运输方式开展物流服务，而以多式联运为基础的现代化物流服务方式还难以开展。

其次，造成物流资源的浪费。在条块分割、多头管理的模式下，各种基础设施的规划和建设缺乏必要的协调，一是导致大量的重复建设和过度竞争，例如公路主干网络与铁路网络的平行发展，各地争相建设港口、机场等现象；二是涉及各种运输方式之间、国家运输系统与地方运输系统之间、不同地区运输系统之间相互衔接的枢纽设施和有关服务设施建设方面缺乏投入，对物流产业发展有重要影响的各种综合性货运枢纽、物流基地、物流中心发展十分缓慢。这种“重线路、轻结点”式的发展，即造成了资源的极大浪费，也影响着整个物流系统的协调发展。

再次，存在部门、行业和地方保护现象。各管理部门、各地方政府制定政策法规多从本部门、本行业和地方利益出发，致使许多从事物流服务的企业想方设法寻求部门或地方政府的保护，造成一种不正常的、不公平的竞争格局，不利于形成社会化的物流系统和跨区域、跨行业的物流网络。

2. 政企不分现象依然存在

政府部门直接或间接参与企业经营活动的现象依然存在，除铁路系统政企合一的体制外，其他行业也存在不同程度的政企不分现象，例如，港政管理和码头经营合一，一方面影响政府公正地行使政府职能，同时也影响企业市场竞争能力的提高，而且不利于港口的建设和发展。

3. 缺乏明确、有效的政策措施

在多头管理、分段管理的体制下，受部门、地方利益牵制，现行政策法规数量虽多，但相互之间有矛盾且难以协调一致。在价格政策方面，以多式联运的价格和收费政策为例，集装箱运输采取的是新线新价、优质优价的价格政策，而件杂散货运输还采用国家定价方式，故集装箱运输价格有时明显高于件杂散货的运价。如 20ft① 集装箱铁路运价比铁路整车运输价格高 70%左右，非常不利于集装箱运输这种先进运输方式的发展，也直接影响了以多式联运为基础的各种物流服务的发展。在税收政策上也存在不利于物流企业发展的因素，如运输企业从事运输服务的营业税为 3%，而物流企业或仓储企业、批发企业在转向物流服务并从事经营性运输服务时，营业税为 5%。在投资政策上，政府对基础设施等硬件投入较大，但在物流教育、技术创新、开发与研究、市场宣传等方面投入和资助明显不足。

（五）物流研究相对落后和物流专业人才短缺

相比较而言，我国在物流研究和教育方面还非常落后，从事物流研究的高校和专业研究机构还很少，企业层面的研究和投入更微乎其微。物流教育水平不高主要表现在缺乏规范的物流人才培育途径。在高等院校中开设物流专业课程的大学虽然不少，但分属经济、管理、交通、土地、地理等多个学科，缺乏较为统一、稳定的教学规划与管理体制，也尚未得到国家教育主管部门的认可。同时与物流相关的专业研究生教育也刚刚起步，物流职业教育则更加贫乏，企业的短期培训仍然是目前物流培训的主要方式。

---

① 1ft＝0.3048m，后同

第二章　物流运输的基本结构

由于部门分割、缺乏统一规划，传统的物流运输方式已经成为制约我国物流产业发展的瓶颈之一。因此，改革现有的物流运输方式，打破体制和观念的制约，促使管理手段不断提升，促进运输方式多元化、运输技术现代化和基础设施不断完备，实现多种运输方式的协调统一，进而基本形成现代运输格局，对优化物流运输环境、降低成本、快速发展物流产业具有关键意义。

第一节　物流运输系统

一、物流运输系统的分类

运输虽然从行为上表现为货物在空间上的单纯移动，但在实际运行中，作为物流基本功能的运输有着多种多样的形态特征。与此相对应，现代物流运输系统一般分为自营（用）运输系统、营业运输系统、公共运输系统和第三方物流运输系统。每种运输系统都有其固有的特征，企业在选择什么样的运输系统时应权衡利弊，做出正确的选择。

运输系统作为物流系统中最基本的系统，是由运输活动相关的各种因素（如运输方式和其组合）组成的一个整体。最常见的运输系统有以下几种。

（一）自营（用）运输系统

自营（用）运输系统是指货主自备车辆运输，并且自行承担运输责任，从事货物的运输活动。自营（用）运输多限于公路运输，水路运输中也有少数属于这种状况，而航空、铁路等需要巨大投资的运输方式，自营（用）运输无法开展。自营（用）运输系统的特色是：主要是以汽车为主要运输工具，其在总运量中所占的比重大；运输对象多为近距离小批量货物，多以单程 100km 以下的近距离运输为主。

（二）营业运输系统

营业运输系统是以运输服务作为经营对象，根据客户的要求，为其提供货物运输服务，并收取运输费用的一种体系，与自营（用）运输体系相对应。营业运输系统可以在公路、铁路、水路、航空等运输业中广泛开展，是运输业的发展方向。最常见的是以汽车为运输工具的营业运输系统。汽车营业运输系统一般可分为专线运输及包车运输，现在这类营业运输系统大多发展为独立的、功能全面的第三方物流运输系统。

（三）公共运输系统

公共运输系统是指由政府投资或主导经营的各种运输工具（如飞机、火车等）以及相关的基础设施（如公路、铁路、港口、机场、运输信息系统等）组成的统一体系，由于其涉及因素相当多，因此又称为综合运输体系。这种体系的构筑投资相当大，回收期长，风险大，与国民经济的发展息息相关，是一种基础性系统。在我国一般没有相应的企业独立投资经营公共运输系统。这类运输系统现在有相当部分从组织结构上和资本构成上已经改制为国有控股的股份有限公司。

（四）第三方物流运输系统

在现代物流运输体系中，“第三方”作为一种事业形态逐渐得到了确认和发展，而且逐步成为现代物流运输系统的主导形式，也成为考察一个国家物流运输业发展水平的重要标志之一。第三方物流运输企业是独立于产销企业之外，专门提供全方位的物流运输服务的企业，它不拥有商品，不参与商品的买卖，独立为供方和需方服务，以第三方的身份出现，为客户提供以合同为约束，以结盟为基础的系列化、个性化、信息化的物流运输服务。第三方物流运输系统是营业运输系统的发展和提升。

二、运输系统的特征

不同的运输系统，其方法、形态、体系不同，所针对的目标、需求也各不相同。但各种运输系统也有一定的共性，主要表现为以下特征。

（一）不同的运输方式决定不同的运输服务质量

运输服务可以通过多种运输方式实现，不同的运输方式与其采用的技术相适应，决定了各自不同的运输服务质量，如空运突出了快速的特点，而公路运输则提供了“门到门”的便捷服务。货物运输的方式主要有公路、铁路、航空、水运以及管道运输。各种运输方式对应各自的技术特性，有不同的运输单位、运输时间和运输成本，因而形成了各种运输方式不同的服务质量。也就是说，运输服务的使用者可以根据货物的性质、大小，所要求的运输时间，所能负担的运输成本等条件来选择适合的运输方式，或者合理运用多种运输方式，采用复合运输。

（二）运输服务可以分成自营（用）型和营业型两种形态

自营（用）型运输是指企业自己拥有运输工具，并且自己承担运输责任，从事货物的运输活动。自营（用）型运输多限于公路运输，水路运输中也有部分这种情况，但数量很少，而航空、铁路等需要巨大投资的运输方式，自营（用）型运输无法开展。与自营（用）型运输相对的是营业型运输，即以运输服务作为经营对象，为他人提供运输服务，营业型运输在公路、铁路、水路、航空等运输业中广泛开展。对于一般企业来讲，可以在自营（用）型和营业型运输中进行选择，最近的趋向是企业逐渐从自营（用）型向营业型运输方式转化。

（三）运输方式相异的运输行业也存在竞争

虽然各种运输方式都存在着一些与其特性相适应的不同的运输对象，但是，也存在着多种运输方式都适合承运的货物，围绕这类货物的运输就形成了不同运输手段、不同运输业者相互的竞争关系。例如，日用品、电器制品不仅可以利用货车运输，也可以成为铁路集装箱、水路集装箱运输的对象。此外，电子部件、新鲜水果、蔬菜等商品运输存在货车与飞机的竞争。不同运输方式、运输业者间的竞争关系的形成，为企业对运输服务和运输业者的自由选择奠定了基础。

（四）运输服务包括实际运输和利用运输两种形式

实际运输是实际利用运输工具进行商品的实体运输，完成商品在空间的移动。而利用运输是运输业者不直接从事商品运输或不承担全流程的商品运输，而是把运输服务全部或部分委托给实际运输商进行，也就是说，运输业者即便自己不拥有运输工具也能开展运输业务，这种利用运输业的代表就是代理型物流业者。他们从事广义范围的物流活动，通过协调、结合多种不同的运输机构或运输工具来提供运输服务，例如，货车—铁路—货车；货车—航空—货车；货车—水路—货车等运输形式，这种形式的运输服务可以充分发挥各种运输手段的优点，并实现整体运输效果最优。

三、现代物流运输方式

现代物流的运输方式多种多样，可以从不同角度进行分类。

（一）按运输的范围分类

1. 干线运输

干线运输是利用铁路干线、公路干线以及大型船舶的固定航线，进行的长距离、大运量的运输，是进行远距离空间位置转移的重要运输形式。干线运输的速度一般较同种工具的其他运输要快，成本也较低。干线运输是运输的主体。

2. 支线运输

支线运输是相对于干线运输来说的，它是在干线运输的基础上，对干线运输起辅助作用的运输形式。路程较短，运输量相对较小。

3. 二次运输

二次运输是指经过干线与支线运输到站的货物，从车站运至仓库、工厂或集贸市场等指定交货地点的运输。二次运输是一种补充性的运输方式，路程短，运量小。而且，由于该种运输形式是满足单个单位的需要，运输业务也较繁杂。

4. 厂内运输

厂内运输又称工业运输，是在工厂企业范围内，直接为生产过程服务的运输。一般在车间与车间，车间与原料仓库、成品仓库之间进行。厂内运输的交通线路除铁路与公路外，还有管道、车间轨道、架空索道等；所使用的运输工具除汽车、铁路机车与非机动车辆外，通常还有输送机、天车、起重机、提升机等各种专用运输与装卸机具；其技术等级、标准与规格，因企业性质和规模不同而有较大差别。许多时候，厂内运输发生在小企业内部、车间与仓库内部，一般将这种运输称为搬运，不作为运输领域，而把它归入生产管理的范畴。

（二）按运输的作用分类

1. 集货运输

所谓集货运输，指将分散的货物集聚到一中心区（配送中心、仓储中心、货栈等）的运输形式。集货运输一般是短距离、小批量的运输。货物集中，形成集装单元后（如整车、集装箱等），再利用干线运输形式进行大批量、远距离的运输。所以集货运输是干线运输的一种补充性运输。

2. 配送运输

配送运输是指将配送中心或物流节点中已按用户要求配装好的货物分送给各个用户的运输。由于配送运输是直接面对最终用户的，所以，通常是短距离、小批量、高频率的运输。实际上，配送运输也是干线运输的一种补充和细化的运输。

（三）按运输的协作程度分类

1. 一般运输

独立地采用某一运输工具或配合使用同类运输工具，而没有形成两种以上不同运输工具有机协作关系的都属于一般运输。如单独的汽车运输、火车运输等。

2. 联合运输

联合运输简称联运，它是将两种或两种以上运输方式或运输工具连起来，实行多环节、多区段互相衔接的接力式运输。它利用不同运输方式的优势，充分发挥各自的效率，实现整体效率最优，是一种综合性的运输方式。采用联合运输，可以缩短货物运输的在途时间，加快运输速度，节省运费，提高运输工具的利用率，同时可以简化繁杂的转运、托运手续，方便用户。

3. 多式联运

多式联运是多种方式联合运输的简称，它是联合运输的发展，是一种现代化、国际化的运输方式。它比一般的联合运输规模更大，集约化程度更高。因此，多式联运需要以现代电子技术为基础，在不同运输方式之间进行复杂的、网络化的衔接和协调组织，这是一种新的符合综合物流思想的运输组织形式。

关于联合运输与多式联运的组织与实施，将在第三章作详细介绍。

（四）按运输中途是否换载分类

1. 直达运输

直达运输是指在组织货物运输时，利用一种运输工具从起运站、起运港一直到到达站、到达港，中途不经换载、不中转、不卸载，直接入库储存的运输形式。直达运输可以避免中途换载所造成的运输速度减缓、货损增加、费用增加等一系列弊病，从而能缩短运输时间，加快车船周转，降低运输费用。

2. 中转运输

中转运输是指货物运输从起运地到运往目的地的过程中，货物在途中的车站、港口或仓库进行转运换载的运输方式。中转运输可以将干线、支线运输有效地衔接起来，可以化整为零或集零为整，从而方便用户、提高运输效率。传统上铁路中转运输使用较为普遍，而今随着管理和技术手段的提高，这种方式的使用量呈下降趋势。

（五）按运输设备及运输工具分类

按运输设备及运输工具不同，运输还可以分为铁路运输、公路运输、水路运输、航空运输及管道运输五种基本运输方式。这是运输最主要的分类形式，将在下一节专门论述。

第二节　物流运输方式

一、物流运输方式的特征

不同运输方式的服务质量、技术性能、方便程度、管理水平等都会影响不同层次物流系统对运输方式的选择。各种运输服务都是围绕着五种基本的运输方式，即铁路运输、公路运输、水路运输、航空运输和管道运输展开的，物流管理者必须了解各种运输方式的特点，才能在物流运输决策过程中做出正确的选择。

（一）铁路运输

铁路运输属于轨道运输，是指利用机车、车辆等运行工具，沿铺设轨道运行的运输方式，是目前我国货物运输的主要方式之一。铁路是我国国民经济的大动脉，铁路运输与水路干线运输及各种短途运输衔接，就可以形成以铁路运输为主要方式的运输与网络。铁路运输方式是现代最重要的货物运输方式之一，它对货物在异地的交换起了重要的作用。

铁路运输最大的特点是适合长距离的大宗货物的集中运输，并且以集中整列运输为最佳，整车运输次之。其优点是运输能力大、运输速度快、连续性能好、运输成本低，一般不受气候因素影响，时间准确性高、安全系数大，是最可靠的运输方式。

铁路运输也有缺点，如资本密集、固定资产庞大，设备不易维修等。对于运输管理来说，其缺点主要表现在以下方面。

1. 营运缺乏弹性

铁路运输受线路、货站限制，不够灵活机动，在实际运营中多需要与汽车运输配合使用；同时，因铁路运输受运行时刻、配车、编列或中途编组等因素的影响，不能适应用户的紧急需要。

2. 货损较高

铁路运输中因列车行驶时的震动、冲击等，或货物装卸搬运中作业和管理不当，容易造成所承载货物的损坏；运输过程中常需要的中转与转运，也是导致货物损坏、遗失等的重要原因。

3. 初期建设投资高

铁路运输中固定资产的比例要远远高于其他运输方式。对于铁路运输，初始建设的投资包括铁路线路的修建和机车的购买，一旦铁路拆除，造成的损失是很大的，因此铁路运输的投资风险比较高。

按照货物的数量、性质、形状、运输条件等，铁路货物运输可区分为整列运输、整车运输、集装箱运输、混装运输（零担货物运输）和行李货物运输等。按铁路的属性，还可分为中央铁路运输和地方铁路运输。另外还可分为营业型线路运输和专用线路运输等。

根据铁路运输的上述特点，铁路运输主要适用于以下作业：第一，适合大宗低值货物的中、长距离运输，也较适合散装货物（如煤炭、金属、矿石、谷物等）、罐装货物（如化工产品、石油产品等）的运输；第二，适于大量货物一次高效率运输；第三，对于运费负担能力小、货物批量大、运输距离长的货物运输来说，铁路运输运费比较便宜。

（二）公路运输

公路运输是指主要使用汽车，或使用其他车辆（如人、畜力车等）在公路上进行旅客和货物运输的一种方式。公路运输是现代运输的主要方式之一。公路货物运输业是经济社会发展的一个基础性和先导性产业，也是陆上运输的两个基本运输方式之一。

公路运输主要承担近距离、小批量的货物运输。在地势崎岖、人烟稀少、经济落后、铁路和水运不发达的边远地区，公路是主要运输方式，起着运输干线的作用。此外，公路运输也承担水运、铁路和航空这三种运输方式衔接的短途运输，担负起点和终点处短途集散运输，完成其他运输方式到达不了的地区的运输任务。可见，公路运输已经从短途运输逐渐形成短、中、远程运输并举的局面。公路运输的经济特点表现在以下几方面。

(1) 机动灵活。公路运输有较强的灵活性，可以满足用户的多种要求，它既可以成为其他运输方式的接运方式；又可以自成体系，机动灵活。公路运输可以灵活制定运营时间表，可以随时调拨、装车和起运，在运送时间上机动性非常强。另外，汽车还可以根据需要随时转线、停靠，受线路、地形、气候等的限制小。

(2) 适应性强。公路运输网一般比铁路、水路网的密度要大十几倍，分布面也广，我国已实现县级以上行政区公路运输的全部贯通。尤其是公路运输对运量的多少具有很强的适应性，汽车的载重吨位有小（0.25～1t）有大（200～300t），既可以单车运输，也可以拖挂运输，甚至可以由若干车辆组成车队同时运输，对货物批量的大小具有很强的适应性。这一点对抢险、救灾工作和军事运输具有特别重要的意义。

(3) 全运程速度快。在公路运输过程中，由于货物体积小，中途一般不需要换装，因此运输速度较快。汽车除了可沿分布较广的公路网运行外，还可离开路网深入到工厂企业、农村田间、城市居民住宅等地，实现“门到门”的直达运输，节约了多次装卸时间和待运时间。因此，与其他运输方式相比，公路运输客、货在途时间较短，运送速度较快。

(4) 质量保证程度高。由于公路运输一般中途不需倒运，大大降低了货物损失的概率。而且，随着公路路面等级的提高和汽车技术性能的不断完善，汽车货损货差率不断降低，货物安全水平不断提高。同时由于公路运输方便快捷，利于保证货物质量，提高了运输货物的时间价值和客户的满意度。

(5) 资金周转快。公路运输与铁路、水路、航空运输等其他方式相比，所需固定设施简单，车辆购置费用一般也比较低，因此，投资兴办容易，投资回收期短。据有关资料表明，在正常经营情况下，公路运输的投资每年可周转 1～3 次，而铁路运输则需要 3～4 年才能周转一次。

此外，公路建设周期短，投资较低，易于因地制宜，对收到站设施要求不高，这也使得公路运输的固定成本是所有运输方式中最低的。

然而，公路运输也有其缺点，主要的缺点如下。

(1) 运输能力小。每辆普通载重汽车只能运送 5t 货物，仅相当于一列普通火车载重的 1/36～1/30，因此相对于铁路运输而言，公路运输的运输能力是有限的。

(2) 运输成本较高。公路运输的总成本构成包括固定成本和变动成本两部分，对于运输企业而言，固定成本的支出是基本固定的，而变动成本的主要构成部分是燃油费用。由于公路运输的运输量小，相对于铁路运输和水路运输而言，单位运量和单位里程的运输成本较高。

(3) 劳动生产率低。由于公路运输的载运量低，很多需要装卸搬运的场合没有装卸搬运设备，而靠人力搬运。因此，公路运输的生产效率相对于铁路运输和水路运输而言较低。

(4) 由于汽车体积小，无法运送大件物资，不适宜运输大宗和长距离货物。

(5) 公路建设占地多。随着人口的增长，占地多的矛盾将更为凸显。

(6) 持续性差、安全性低。在五种基本运输方式中公路的平均运距是最短的，且运行持续性较差。

根据上述特点，公路运输一般适于在内陆地区的货物运输，可与铁路、水路联运，为铁路、港口集疏运物资，可以深入山区及偏僻的农村进行货物的运输，在远离铁路的区域从事干线运输。

（三）水路运输

水路运输又称为船舶运输，是以船舶为主要运输工具，以港口或港站为运输基地，以水域包括海洋、河流和湖泊为运输活动范围的一种运输方式。水运至今仍是许多国家最重要的货物运输方式之一。水运与其他运输形式不同，凡是以水为运载工具承载物的运输形式都可以称为水路运输，所以有四种具体形式：沿海运输、近海运输、远洋运输、内河运输。

1. 沿海运输

沿海运输是使用船舶通过大陆附近沿海航道运送客货的一种方式，一般使用中、小型船舶，主要是指国内两个港口之间的运输。

2. 近海运输

近海运输是使用船舶通过大陆临近国家海上航道运送客货的一种运输方式，视航程可以使用中型船舶，也可使用小型船舶。近海运输是在不同国家的两个港口之间的运输，如东南亚国家与中国港口之间的运输都属于近海运输。

3. 远洋运输

若从地理概念理解，远洋运输是指以船舶为工具，从事跨越海洋运送货物和旅客的运输，主要依靠运量大的大型船舶。然而，从运输业务的关系来理解，远洋运输则是指以船舶为工具，从事本国港口与外国港口之间或者完全从事外国港口之间的货物和旅客的运输，即国与国之间的海洋运输，或者称为国际航运。

4. 内河运输

内河运输是指使用船舶通过江湖河川等天然或人工水道，主要使用中、小型船舶运送货物和旅客的一种运输方式。它是水上运输的一个组成部分，是内陆腹地和沿海地区的纽带，也是边疆地区与邻国边境河流的连接线，在现代化的运输中起着重要的辅助作用。

水路运输是目前各主要运输方式中兴起最早、历史最长的运输方式。具有点多、线长、面广、分散流动、波动大等特征。就主体而言，它主要承担大数量、长距离的运输，是在干线运输中起主力作用的运输形式之一。在内河及沿海，水运也常作为小型运输工具使用，担任补充及衔接大批量干线运输的任务。

水路运输的主要特点如下。

(1) 运输能力强，运量大。主要表现为：单体船只吨位和编队运输总量不断加大，这一特征在远洋运输中更为明显。

(2) 水运建设投资省。水运多利用江河湖海等自然水力资源，除必须投资船舶、建设港口之外，沿海航道几乎不需要投资。内河运输航道则需要一定的投资，如航道疏通、日常管理等的投资。据测算，开发内河航道运输的投资仅有铁路运输投资的17%左右。

(3) 货物运输成本低。水运（特别是远洋运输）因其运力大、运程远、运行费用低，据美国有关资料测算，其沿海运输成本只有铁路运输的12%，其内河干流运输成本只有铁路运输成本的40%左右。

(4) 水路运输通用性能较好。水路运输可以运送各种货物，尤其是便于运送大件货物。远洋运输在我国对外经济贸易方面占有独特的、重要的地位，我国超过90%的外贸货物采用远洋运输，是发展国际贸易的强大支柱。战时也可以利用远洋运输增强国防能力，这是其他任何运输方式所无法替代的。

(5) 续航能力强。由于船舶的运输能力大，不仅可以携带大量的燃料、粮食和淡水，而且船舶上还具有独立生活的各种设备，如发电、制造淡水、储藏有大量食物的粮仓等。

此外，水路运输还有平均运距长的优点。

然而，水路运输也有明显的缺点。

(1) 对自然资源依赖大。水运严重依赖水体资源，且受天气影响大，在各类运输方式中受环境影响最大。在各类运输方式中水运的速度是最慢的，一般船舶航速只有40km/h，所以不适合短距离运输，而且，港口的装卸搬运费用较高。

(2) 水路运输的可及性差。由于大部分水路运输都需要地面运输系统的配合才能最终完成客货的运输过程，因此水路运输的可到达性或者说灵活性较差。

(3) 运送速度慢、在途时间长、会增加货主的流动资金占有量。根据水路运输的特点，它主要承担以下作业：第一，承担大批量货物，特别是集装箱运输；第二，承担原料、半成品等散货运输，如建材、石油、煤炭、矿石、谷物等；第三，承担国际贸易运输，即远距离、运量大，不要求快速抵达的国际客货运输。

（四）航空运输

航空运输又称飞机运输，是在具有航空线路和飞机场的条件下，使用飞机运载工具进行货物运输的一种运输方式。它是现代旅客运输，尤其是远程旅客运输的重要方式，同时为国际贸易中的贵重物品、鲜活货物和精密仪器运输所不可缺。虽然空运在运输作业中所占的比重较低，但其拥有很大的发展潜力，重要性也越来越明显。目前，在世界范围内，航空运输都处在快速发展阶段。

航空运输与其他运输方式相比较，有以下几个方面的特征。

(1) 高速直达性。高速直达性是航空运输最突出的特点。由于在空中受到自然环境的限制较少，因此航线一般取两点间的最短距离。航空运输能够实现两点间的高速、直达运输，尤其在远程直达上更能体现其优势。

(2) 安全性。随着人类科学技术的进步，在不断对飞机进行技术革新的同时，维修技术也得到了提高，这些都加强了航空运输的安全性。而航行支持设施如地面通信设施、航空导航系统、着陆系统以及保安监测设施的迅速改进与发展更提高了其安全性。尽管飞行事故中会出现机毁人亡（事故严重性最大），但按单位货运周转量或单位飞行时间损失率来衡量，航空运输的安全性是很高的。

(3) 经济特性良好。尽管从经济方面来讲，航空运输的成本及运价均高于铁路和水运，是一种价格较高的运输方式，因而普及程度不如其他运输方式。但如果考虑时间的价值，航空运输又有其独特的经济性。因此，随着经济发展、人均收入水平的提高及时间价值的提高，航空运输在运输中的比例将逐渐上升。

(4) 包装要求低。货物空运的包装要求通常比其他运输方式要低。在空运时，空中航行的平稳性和自动着陆系统减少了货损的比率，因此可以降低对货物包装的要求。

(5) 基本建设周期短，投资小。要发展航空运输，从设备条件上讲，只要添置飞机和修建机场。这与修建铁路和公路相比，一般说来建设周期短、占地少、投资省、收效快。

航空运输的主要缺点有以下几点。

(1) 受气候条件限制。因空运对飞行条件要求很高，航空运输在一定程度上受到气候条件的限制，从而在一定程度上影响运输的准点性与正常性。

(2) 载运量小。当今大型宽体飞机的最大业务载重也只有 100t 左右。运载成本和运价比地面运输都高。

航空运输的主要经营方式有：班机运输、包机运输、集中托运、航空快递。

班机运输是指具有固定开航时间、航线和停靠航站的飞机。通常为客货混合型飞机，货舱容量较小，运价较贵，但由于航期固定，有利于客户安排鲜活商品或急需商品的运送。班机由于固定航线、固定停靠港和定期开航，因此国际间货物流通多使用班机运输方式，能安全迅速地到达世界上各通航的地点，收、发货人可确切掌握货物起运和到达的时间，这对市场上急需的商品，鲜活易腐货物以及贵重商品的运送是非常有利的。班机运输一般是客货混载，因此，舱位有限，大批量的货物不能及时出运，往往需要分期分批运输，这是班机运输的不足之处。

包机运输是指航空公司按照约定的条件和费率，将整架飞机租给一个或若干个包机人

（包机人指发货人或航空货运代理公司），从一个或几个航空站装运货物至指定目的地。包机运输适合于大宗货物运输，费率低于班机运输，但运送时间比班机运输要长些。包机运输方式可分为整架包机和部分包机两种形式。

集中托运是将若干批单独发运的货物组成一整批，向航空公司办理托运，采用一份航空总运单集中发运到同一目的站，由集中托运人在目的地指定的代理收货，再根据集中托运人签发的航空分运单分拨给各实际收货人的运输方式，也是航空货物运输中开展最为普遍的一种运输方式，是航空货运代理的主要业务之一。其特点包括以下三点。第一，节省运费。航空货运公司集中托运的运价一般低于航空协会的运价，发货人可得到低于航空公司的运价，从而节省费用。第二，提供方便。将货物集中托运，可使货物到达航空公司到达地点以外的地方，延伸了航空公司的服务，方便了货主。第三，提早结汇。发货人将货物交与航空货运代理后，即可取得货物分运单，可持分运单到银行尽早办理结汇。

航空快递是指航空快递企业利用航空运输，收取收件人托运的快件并按照向发件人承诺的时间将其送交到指定地点或者收件人，掌握运送过程的全部情况，并将即时信息提供给有关人员查询的门对门速递服务。

鉴于上述特点，航空运输主要承担以下作业。

（1）国际快速运输。这是航空运输的主要收入来源。目前国际间的一些货物联系基本上依赖于航空运输，这对于国家的对外开放，促进国际间技术、经济合作与文化交流具有重要作用。

（2）适于高附加值、小体积的物品运输。目前，机场邻近地区的临空工业区域为高级电子工业、精密机械工业、高级化学产品工业等附加价值很高的产业黄金发展地带。而且，机场发挥着流通中心的功能，为这些产业创造了优良的投资环境。

（3）航空货运没有特定的商品。航空运输与其他运输方式最大的区别也许就在于，大多数航空货运是在紧急情况下，而不是在日常基础上处理的。当证明高成本是划算的情况下，经营者通常会利用定期的或不定期的航空服务来运输货物。高价值或极易腐烂的产品最有可能成为正常空运的产品。当一种产品的营销期极为有限时，如圣诞产品、高级时装或鲜鱼之类的产品，则航空运输也许是物流作业最实际的运输方法。零部件或消费类的日常物流产品也可能成为航空货运的候选对象。

（4）航空运输在执行各种紧急物资运输时的特殊作用是其他运输形式无法相比的，特别是应对突发自然灾害时的作用尤为明显。

（5）航空运输是现代邮政运输的主要方式。

（6）航空运输也是当前实现多式联运的一种重要运输方式。

（五）管道运输

管道运输是利用密闭的管道，通过一定的压力差来完成商品运输的一种现代运输方式。所输送的货物主要有油品、天然气、煤浆以及其他矿浆。管道运输是随着石油开发而兴起的，并随着石油、天然气等流体燃料需求量的增长而发展。

管道运输不同于用车、船、飞机等运输工具，其重要的区别在于管道设备是静止不动的，其运输方式是通过输送设备（如泵、压缩机等）驱动货物，使物体在管道内顺着压力方向循环移动实现的。管道运输的优点如下。

（1）运量大。一条输油管线可以源源不断地完成运输任务，根据其管径的大小不同，其每年的运输量可达数百万 t 到几千万 t，甚至超过亿 t。

(2) 占地少。运输管道通常埋于地下或走高架，占用的土地很少，因而对于土地的永久占用很少，分别仅为公路的3%和铁路的10%左右。在交通运输规划系统中，优先考虑管道运输方案，对于节约土地资源，意义重大。

(3) 建设周期短、费用低。管道运输系统的建设周期与相同运量的铁路建设周期相比，一般来说要短1/3以上，建设费用也比铁路低60%左右。

(4) 安全可靠、连续性强。由于石油，天然气易燃、易爆、易泄漏的特性，采用管道运输方式既安全，又可大大减少挥发损耗，同时由于泄漏导致的对空气、水和土壤污染也可大大减少，因此，管道运输能较好地满足运输工程的绿色环保要求。此外，由于管道基本埋于地下，其运输过程受恶劣多变的气候条件影响小，可以确保运输系统长期稳定地运行。

(5) 耗能低、成本低、效能好。管道运输是一种连续工程，运输系统不存在空载行程，因而系统的运输效率高。理论分析和实践经验已证明管道口径越大，运输距离越远，运输量越大，运输成本越低。

管道运输的缺点是灵活性差，专用性强。由于管道运输是一个单向封闭的输送系统，不如其他运输方式灵活，除承运的货物比较单一外，也不能随便扩展管线。另外，单位运输量固定，如果要调整运输量，只能通过对时间的控制来解决，而不能直接调控管道的运输量。当运输量降低并超出其合理运输量时，其优越性就难以发挥，运输成本会显著增大。

鉴于管道运输的上述特征，决定其主要担负单向、定点、量大的流体状货物（石油、油漆、煤浆、某些化学制品原料等）的运输。另外，在管道中利用容器包装运送固态货物（如粮食、砂石、邮件等），也有良好的发展前景。

【阅读资料】“西气东输”工程

西气东输工程的输气管道西起新疆轮南，东至上海市白鹤镇，途经10个省（自治区、直辖市），线路全长约4000km，投资规模1400多亿元，是目前我国距离最长、管道最大、投资最多、输气量最大、施工条件最复杂的天然气管道。该管道直径为1016 mm，年设计输气量120亿m^3，全线采用自动化控制，供气范围覆盖中原、华东、长江三角洲地区。

西气东输工程于2002年7月4日全线开工。管道经过了戈壁沙漠、黄土高原、太行山脉，特别是三次穿越黄河、一次穿越长江，创造了陆上管道穿越规模的新纪录。2003年10月1日，工程东段开始进气，陕西长庆气田的天然气正式开始从陕西靖边向上海输送。同年10月16日，正式为郑州市提供商业用气。截至2004年元旦，西气东输工程的东端向下游的河南、安徽、江苏、浙江和上海四省一市累计供气5亿多m^3。2004年10月1日，西气东输工程西段开始进气，新疆塔里木气田的天然气正式开始从轮南向上海输送，实现全线试通气。西气东输工程2005年元旦正式投产。

（资料来源：新浪网西气东输专题，http://www.sina.com.cn）

二、物流运输方式的选择

（一）各种运输方式的比较

为了能对各种运输方式的技术经济特性有更为清晰的了解，现将几种物流运输方式的主要技术经济指标性能的高低排序情况列于表2.1中。

表 2.1 五种运输方式主要技术经济指标比较（王述英，2006；张理，2005）

运输方式	运输能力	运送速度	通用性	连续性	机动性	运输成本	运输能耗
铁路	2	2	2	2	3	3	3
水路	1	4	3	6	4	1	1
公路	3	3	1	1	1	4	4
航空	4	1	4	4	2	5	5
管道	5	—	5	3	5	2	2

如表 2.1 所示，以铁路为例，其运输能力次于水路，居第 2 位；运送速度仅次于航空，居第 2 位；通用性和连续性仅次于公路，也居第 2 位；机动性、运输成本和运输能耗在 5 种运输方式中均居第 3 位。

另外，由于各种运输方式在实际运作中都要消耗一定的社会资源，同时对社会环境造成不同程度的影响，所以也可以从其对资源的占用和可持续发展特性以及安全性 3 个方面对 5 种运输方式进行比较，如表 2.2 所示。

表 2.2 五种运输方式对资源占有和可持续发展定性评价（王述英，2006）

运输方式	对资源的占用			对环境的影响			安全性
	土地	水资源	能源	大气	噪声	垃圾	
铁路	中	少	中	中	中	中	好
公路	多	少	多	严重	中	少	中
水路	少	多	少	少	少	少	好
航空	少	少	很少	中	很大	少	较好
管道	很少	中	中	很少	很少	—	很好

同样以铁路运输为例，与其他运输方式相比，铁路对土地的占用为“中”，对水资源的占用为“少”，对能源的占用为“中”；它对环境中大气、噪声、垃圾的影响状况均为“中”；安全性为“好”。

这 5 种基本运输方式，也可以组成不同的综合运输，各种运输方式有其特定的运输路线、运输工具、运输技术、经济特性及合理的使用范围。所以只有熟知各种运输方式的特点，结合商品特性、运输条件、市场需求，才能合理地选择和使用各种运输方式，获取较高的运输效率。

（二）影响运输方式选择的因素

物流企业可以根据所需运输服务的要求，参考不同运输方式的不同营运特性进行选择，使所获得的运输服务成本最低。当然，有时单靠一种运输方式无法实现最低成本，往往需要几种运输方式的组合才能实现。因此，为了选择正确的运输方式，降低运输成本，应当考虑以下因素。

1. 运输价格

在市场经济因素中，价格总是最基本的选择要素，运输选择亦然。运输服务价格就是运输货物的在途运费加上提供各种服务的所有附加费或运输端点费用等的总和。如果使用第三方运输，运输服务的总成本就是货物在两节点之间收取的运输费用加上其他费用、如保险费、装卸费、到终点的送货费等。如果使用自有运输设备，运输服务成本就是分摊到该次运输中的相关成本，如燃油成本、人工成本、维修成本、设备折旧和管理成本等费用。

不同的运输方式，其运输成本相差很大。航空运输相对是最昂贵的，管道运输和水路运输则是最便宜的，而公路运输比铁路运输贵。但是这种成本比较，是使用运费收入除以所运货物的总吨数得到的比值，并不能确切地反映各种运输方式的综合效益。在实际运营中，必须根据实际运费、运输时间、货物的性质及运输安全等进行综合比较。

2. 运输时间

在运输服务中，时间是重要的质量标准之一，也是客户选择的基本因素。运输时间通常指货物从起点运输到终点所耗费的平均时间。这个时间的长短，从两个方面影响运输费用。

（1）货物价值由于其适用期有限可能造成的损失，如水果、蔬菜、鲜活水产品等；或因为其时间价值的适用期有限而造成的损失，如报纸、杂志、时装等有严格时效性要求的商品。

（2）在运输过程中的货物价值也是一种对资金的占用。对高价值货物或货运量很大的货物，可能占总成本的比重很大，由于运输本身不能创造新价值，所以运输时间的不合理延长，实际就是成本的增加，资金的占用。

因此，平均运输时间是一个重要的运输服务指标。不同的运输方式，提供的货物平均运输时间是不同的。有些能够提供起止点之间的直接运输服务（如汽车），有些则不能。但如果要对不同运输服务进行对比，即使涉及一种以上的运输方式，也最好是用“门对门”运送时间来进行衡量。

在考虑运输时间时，还要注意一个问题，即运输时间的变化。运输时间的变化是指各种运输方式下，多次运输间出现的时间变化。它是衡量运输服务不确定性的指标。起止点相同，使用同样运输方式的每一次运输的在途时间不一定相同，因为天气、道路情况、中途暂停次数、合并运输所花费的时间等都会影响在途时间。一般来说，运输时间的变化率的排序与运输时间的排序大致相同。也就是说，铁路运输时间变化最大，航空运输时间变化最小，公路运输介于中间。

3. 灭失与损坏

灭失与损坏也就是运输中的安全性问题，这是运输中最重要的质量指标。因为各承运人安全运输货物的能力不同，所以运输中灭失与损坏的记录就成为选择承运人的重要因素。承运人有义务合理送遣货物，并避免货物在运输途中的灭失和损坏。但如果由于自然原因，托运人或承运人无法控制或不可抗力原因造成货物的灭失与损坏，承运人可免除责任。虽然在托运人准确陈述事实的情况下，承运人会承担给托运人造成的直接损失，但托运人在选择承运人之前应该认识到会有一定的转嫁成本。托运人承受的最严重的潜在损失是客户服务。运输延迟或运到的货物不能使用意味着给客户带来不便，或者会导致库存成本上升，造成缺货或延期交货增多。托运人如果要进行索赔，需要花时间搜集相关证据，费周折准备适当的索赔单据，在索赔处理过程中还要增加新的资金占用，如果索赔只能通过法庭解决，可能还涉及更高的费用。显然，在出现问题时，对承运人的索赔越少，用户对运输服务会越满意。对可能发生的货损，托运人的普遍做法是增加保护性包装，而这些费用一般最终会由用户承担。

由此可见，运输价格、运输时间及货物的灭失与损坏等因素直接或间接地影响物流运输成本。因此，在选择运输方式时，上述三个因素是物流管理者需要首先考虑的基本因素。

（三）运输方式的选择

各种运输方式和运输工具都有各自的特点，不同种类的货物对运输的要求也不尽相同。选择运输方式时必须进行综合考虑，权衡运输系统所要求的运输服务和运输成本，可以使用单一运输方式，也可以将两种以上的运输方式组合起来使用。因此，合理选择运输方式是合理组织运输、保证运输质量、提高运输效率的一项重要内容。

1. 单一运输方式的选择

在决定运输方式时，应以运输机具的服务特性作为判断的基准。一般要考虑以下因素。

（1）运费。同等运输质量下的运费高低。

（2）运输时间。货物在途时间的长短。

（3）运输频度。单位运输时间内，可以运输、配送的次数。

（4）运输能力。单体（一辆汽车或一车皮）和总体（如整列火车或车队）运量大小。

（5）货物的安全性。运输途中的平均破损及可能的污染等。

（6）时间的准确性。按客户要求到货时间的准确性。

（7）运载工具的适用性。是否适合使用某种运载工具。

（8）运输方式的伸缩性。是否适合多种运输方式，以及批量运输与零担运输的选择。

（9）运输的网络性。运输系统的布局及不同运输工具衔接、转换的方便程度。

（10）运输信息。货物运输信息的传递及货物所在位置的信息。

在这些因素中必须根据不同运输需要来确定，一般认为运费和运输时间是最为重要的选择因素，具体进行选择时应从运输需要的不同角度综合加以权衡。从物流运输功能来看，速度快、准时是货物运输的基本要求。但是，速度快的运输方式，其运输费用往往较高。同时，在考虑运输的经济性时，不能只从运输费用来判断，还要考虑因运输速度加快，缩短了货物的备运时间，使货物的必要库存减少，从而减少了货物保管费等因素。若要保证运输的安全、可靠、迅速，就要增加成本。这里必须注意的是运输服务与运输成本之间、运输成本与其他物流成本之间存在"效益悖反"关系。所以，在选择运输方式时，应当以总成本作为依据，而不能仅考虑运输成本。

2. 多式联运的选择

多式联运就是根据运输过程的实际需要，以最合理、最有效的方法，组合两种及以上的运输方式一起实现货物运输的过程。例如，将卡车上的集装箱装上飞机，或铁路车厢被拖上船等。多式联运的组合方法有很多，但在实际中，这些组合并不都是适用的，只有铁路与公路联运、公路或铁路与水路联运得到较为广泛的采用。

铁路与公路联运，即公铁联运，或称驮背运输，是指在铁路平板车上载运卡车拖车，通常运距比正常的卡车运输长。它综合了卡车运输的方便、灵活与铁路长距离运输经济的特点，运费通常比单纯的卡车运输要低。这样，卡车运输公司可以延伸其服务范围，而铁路部门也能够分享到某些一般只由卡车公司单独运输的业务，同时托运人也可得以在合理价格下享受长距离门到门运输服务的便捷。因此，铁路与公路联运成为最受欢迎的多式联运方式。

公路或铁路与水路联运，也称鱼背运输，即将卡车拖车、火车车厢或集装箱转载驳船或船舶上进行长途运输。这种使用水路进行长途运输的方式，是最便宜的运输方式之一，在国际多式联运中应用广泛。

此外，航空与公路联运应用也较广泛，即将航空货物与卡车运输结合起来，这种方式所提供的服务与灵活性可与公路直达运输相比拟。

由于两种以上运输方式的连接所具有的经济潜力，所以多式联运广受托运人和承运人欢迎。多式联运的发展对物流运输规划具有很强的吸引力，这种运输方式的发展，增加了系统设计中的可选方案，从而可以降低物流运输成本，改善运输服务。

3. 运输中间商的选择

运输中间商分两种，一种是运输承包公司，另一种是运输代理人。运输承包公司是不具有运输工具或只具有少量短途运输工具，而以办理货运业务（或兼办客运业务）为主的专业运输企业。采用运输承包发运货物时，可以把有关货运工作委托给运输承包公司，由它们负责办理货物运输全过程中所发生的与运输有关的事务，并与掌握运输工具的运输企业发生托运与承运关系。特别是对于一些对运输条件要求较高，货运业务手续较为复杂，且面向千家万户的运输，如零担货物的集结运输。由于零担货物批数多、数量小、发货地分散、品种复杂、形状各异、包装不统一等，由运输承包公司承包此项业务，不仅可以方便货主，提高运输服务质量，还可以通过运输承包公司的货物集结过程，化零为整，提高运输效率和运输过程的安全可靠性。

运输代理人主要面向国际货物运输业务。国际货物运输业务，业务范围遍布国内外广大地区，不仅涉及面广，而且情况复杂，任何一个运输经营人不可能单独处理每一项具体运输业务，这就需要把全部或部分工作委托给代理人办理。运输代理人接受委托人的委托，代办各种运输业务并按提供的劳务收取一定报酬，即代理费、佣金或手续费。作为代理人一般都经营运输业务多年，精通业务，经验比较丰富，且熟悉各种运输手续和规章制度，与交通运输部门及贸易、银行、保险、海关等有着广泛的联系和密切的关系，从而具有有利条件为委托人代办各种运输事项。因此，委托代理去完成一项运输业务，有时比自己亲自处理更为有利。因为代理人熟悉当地情况、业务流程，与各方面有着密切关系，比人生地疏的委托人自己去办理可能更顺利，虽然要花费一些酬金，但委托人从代理人提供的服务中可以得到补偿。因此，运输代理在运输业中的发展十分迅速。物流企业可以根据代理人的不同性质和范围进行选择。

4. 自用运输选择

自用运输是指使用自有的运输设备，运输自有的、承租的或委托的货物的活动。例如，拥有或租用火车车皮、客车汽车、货用飞机及运输驳船，运输自己的、或承租的、或委托的货物等都是自用运输。拥有自用运输设备，可以具有更大的控制力和灵活性，能够随时适应顾客的需要，这种快速反应能力可以使企业缩短交货时间，减少库存和缺货的可能性，而且可以不受商业运输公司服务水平和运价的限制，有利于改善和顾客的关系。但是自用运输有一个很大的弊端，就是运输成本较高，主要原因是回空问题，回空成本要计入运出或运入的单程货运成本内，这样货运成本实际是单程运输成本的 2 倍。因此，企业是选择运输中间商还是选择自用运输，一定要做好成本的比较工作，选择最佳的运输方式。

5. 运输方式的定量分析

所谓定量分析，就是对所选择的运输方式的各种指标进行量化，对其绩效进行评估，给出衡量值，物流运输管理部门根据各项指标的重要程度给出不同的权重，用权重乘以运输方式的绩效衡量值，就得到运输方式在该评估因素中的等级，将个别因素等级累积起来就得到这种运输方式的总等级。绩效的衡量值和权重分值越低，表示绩效越好，评估指标越重要，总等级分值较低的运输方式较好。通过定量分析，将指标量化，使所选择的运输方式的优劣可以一目了然。

表 2.3 表示的是选择运输中间商或承运人的定量分析方法举例。

表 2.3　选择承运人评估标准

评估因素	相对重要性	承运人绩效	承运人等级
运输成本	1	1	1
中转时间	3	3	9
中转时间可靠性	1	2	2
运输能力	2	2	4
可达性	2	2	4
运输安全性	2	3	6
承运人等级分	—	—	26

这里选择 3 分制的评定标准，承运人绩效的评定范围从 1——绩效好，2——绩效一般，到 3——绩效差。各评估指标的权重值（重要性）范围为 1——高度重要，2—— 一般重要，3——不重要。这样，可以计算出该表中的承运人的总等级为 26。按此方法，承运人的总等级分最低的应是最佳承运人。

在目前的物流环境中，由于各种新的运输方式不断出现，各种承运方式能够提供的服务和能力也在不断增长，这就使运输方式选择比过去更加复杂，各种因素的评估也变得更加困难。因此，企业必须慎重考虑诸多因素，对其进行定性和定量分析以求选择最佳运输方式。

第三节　物流运输的组织形式

一、铁路运输的组织形式

铁路货物运输组织方式，按中国铁路技术条件和现行的铁路货物运输种类，分为整车、零担、集装箱三种形式。

1. 整车运输

整车运输是指托运人向铁路托运一批货物的重量、体积或形状需要以一辆及其以上货车运输的货物，为整车运输。整车运输适于运输大宗货物。

2. 零担运输

零担运输是指托运人向铁路托运一批货物的重量、体积或形状不够整车运输的，称为零担托运。按零担托运的货物，一件体积最小不得小于 $0.02m^3$（一件重量在 10kg 以上的除外），每批不得超过 300 件。零担运输适于运输小批量的零星货物。

3. 集装箱运输

集装箱运输是指符合集装箱运输条件的，可以按集装箱托运。

集装箱是运输货物的一种容器，是一种综合性的运输工具。根据国家标准化组织的建议，凡具有下列条件的货物运输容器，都可称为集装箱：能长期反复使用，即有足够的强度；各种运输方式联运或中途中转时，中途不需进行倒装；可以进行机械装卸，并可从一种运输方式比较方便地直接换装到另一种运输方式（如从铁路运输转为公路运输或海运，河运）；便于货物的装卸作业和充分利用容积；内部几何容积在 $1m^3$ 以上。集装箱运输适于运输精密、贵重、易损的货物。

二、公路运输的组织形式

公路运输是现代运输的主要方式之一，公路货物运输业是经济社会发展的一种基础性和先导性产业，也是构成陆上运输的两种基本运输方式之一。公路运输具有“门到门”的直达运输优势，同时也是车站、港口、机场集散货物的重要手段。公路运输主要承担中途、短途的货物运输，是内陆及城市物流的主要交通工具，对铁路、水运、航空运输起着货物集散的作用。公路运输的组织形式可以根据不同的方法进行划分。

（一）按货物的营运方式划分

可以分为整车运输、零担运输、联合运输、集装箱运输。

1. 整车运输

整车运输是指托运人一次托运货物的质量必须在3t（含3t）以上的运输。如货物重量虽为3t以下，但不能与其他货物拼装运输，需单独提供车辆办理运输，则也可视为整车运输。以下的货物必须按整车运输：①需用专车运输的货物，如粮食、粉剂的散装货、石油、烧碱等危险货物等；②鲜活货物，如活的牛、羊、猪、兔、冻鱼、鲜鱼等；③易于污染其他货物的不洁货物，如炭黑、皮毛、垃圾等；④不易于计数的散装货物，如煤、焦炭、矿石、矿砂等；⑤不能与其他货物拼装运输的危险品。

2. 零担运输

零担运输是指托运人一次托运货物的质量不足3t。零担运输一般要求定线路、定班期发运。

3. 联合运输

联合运输是指需通过两种及两种以上运输方式或需要同种运输方式中转两次以上的货物运输。联合运输的方式有公铁联运、公水联运、公航联运以及公公联运等。联合运输按地域划分有国际联运和国内联运两种，国内联运较为简单，国际联运是联合运输最高水平的体现。联合运输实行一次托运、一次收费、一票到底、全程负责。

4. 集装箱运输

集装箱运输是指以集装箱这种大型容器为载体，将货物集合组装成集装单元，以便在现代流通领域内运用大型装卸机械和大型载运车辆进行装卸、搬运作业并完成运输任务，从而更好地实现货物“门到门”运输的一种新型、高效率和高效益的运输方式，是一种现代化的先进运输方式。集装箱运输可促使运输生产走向机械化、自动化。

（二）按货物的类别划分

可分为普通货物运输、特种货物运输。

1. 普通货物运输

普通货物运输是指对在运输、保管及装卸作业中没有特殊要求，不必采用专用汽车运输的货物。如矿石、粮食、加工品的运输等。

2. 特种货物运输

特种货物运输是指由于货物本身的性质、体积、重量、价值等方面有特别之处，需要采取特别措施才能保证完好地运送的运输。如大型特型笨重物件运输、危险物品运输、易腐冷藏货物运输、鲜活贵重物品运输等。

（三）按货物的运送速度划分

可分为一般货物运输、快件运输、特快专运。

1. 一般货物运输

一般货物运输主要是指在运送速度上没有特殊要求，只要满足常规的货物运送速度就可以达到托运人要求的一种运输方式。

2. 快件运输

根据我国《道路零担货物运输管理办法》的规定，快件运输是指从货物受理的当天15时起算，300km运距内，24h以内运达；1000km运距内，48h以内运达；2000km运距内，72h以内运达。通常是由专门从事该项业务的公司和运输公司、航空公司合作，派专人以最快的速度在发件人、货运中转站或机场、收件人之间递送急件。

3. 特快专运

在规定的距离和时间内将货物运达目的地的，为快件货物运输。应托运人要求，采取即托即运的，为特快件货物运输。

（四）按运输的服务对象划分

可分为公共运输、契约运输、自用运输、代理运输。

1. 公共运输

严格地讲，公共运输包括人员与货物运输两个方面，而公共交通则只是指人员运输方面，且限于都市区范围的人员运输。在一些场合中，公共交通同义于公共运输。

2. 契约运输

按照承托双方签订的运输契约运送货物称为契约运输。与之签订契约的一般都是一些大的工矿企业，常年运量较大而又较稳定。契约期限一般都比较长，短的有半年、一年，长的可达数年。按契约规定，托运人保证提供一定的货物运输量，承运人保证提供所需的运力。

3. 自用运输

自用运输是指使用自有的运输设备运输自有的、承租的或受托的货物的活动。自用运输也是一种合法的运输形式，是任何个人为达到销售、出租、租用、寄托或促进商业发展的目的，运输自有的、承租的或受托的货物的活动。也就是说，自用运输是为促进自己的本业而拥有和使用运输公司的设备，为运送自己的货物所进行的非营业性运输活动。自用运输公司不为社会服务，更确切地说自用运输公司为自身服务，运输自己的原材料和制成品。只有在免费的条件下，自用运输公司才允许他人（公众）运输货物。

4. 代理运输

运输代理人接受委托人的委托，代办各种运输业务并按提供的劳务收取一定的报酬，即代理费、佣金或手续费等。

（五）其他划分方法

可分为双班和多班运输、定时和定点运输、普通载货汽车运输和拖挂运输。

1. 双班和多班运输

这是按照车辆工作的班次多少来划分的。双班运输是指在一昼夜内车辆工作两个班次的运输形式。多班运输是指在一昼夜内车辆工作两个以上班次的运输形式。采用双班或多班运输的目的是增加车辆的工作时间，从而提高车辆的利用率，降低运输成本。

2. 定时和定点运输

这是分别按照运送货物的时间和地点是否固定来划分的。定时运输指车辆按运行计划中所拟定的行车时刻表进行工作。定点运输是指对于固定装货点或固定卸货点来说，相对于固定车队，专门完成固定货运任务的运输组织形式。定点运输适用于装卸地点都比较固定、集中的货运任务，也适用于装货地点集中而卸货地点分散的固定货运任务。

3. 普通载货汽车运输和拖挂运输

这是根据汽车是否有挂车来划分的。拖挂运输是利用牵引车和挂车组成的汽车、列车进行运营的一种运输形式，它有定挂运输和甩挂运输两种形式。定挂运输是指牵引车与挂车不分离，一直作为一个整体进行运输活动。甩挂运输是指载货汽车或牵引车不固定挂车，而是按照一定的运输计划更换挂车运行的形式。甩挂运输有一端甩挂、两端甩挂、区段牵引等形式。

三、水路运输的组织形式

（一）按运输工具分类

可分为集装箱运输、散货船运输。

1. 集装箱运输

水路集装箱运输是指一定数量的单件货物装进集装箱内进行的水上运输。普通集装箱的尺寸有两种：20ft 和 40ft。20ft 的容积为 $33m^3$，限重 21t；40ft 的容积为 $67m^3$，限重 26t。由发货人负责装箱、计数、积载并加铅封的货运，为整箱运输；相对的，由承运人分别揽货并在集装箱货运站或内陆站集中，而后将两批或两批以上的货物拼装在一个集装箱内的运输称为拼箱运输。不足整箱的，按拼箱走，承运人要负担装箱与拆箱作业，装拆箱费用由托运人支付。

2. 散货船运输

散货船是散装货船的简称，是专门用来运输不加包扎的货物，如煤炭、矿石、木材、牲畜、谷物等。散装运输谷物、煤、矿砂、盐、水泥等大宗干散货物的船舶，都可以称为干散货船，或简称散货船。散货船运输是指将货物直接装到船舱中进行的运输，一般适用于载运粉状、粒状、块状等散体货物。但要注意货物的轻重搭配，防潮和防湿。

（二）按运营方式分类

可分为班轮运输、租船运输。

1. 班轮运输

班轮运输是海洋运输的一种方式，又称定期船运输，是指在固定的航线上，以既定的港口顺序，按照事先公布的船期表航行的水上运输方式。

班轮运输又分为正规班轮运输与非正规班轮运输。正规班轮运输是以固定的船舶，按照以运行周期为依据编制的船期表组织运行，即定期定港班轮运输。非正规班轮运输是不定期、不定港、不定船的定线班轮运输，除固定的几个港口外，其余港口视货源情况而定是否停靠，事先不能编制一定期间的船期表。班轮运输适合于货流稳定、货种多、批量小的杂货运输，其运输费率也相对固定。旅客运输一般采用班轮运输。

2. 租船运输

租船运输又称不定期船运输，是没有提前制定的船期表，没有固定的航线，停靠港口也不固定，无固定费率的一种船舶营运方式。租船运输是租船人向船东租赁船舶用于货物运输的一种海洋运输方式。租船运输适用于大宗货物运输，特别是干散货和液体散货，如谷物、煤炭、矿石、石油的运输。对于批量小、港口分散、货流和货源不稳定的货物，航运公司则需根据货物流量和流向、发送港和日期等编制月度运输配船计划和运输安排。有关航线和港口、运输货物的种类以及航行的时间等，都按照承租人的要求，由船舶所有人确认。租船人与出租人之间的权利义务以双方签订的租船合同确定。

四、航空运输的组织形式

航空运输的主要运输组织形式有班机运输、包机运输、集中托运和航空快递。

（一）班机运输

班机运输指具有固定开航时间、固定航线和固定停靠航站的飞机运输。运载工具通常为客货混合型飞机，货舱容量较小，运价较贵，但由于航期固定，有利于客户安排鲜活商品或急需商品的运送。

按照业务对象的不同，班机运输可分为客运航班和货运航班。货运航班只承揽货物运输，大多使用全货机。由于在国际贸易中由航空运输承运的货量有限，所以货运航班只是由某些规模较大的专门航空货运公司或一些业务范围较广的综合性航空公司在货运量较为集中的航线开辟。对于客运航班，航空公司通常采用客货混合型飞机，在搭乘旅客的同时也承揽小批量货物的运输。

（二）包机运输

包机运输是指航空公司按照约定的条件和费率，将整架飞机租给一个或若干个包机人（包机人指发货人或航空货运代理公司），从一个或几个航空站装运货物至指定目的地。包机运输适于大宗货物运输，费率低于班机，但运送时间比班机运输要长些。

包机运输方式可分为整架包机和部分包机两种形式。整架包机即包租整架飞机，是指航空公司或包机代理公司，按照与租机人事先约定的条件和费率，将整架飞机租给租机人，从一个或几个航空站装运货物至指定目的地的运输方式。部分包机是指由几家航空货运代理公司（或发货人）联合包租一架飞机，或者是由航空公司把一架飞机的舱位分别卖给几家航空货运代理公司装载货物的运输方式。

（三）集中托运

集中托运是指集中托运人将若干批单独发运的货物组成一整批，向航空公司办理托运，采用一份航空总运单集中发运到同一目的地，由集中托运人在目的地指定的代理收货，再根据集中托运人签发的航空分运单分拨给各实际收货人的运输方式，也是航空货物运输中开展最为普遍的运输方式，是航空货运代理的主要业务之一。与货运代理人不同，集中托运人的地位类似多式联运中的多式联运经营人。他承担的责任不仅仅是在始发地将货物交给航空公司，在目的地提取货物并转交给不同的收货人，集中托运人承担的是货物的全程运输责任，而且在运输中具有双重角色。集中托运人对各个发货人负货物运输责任，地位相当于承运人；而在与航空公司的关系中，又被视为集中托运的一整批货物的托运人。

集中托运只适合普通货物的运输，等级运价的货物，如贵重物品、危险品、活动物以及文物等不能办理集中托运。目的地相同或临近的货物可以办理集中托运，如同一国家或地区。其他则不宜办理，如不能把去日本的货发到欧洲。

（四）航空快递

航空快递业务又称航空急件传送，是目前国际航空运输中最快捷的运输方式。它是由一个专门经营快递业务的机构与航空公司密切合作，设专人用最快的速度在货主、机场、收件人之间传送急件，特别适用于急需的药品、医疗器械、贵重物品、图纸资料、货样及单证等的传送，也被称为“桌到桌运输”。

随着全球经济的发展，航空运输已成为国际运输中很重要的运输方式。通过航空运输的货物运输时间仅需几个小时，在企业货物库存有严格限制的物流管理中，航空货运具有一定的优势。

第三章　集装箱运输与国际多式联运

集装箱运输是一种先进的现代化运输方式，与传统的件杂货散运方式相比，它具有运输效率高、经济效益好及服务质量优的特点。正因为如此，集装箱运输在世界范围内得到了飞速发展，已成为世界各国保证国际贸易的最优运输方式。尤其是经过几十年的发展，随着集装箱运输软硬件成套技术臻于成熟，到 20 世纪 80 年代，集装箱运输已进入国际多式联运时代。

第一节　集装箱运输

一、集装箱运输概述

（一）集装箱运输的发展

第二次世界大战后，经济的高速增长为运输业的发展提供了必要的物质条件。传统的运输方式和手段已难以与生产力发展相适应，必须加以改进、完善。在传统的件杂货运输中，最基本的特征是在整个运输装卸过程中，都是以“件”为货运单位。“件”是一种小而杂乱的货运单位，件杂货运输无法实现整个系统的机械化、自动化，劳动强度大，货损货差多，货运质量难以保证；船舶装卸效率低、在港停时长、船舶周转慢；货物装卸运输受自然条件影响大、增加了码头压力、给调度工作带来困难。因此，必须从根本上改变这种“小而杂乱”的货运方式，为实现机械化、自动化创造条件。货物的成组化、集装箱化的要求由此产生。

1957 年 10 月，第一艘集装箱船“Gatewaycity”号正式投入纽约至休斯敦的航线运输。到 1968 年，日本、欧洲各国相继开辟了国际间的集装箱运输航线。到 1971 年，主要国际航线基本上都实现了集装箱化。

我国的集装箱运输起步比较晚，20 世纪 50 年代初期才开始在铁路运输中进行试验；20 世纪 70 年代在沿海、远洋航线的运输中进行试运；1978 年 9 月，“中远”开辟了第一条中-澳航线；20 世纪 80 年代以后，才开始进入全面发展阶段。

（二）集装箱运输的优点

集装箱运输是以集装箱为运输单位进行货物运输的一种先进的运输方式，目前已成为国际货物运输中一种重要的运输方式。与传统的货物运输相比，集装箱运输具有以下优点。

1. 集装箱运输能提高装载效率，减轻劳动强度

集装箱运输主要是将单件杂货集中成组装入箱内，可以减少重复操作，从而大大提高车船装载效率。其中每一环节的装载时间一般仅需 3min，每小时装卸货物达到 400t，这是普通货船装卸效率的 10 倍。据铁路部门测算，用人工装车，平均一个车皮需要 2h，而采用铁路专用集装箱运输，机械化作业一般只需 20min。此外，集装箱运输还能提高船舶运营率，且不受气候影响，能减少非生产性停泊，大大降低劳动强度。

2. 集装箱运输能避免货物倒载，防止货损货差

采用件杂货运输方式时，由于在运输和保管过程中货物较难保护，尽管也采取了一些相关措施，但货损、货差情况仍较严重，特别是在运输环节多、品种复杂的情况下，货物的中途转运搬动使商品破损以及被盗事故屡屡发生，尤其是零担百货商品发生的事故更多。据铁路部门统计，零担货损事故约占所有货损事故的80%。采用集装箱运输后，由于集装箱本身起到一个强度很大的外包装作用，因此，即使经过长途运载或多次换装，也不易损坏箱内货物。此外，集装箱在发货人处签封，一单到底，途中不拆箱，能大大减少货物丢失，货物质量在一定程度上得到保证。

3. 集装箱运输能加快车船周转，提高运载速度

集装箱化给港口和场站的货物装卸、堆码的机械化和自动化创造了条件。标准化的货物单元使装卸搬运的运作变得简单，而机械化和自动化的装卸可以大大缩短运输车船在港站停留的时间，加快货物的送达速度。同时，由于集装箱运输减少了运输中转环节和收发货的交接手续，方便了货主，也提高了运输服务质量。

4. 集装箱运输可减少营运费用，简化货运手续

集装箱箱体作为一种能反复使用的包装物，虽然一次性投资较高，但与一次性的包装方式相比，其单位运输分摊的包装费用反而降低。由于采用统一的货运单元，使换装环节设施的效能大大提高，从而降低了运输成本，减少了营运费用。此外，使用集装箱运输以前，在卸货时必须按货物外包装上的标志加以分类，逐件检查。而使用集装箱运输以后，可按箱检查，大大加快了检验速度，降低了验收费用。

5. 集装箱运输可组织综合运输，实现多式联运

由于各种运输工具各自独立发展，装载容积无统一标准，因此，传统的运输方式给货物的换装带来了困难。随着集装箱作为一种标准运输单元的出现，使各种运输工具的运载尺寸向统一的、满足集装箱运输需要的方向发展。根据标准化的集装箱设计的各种运输工具将使运输工具之间的换装衔接变得更加便利。集装箱运输逐渐由海上的两端间运输延伸发展到与陆运、空运结合的国际多式联运。

（三）集装箱运输的条件

集装箱运输虽然具有鲜明的优点，但开展集装箱运输还须具备一些基本条件，以下是其中最主要的两个基本条件。

（1）要有稳定而大量的集装箱适箱货源。由于国际集装箱运输大部分采用定期班轮运输，开航日期、开航时间、停靠港口是固定的，如果货源不足，可能造成运营亏损。

（2）要有良好的基础设施。开展国际集装箱运输的基础设施除了集装箱船舶、集装箱外，还要有快速装卸集装箱的大型现代化集装箱港口或码头，以及发达的内陆运输系统，以保证进出口集装箱及时集散。这就要求公路、铁路、内河运输能够满足集装箱运输的要求。

（四）集装箱运输的发展特点

集装运输已经有了60多年的发展历史，近10年来又有了飞跃性的发展，从而形成了以下特点。

（1）标准化、系列化。集装箱规格尺寸已形成国际标准，各种配套的运输工具、装卸器具和货物包装尺寸都以集装箱的标准规格作为设计依据，使各种设备的能力得到充分利用，达到高效能、低消耗的效果。

（2）大型化、专用化。集装箱由载重 5t 向 10t 发展，尺寸由 20ft 向 40ft 发展，并为适应各种货物特点设计制造了各种专用集装箱。如今，冷藏集装箱、框架集装箱、开盖集装箱、牲畜集装箱、汽车集装箱等都已出现，并且有不断发展的趋势。

（3）运输专业化、电子化。现在不少国家的集装箱运输已自成体系，如配有集装箱的专用车辆、专用船只、码头等，并开办定时、定点、定编组的集装箱直达列车和专列，从而使货物物流得到较快发展。此外，各种装卸器具和运输设备配套成体系，使集装箱作业和管理可以采用现代化的电子技术。

（4）联运化。集装箱和各种运输设备规格配套，扫除了集装箱联运的障碍。如今，联运规模已从两种运输方式扩大到海陆空立体联运和国际复合运输，大大减少了倒装搬运的次数，既降低了货物的在途损耗，又加快了货物周转。

（5）柔性化。客户已越来越不满足于原先被动适应的运输方式，而正在寻求适应自己需要的运输方式。客户对于运输的多样化需求，预示着运输方式应具有更大的适应性，即不可能再像过去那样无法对客户的需求做出敏捷的反应，而应该是现代社会所要求的提供更"柔性"的运输服务系统，目前正在大力推进的集装箱多式联运正是顺应了这种变化。多式联运将集装箱这种现代运输方式的触角一直延伸到物流的始末端，延伸向企业客户，延伸向消费市场。这种需求势必产生运输支线与运输干线相连接，分流港与枢纽港相配合，大箱与小箱相配套的集装箱运输格局。同时，集装箱箱型也将呈现多样化的趋势，这种多样化体现在集装箱外形尺寸的多样化（如将会出现更大尺寸或更小尺寸的集装箱）和集装箱类型的多样化（如冷藏、开顶箱等）。

（6）信息化。集装箱运输的优点表现在它的快捷，而这种快速送达又必须有先进的信息技术作为支持。当今社会已经进入了信息时代，运输信息的及时传递，可以实现运输过程组织的并行处理，从而加快了运输节奏。目前我国航运业在大力推广的 EDI 技术正是顺应了这种需求。同时运输信息化将导致运输过程信息传递的无纸化。

二、集装箱定义、分类及标准

（一）集装箱的定义

集装箱（container）是指具有一定强度、刚度和规格的专供周转使用的大型装货容器。香港地区称之为"货箱"，台湾地区称之为"货柜"。

关于集装箱的定义，国际上不同国家、地区和组织的表述有所不同。国际标准化组织（International Organnization for standardization，ISO）对集装箱下的定义为集装箱是一种运输设备，应该满足以下要求：①具有耐久性，其坚固强度足以反复使用；②便于商品运送而专门设计的，在一种或多种运输方式中运输时无需中途换装；③设有便于装卸和搬运的装置，特别是便于从一种运输方式转移到另一种运输方式；④便于货物装满或卸空；⑤具有 $1m^3$（$35.32ft^3$）以上的容积。

（二）集装箱的种类

1. 按制造材料分类

（1）钢制集装箱。钢制集装箱是海上集装箱运输中采用较为普遍的一种集装箱，它的框架和壁板都采用钢材制成，采用全焊接结构，壁板采用波纹板，用来增强箱体的刚性。钢制集装箱整体性能较好，结构牢固，水密性好，易于反复使用。然而，由于钢材防腐能力较差、箱体笨重、弹性较差，给装卸、搬运等作业带来了不便，集装箱的维修、保养费用较高，使用年限也不长。

（2）铝制集装箱。铝制集装箱是目前国际集装箱运输中采用较多的一种形式，它有两种：一种为钢架铝材；另一种为框架两端采用钢材，其余部分采用铝材。铝制集装箱具有较高的防腐能力，且具有较好的弹性，虽易变形，也易复原，既降低了维修保养费用，又延长了使用年限。铝制集装箱由于自重轻，提高了集装箱的载重能力。因此，铝制集装箱较好地解决了钢制集装箱存在的缺陷。

（3）玻璃钢制集装箱。玻璃钢是用玻璃纤维、合成树脂和胶合板混合组成的一种材料。玻璃钢制集装箱采用钢制框架，壁板采用玻璃钢材料。玻璃钢制集装箱刚性好、强度大，具有较高的隔热、防腐和耐化学侵蚀的能力，且光滑易于清洗，能承受较大的压力，维修作业较为简便，维修费很低。不过，玻璃钢集装箱造价高，重量与钢制的相差无几，还存在老化的问题。

（4）不锈钢制集装箱。该种集装箱强度大、不生锈、耐腐蚀，整个使用期限都不需保养，但价格高，材料紧缺。

（5）纤维板集装箱。纤维板是以植物纤维为原料，经过纤维、施胶、干燥、铺装成型、热压、锯边和检验等工序制成的板材，因此纤维板集装箱箱体较轻，隔热效果好。

2. 按使用目的分类

（1）杂货集装箱。杂货集装箱是适合于不需要调节温度的货物运输的集装箱，一般称为通用集装箱。主要用于运输一般杂货，是最普通的集装箱。这种集装箱主要用于装运件杂货。在现在使用的集装箱中，这种用途的集装箱占有绝对优势。

（2）冷藏集装箱。冷藏集装箱是指具有冷冻源或冷冻装置的集装箱。冷藏集装箱主要用来装运新鲜水果、海鲜、肉类等易腐食品，此外，也用来装运某些有特殊要求的皮毛、丝绸等物品。一些药品为了防止发生危险和变质也需要采用冷藏集装箱运输。

（3）开顶集装箱。开顶集装箱是指集装箱的箱顶可以方便地取下、装上，箱顶有硬顶和软顶两种。硬顶是用薄钢板制成的，利用起重机或叉车进行装上、取下作业；软顶一般用帆布制成，开顶时只要向一端卷起就可以了。开顶集装箱适合于装载玻璃板、钢制品、机械等重货，可以使用起重机从顶部装卸，克服了小型叉车起重量小的弱点。

（4）框架集装箱。框架集装箱是以箱底面和四周金属框架构成的集装箱。框架集装箱主要用来装运重型机械、钢材、木材、机床和整件设备等长大件、超重件货物。

（5）通风集装箱。这种集装箱的箱体是封闭的，在其侧壁或端壁设有通风口，其他结构与杂货集装箱差不多。这种集装箱主要用来装载不需要冷冻而需要通风、防止汗湿的货物。

（6）保温集装箱。这类集装箱具有绝热作用，因此适宜装载精密仪器、涂料、石蜡等对温度变化十分敏感的货物，还适宜装载水果罐头、糖果、葱头等需要通风和保持一定温度的食品。

（7）罐状集装箱。罐状集装箱由框架和液罐两部分组成。罐状集装箱是专门用来装运液体散货的集装箱，如酒类、油类、液体食品、液体药品等都可以用这种集装箱来装运。

（8）汽车集装箱。汽车集装箱是专门用来装运小型汽车的集装箱。这种集装箱的箱底较为简单，没有侧壁，甚至没有端壁，外部负荷主要是由各部分框架来承担。为了防止汽车在箱内滑动，箱底专门设有绑扎设备和防滑钢板。汽车集装箱的外部尺寸不符合国际标准规格。

（9）牲畜集装箱。牲畜集装箱指专门用来装运家禽和家畜的集装箱。这种集装箱的箱顶和侧壁是用玻璃纤维加强塑料制成的，这样既能遮蔽阳光照射，又能保持清洁，箱体大部分开敞，不具有水密性。为了运输途中牲口的饲养，箱体一侧开有若干窗口，窗下外侧配有放置饲料的饵槽，在另一侧下部则设有专门的清除口和排水口，这些窗口上装有钢丝网。

（10）兽皮集装箱。兽皮集装箱是专门用来装运生皮等带汁渗漏性质的货物，有双层底，可存储渗漏出来的液体的集装箱。

（11）平台集装箱。平台集装箱是专供装运超限货物的集装箱，有一个强度很大的底盘，在装运大件货物时，可同时使用几个平台集装箱。

3. 按结构分类

（1）框架式集装箱。指集装箱呈框架结构，没有壁板和顶板，如某些台架式集装箱；有时连底板也没有，如汽车集装箱。

（2）薄壳式集装箱。这种集装箱把所有构件组成一个钢体，它的优点是重量轻，受扭力作用时不会引起永久变形。

（3）折叠式集装箱。指集装箱的主要部件（侧壁、端壁和箱顶）能折叠和分解，再次使用时，可以方便地组合起来。

（4）整体式集装箱。这种集装箱为整体的刚性结构，一般具有完整的箱壁、箱顶和箱底，如通风集装箱、封闭式通风集装箱、保温集装箱、干散货集装箱等。

（5）软式集装箱。指用橡胶或其他复合材料制成的有弹性的集装箱。其优点是结构简单，箱体空时体积不大，自重系数小。

4. 按大小和规格分类

（1）按大小分，凡装载量在5t以下的为小型箱，如我国目前通用的1t箱；装载量在5～20t的为中型箱，如我国目前通用的5t箱、10t箱；凡装载量在20t以上的为大型箱，如20t箱、40t箱。

（2）按规格尺寸分。目前国际上通常使用的干货柜有三类：20ft货柜，外尺寸为20ft×8ft×8.5ft；40ft货柜，外尺寸为40ft×8ft×8.5ft；40ft高柜，外尺寸为40ft×8ft×9.5ft。

（三）集装箱的标准

为了方便集装箱运输管理，国际标准化组织拟定了集装箱标识方案。

1. 第一组标记

（1）箱主代号。表示集装箱所有人的代号，用4个大写拉丁字母表示（我国国内使用的集装箱用汉语拼音表示），前3位由箱主自己规定，第4个字母规定为“U”（U为国际标准中海运集装箱的代号）（表3.1）。

表3.1　箱主代号举例

国家或地区	公司中文译名	公司原文名	箱主代号
美国	海陆联运公司	Sea-Land	SEAU
德国	赫伯格·劳埃德轮船公司	Hapag-Lloyd	HLCU
日本	大阪商船三井航运公司	Mitsui-OSK Line	MOLU
香港	东方海外集装箱公司	Orient Overseas Container Line	OOCU
中国	中国远洋运输公司	China Ocean Shipping CO.	COSU

（2）顺序号。即集装箱的箱号。按国家标准 GB1836-1985 的规定，由 6 位阿拉伯数字组成。各公司可以根据自己的需要，以类型、尺寸、制造批号以及其他参数进行编号。

（3）校对数。是箱主代号和顺序号在传输或记录时验证其准确性的手段。校对数位于集装箱箱号之后，用一位阿拉伯数字加一方框表示，如“COSU001234 [2]”的校对数是 2。

2. 第二组标记

（1）国籍代号。在 ISO6346-1984 标准中，国家和地区代号用 2 个字母表示，用以说明集装箱的登记国。如“CN”表示登记国为中华人民共和国。国家代号可以查表得到。

（2）尺寸代号。用 2 位阿拉伯数字表示，用以说明集装箱的尺寸情况。如“20”即为长 20ft、高 8ft 的集装箱。尺寸代号可查表得到。

（3）类型代号。用 2 位阿拉伯数字表示，用以说明集装箱的类型。其中，00～09 为通用集装箱，30～49 为冷藏集装箱，50～59 为敞顶集装箱。类型代号可查表得到。

3. 第三组标记

（1）自重。是指空箱时的重量，用“TARE：××千克或磅”表示。

（2）总重。是集装箱的自重和最大净货载之和，用“MAX GROSS：××千克或磅”表示。集装箱载货物时不能超过这一重量。

整个集装箱的基本标志，如“COSU001234 [2] CN2030”。

三、集装箱货物的装箱与交接方式

（一）集装箱货物

根据集装箱的特点，装运的货物要与集装箱的结构和特征相适应，一般将适合装运集装箱的货统称为适箱货。适箱货的概念在很大程度上取决于集装箱化的程度，当集装箱运输十分发达时，其高效、快速的特点得到充分发挥，运输成本也相应降低，这时适箱货概念的外延就会扩大，一些低值货物就有可能被纳入。目前，伴随着西方发达国家集装箱运输业的发展，一些低值的件杂货已被纳入适箱货的范畴。

集装箱化以后，由于集装箱类型的多样性带来了适箱货的多样性，通用集装箱和专用集装箱都有其各自的适箱货，所以货物分类的方法与普通货运相比有许多差异，形成了适合于这一运输方式的自有的货物分类方法。

1. 按适箱程度分类

（1）最适合装箱货物。指货价高、运费也较高、体积不大的商品。这些商品按其属性可有效地进行集装箱运输。最适合集装箱运输的货物有针织品、酒、医药品、小型电器、光学仪器、小五金类等。

（2）适合装箱货物。指运价、运费较适合集装箱运输的货物。如纸浆、电线、电缆、面粉、皮革、金属制品等。

（3）边际装箱货物。又称临界装箱货物，指货物虽可用集装箱来装载，但其货价和运价都很低，在经济上不合算，或是货物的大小、质量、包装难以集装化，如钢锭、生铁、原木、砖瓦等。

（4）不适合装箱货物。指从技术上装箱有困难，或货流量大时用专用运输工具运输更适合的货物。如原油、矿砂等，更适合由专门的油船及其他散货船装运，又如桥梁、大型发电机等设备，由于尺度大大超过国际标准集装箱中最大尺寸的集装箱，故装箱困难，但可以装在组合式的平台箱上运载。

2. 按货运特征分类

（1）整箱货。整箱货是拼箱货的相对用语，是指货主托运的货物批量较大，足以由发货人负责装箱、计数、积载并加封的货运。因此，习惯上整箱货只有一个发货人和一个收货人。承运人对整箱货，以箱为交接单位。只要集装箱外表与收箱时相似和铅封完整，承运人就完成了承运责任。整箱货运提单上，要加上“委托人装箱、技术并加铅封”的条款。

（2）拼箱货。是整箱货的相对用语，指装不满一整箱的小票货物。拼箱货，通常是由承运人分别揽货并在集装箱货运站或内陆站集中，而后将两票或两票以上的货物拼装在一个集装箱内，同样要在目的地的集装箱货运站或内陆站拆箱分别交货。对于这种货物，承运人负担装箱与拆箱作业。承运人对拼箱货的责任，基本上与传统杂货运输相同。

3. 按货物性质分类

（1）普通货物。一般统称为百杂货，是指在货物性质上不需要特殊方法进行装卸和保管，可以按件计算的货物。其特点是货物批量不大，但其货价较高，具有较强的运费负担能力。

（2）特殊货物。指货物在性质、质量、价值或货物形态上具有特殊性，运输时需要用特殊集装箱装载的货物，如冷藏货物、活体动植物、危险货物、液体货物、重货、高价货物、易腐货物和散货等。

4. 按货物包装形式分类

可分为货板货、箱装货、袋装货、滚筒货及线圈货、桶装货、大件货、特殊货等。不同种类的货物，一般需要选择不同类型的集装箱进行运输（表 3.2）。

表 3.2　不同种类货物适合的集装箱类型

货物类型		集装箱类型
普通杂货	清洁货	杂货集装箱、通风集装箱、敞顶集装箱
	脏污货	台架式集装箱、冷藏集装箱、散货集装箱
特殊货	易腐、冷藏货	杂货集装箱、通风集装箱
	活动植物	动物集装箱、通风集装箱
	重货	敞顶集装箱、平台集装箱、台架式集装箱
	高价货	杂货集装箱
	危险货	杂货集装箱、冷藏集装箱、台架式集装箱
	液体货	罐式集装箱
	散货	杂货集装箱
	无包装货	平台集装箱、台架式集装箱

（二）集装箱货物的装箱

1. 集装箱的配载

集装箱运输中减少甚至消除货损，在很大程度上取决于集装箱内的装货积载。为了节省货物运输费用和保证货物运输安全，发货人或运输单位在编制货物积载计划时，必须满足集装箱载重量和容积的充分利用及防止货损。为此，配载货物应注意如下问题：①轻货装在重货上面；②干货、湿货不能装在同一箱内，如难以避免时，干货装在湿货上面；③怕受潮的货物不能与容易“出汗”的货物同装一箱；④怕吸收异味的货物绝不能与放出强烈气味的货物同装一箱；⑤容易生灰的货物不能与易被灰尘污染的货物同装一箱；⑥拼装或灌装液体无法避免与其他干货拼装一箱时，在任何情况下，均应将前一类货物装在下面，且必须加隔垫。

2. 装箱前的集装箱检查与注意事项

集装箱在使用前，必须进行严格检查。一个有缺陷的集装箱，轻则导致货损，重则在装卸中发生严重的人身伤亡。集装箱检查包括三个方面的内容，即箱体结构的检查、箱体卫生条件检查和选用箱型的检查。进行完集装箱的检查就可以进行货物的装箱工作，但必须注意如下问题：①装箱时必须考虑方便拆箱卸货；②货物重量分布必须平衡，积载后的重心，应尽可能接近于箱体的重心，以免在装卸或运输过程中发生倾斜和翻倒；③硬包装货物，装箱时应当使用垫料，以免冲压其他货物或碰坏内壁；④袋装货最好不要与整箱货同装一箱，不可避免时，须用垫板；⑤带有凸出、隆起或四边不规则的包装货物，如无适当垫料，不能与其他货物装在一起；⑥在任何情况下，都不能把货物直接固定在集装箱内部任何一个平面上；⑦不能用不同包装的货物填塞集装箱的空位，除非这两种包装的货物是完全适合拼装的；⑧货物装完后，要求做到没一件货物处于松动状态，以防止集装箱发生纵向或横向倾斜时，造成货损。

（三）集装箱货物的交接

在集装箱运输中，根据整箱货、拼箱货的不同，其交接地点可以是装运地发货人的工厂或仓库和交货地收货人的工厂或仓库（door）、装运地和交货地的集装箱堆场（container yard，CY）、装运地和卸货地的集装箱货运站（container freight station，CFS）以及装运港和卸货港的船边（hook or rail），因此集装箱货物的交接方式可能有以下 9 种。

1. 门到门交接（door/door）

这种交接方式是指承运人在发货人的工厂、仓库接受所托运的货物，然后负责全程运输，直到收货人的工厂或仓库交货为止。这是一种整箱货运方式，因此货物的装、拆箱作业由货主自理，即发货人负责装箱，收货人负责拆箱，承运人与货主所进行的交接都是以整箱为单位进行的，承运人的责任是保证集装箱数量的正确和外表状况的良好，而不负责交接箱内货物。

2. 门到场交接（door/CY）

这种交接方式是指承运人在发货人工厂或仓库接受货箱后，由承运人负责将货箱运至卸货港集装箱码头堆场交货。这也是一种整箱货运方式，货物的装、拆箱作业由货主自理，承运人与货主所进行的交接都是以整箱为单位进行的，与门到门方式所不同的是承运人负责的范围变小了，不再负责从目的港码头堆场到收货人所在地的内陆运输，此段运输转由收货人自己负责。承运人的责任是保证集装箱数量的正确和外表状况的良好，而不负责交接箱内货物。

3. 门到站交接（door/CFS）

这种交接方式是指在发货人工厂或仓库接受货箱后，由承运人负责将货箱运至目的地集装箱货运站交货。这是一种整箱-拼箱货运方式，货物的装卸作业由发货人负责，而拆箱作业则由承运人负责，即在目的港集装箱货运站拆箱并交付给收货人，承运人不再负责从货运站到收货人所在地的内陆运输，此段运输由收货人自己负责。由于交给收货人时，是进行实际货物的交接，而不是以“整箱”为单位进行的，所以承运人的责任是保证货物数量的正确和外表的良好，其货运站可以是集装箱码头货运站，也可以是内陆货运站（中转站）。

4. 场到门交接（CY/door）

这种交接方式是指在装货港集装箱码头堆场接受货箱，由承运人负责将货箱运至收货人的工厂或仓库的交接方式。这是一种整箱货运方式，由收货人、发货人分别负责货物的装、拆箱作业，承运人与货主是以“整箱”为单位进行交接的，与门到门方式所不同的是从发货人所在地到装运港集装箱码头的内陆运输由发货人自己负责，承运人同样要保证集装箱数量的正确和外表状况的良好。

5. 场到场交接（CY/CY）

这种交接方式是指由承运人在装运港的集装箱码头堆场接受货箱，然后负责全程运输，直到目的港集装箱码头堆场交付货物为止。这也是一种整箱货运方式，由收货人、发货人分别负责货物的装、拆箱作业，承运人与货主是以“整箱”为单位进行交接的，同时保证集装箱数量的正确和外表状况的良好，与门到门方式不同的是其收货前和交货后的内陆运输分别由发货人和收货人负责。

6. 场到站交接（CY/CFS）

这种交接方式是指承运人在装运港的集装箱码头堆场接受所托运的货物，然后负责全程运输，直到目的港的集装箱货运站交付货物为止。这是一种整箱-拼箱货运方式，发货人负责装箱，承运人负责拆箱，即在目的港的集装箱货运站拆箱，并将货物交给收货人。因为是进行实际货物的交接，所以承运人应保证货物数量的正确和外表状况的良好，同时承运人不负责收货前和交货后的内陆运输，而是分别由发货人、收货人承担。

7. 站到门交接（CFS/door）

这种交接方式是指承运人在装运港的集装箱码头货运站或收货地内陆货运站（中转站）接受所托运的货物，然后负责全程运输，直到收货人的工厂、仓库交付货物为止。这是一种拼箱-整箱货运方式，承运人接收的散件货物（实际货物），面向收货人交付货物则是以“整箱”为单位的集装箱，所以装箱作业由承运人负责，而拆箱作业由收货人负责，承运人要保证货物的数量正确和外表良好。

8. 站到场交接（CFS/CY）

这种交接方式是指承运人在装运港的集装箱码头货运站或收货地内陆货运站（中转站）接受所托运的货物，然后负责全程运输，直到目的港的集装箱码头交付货物为止。与“站到门”方式相比，所不同的是从码头堆场到收货人工厂、仓库所在地的内陆运输由收货人负责。

9. 站到站交接（CFS/CFS）

这种交接方式是指承运人在装运港的集装箱码头货运站或收货地内陆货运站（中转站）接受所托运的货物，然后负责全程运输，直到目的港的集装箱码头货运站或交货地内陆货运站（中转站）交付货物为止。这是一种拼箱货运方式，货物的装、拆箱作业由承运人负责，交接时以货物为单位，而不是“整箱”交接。因此，承运人必须对货物的数量和外表状况负责，但是收货前和交货后的内陆运输分别由发货人和收货人负责。

在了解了集装箱货物和集装箱货物的交接方式后，可以清楚地知道货运的四种形态：整箱货-整箱货、整箱货-拼箱货、拼箱货-整箱货、拼箱货-拼箱货。

在不同的交接方式下，承托双方的责任是不一样的，要分清责任。

四、综合一贯制与托盘化运输

伴随着现代社会物流业的迅猛发展，综合一贯制运输作为物流运输的一种重要形式，在现代物流组织中越发显得重要。集装箱运输的发展形成了现在成熟的运输体系，也带动了全球航运相关产业的发展。托盘的出现也促成了集装箱和其他集装方式的形成和发展，目前托盘已是和集装箱同样重要的集装方式，形成了集装系统的两大支柱，它们在现代物流运输体系的建立过程中起到了重要的作用。

（一）综合一贯制运输

综合一贯制运输是以集装化、托盘化运输为配合手段，集装箱、托盘作为连接各种运输工具的通用媒介，充分利用铁路运输、公路运输、海运及空运等所有的运输方式的长处，把它们中的两种以上的运输方式有机地结合起来，实行多环节、多区段、多工具，互相衔接的货物运输方式。

1. 综合一贯制运输的特点

综合一贯制运输可以把卡车的灵活性和铁路运输、海运的成本低廉及飞机的快速等特点结合起来，通过优势互补，提高运输效率，降低运输成本，完成门到门的运输。具体特点如下。

（1）手续简便。在综合运输中发货单位在发货时，只要在起始地一次办理好运输手续，收货方在指定到达站即可提取运达的商品，只需一次起票，全程负责。

（2）实现门到门运输。综合运输实行全程负责，多种运输方式综合使用，能很便利地实现门到门运输，这对于保证供应链管理和产、销、物结合管理目标的实现具有重要的推动作用。

（3）运费低廉。交通运输部门规定，凡交通部门直属运输企业，对综合运输的运费一律核减15%；地方经营船舶运输时，运费一律核减10%。此外，我国还规定凡是交通运输部门能办联运的一律不办中转业务。

2. 综合一贯制运输的形式

我国目前实现的综合一贯制运输可分为两类：一类是运输部门之间的联运；另一类是产、供、销之间的运输复合。前一类是由两种以上的运输方式或是同一运输方式不同区段的联运，其形式有水陆联运、水上联运、陆陆联运、陆空联运等。而后一类联运目前已发展为所谓的“一条龙运输”。

一条龙运输是一种大协作的运输形式，参加的部门有路、港、船、货等各个方面。它打破了一切路界、港界、厂界，把产、供、销多种运输需求及运输企业各环节之间全面贯穿起来，可以说是供应链管理的表现形式之一。从本质上体现了产、供、销之间的新型合作关系。由于采用了四定（定船、定运量、定周转期、定泊位），有利于增大运输能力；由于充分利用水运，也可以节约运输费用，有利于及时供应市场。

（二）托盘化运输

托盘化运输又称一贯托盘运输，它是将载货托盘货体，从发货人开始，通过装卸、运输、转运、保管、配送等物流环节，最后将托盘货体原封不动地送达收货人的一种“门到门”运输方式。

由于采用了托盘，在物流过程中的各个环节都可以以托盘货体整体作为处理对象，而不需要逐个处理每件货物，在减少货物装卸次数、节省运输费用、减少事故和货损的发生、加快物流速度方面取得很好的效果。

1. 托盘的种类

托盘是一种用于机械化装卸、搬运和堆放货物的集装工具，由两层铺板中间夹以纵梁（或垫块）或单层铺板下设纵梁（或垫块、支腿）组成，在托盘上集装一定数量的单件货物，并按要求捆扎加固，组成一个运输单位，是一种随货同行的载货工具。

托盘最初是在装卸领域出现并发展的，在应用过程中又进一步发展了托盘作为储存设施，作为一个运输单位的重要作用，使托盘成了物流系统化的重要装备机具，对现代物流的形成和物流系统的建立起到不小的作用。

托盘可以分为以下几类。

（1）平板托盘。一般所说的托盘，主要是指平板托盘，是托盘中使用量最大的一种，实际上包含着多种类型。

按托盘台面分类，可分为单面型、单面使用型、双面使用型和翼型四种。单面型托盘只有一面有铺板，结构强度较小，适用于轻载荷或小型托盘。这种托盘一般不能用于堆垛。单面使用型托盘虽然双面均有铺板，但只有一面是载货面。双面使用型托盘双面均有铺板，并且都是载货面，强度也大，可以放在滚筒输送机上运送，也可以堆垛，多用于运输行业中。翼型托盘有单翼型和双翼型之分。单翼型托盘上铺板的两端突出纵梁侧面，在用起重机搬运时供吊挂之用；双翼型托盘上下铺板的两端都突出纵梁侧面，其用途与单翼型相同。

按叉车叉入托盘的方式分类，可分为双向叉入型和四向叉入型。双向叉入型托盘在面对的两个方向都有插口，结构强度大。通常使用的托盘多为这种类型。四向叉入型托盘四侧都有插口可以插入货叉。在铁路货车、载重汽车及仓库内部需要变换托盘的方向来堆垛作业时多采用这种类型的托盘。

按托盘的制造材料分类，可分为木质、钢制、塑料、纸质四种。木质平板托盘的制造方便，便于维修，自重较轻，装载的货物不打滑，价格也比较便宜，是使用最广泛的一种托盘。钢制平板托盘的最大特点是强度高，使用寿命长，不易损坏和变形，维修工作量较小，但造价较高，自重较大，货物容易打滑，人力搬运较为困难。塑料平板托盘的最主要特点是本体重量轻、耐腐蚀性能强、卫生、可着各种颜色分类区分，由于托盘是整体结构，不存在透钉刺破货物的问题，但塑料的承载能力不如钢制、木制托盘，且造价高、容易打滑，有待改进。纸质平板托盘又称滑片，为一厚实纸片，成本很低，供一次性使用，但需与专用叉车配合作业。

（2）柱式托盘。柱式托盘的基本结构是托盘的四个角有固定式或拆卸式的立柱，这种托盘可进一步从对角的柱子上端用横梁结成门型框架。这种托盘在从棒料与管材等长型物料的储存、搬运到商品陈列的广大范围都可以应用。

柱式托盘的立柱主要作用有两个：一是防止托盘上放置的货物在运输、装卸等过程中发生塌垛；二是利用立柱支撑承重，可以将托盘货载堆高叠放，而不用担心压坏下面的货物。

（3）箱式托盘。箱式托盘的基础结构是沿托盘的四个边有板式、栅式、网式等各种平面组成箱体，有些箱体上有顶板，有些箱体上没有顶板。箱板有固定式、折叠式和拆卸式三种。在工件等零散货物的存放和铁路、载重汽车等的杂货运输等方面使用最多。

箱式托盘的主要特点有两个：一是防护能力强，可有效防止塌垛，防止货损；二是由于四周有护板、护栏，这种托盘的装运范围较大，不但能装运可整齐码垛的包装货物，也可装运各种异形、不能稳定堆垛的物品。

(4) 轮式托盘。轮式托盘的基本结构是在柱式、箱式托盘下部装有小型轮子，这种托盘不但具有一般柱式、箱式托盘的优点，而且可利用轮子做短距离移动，不需搬运机具实现搬运，且利用轮子做滚上滚下的装卸，也有利于在装入车内、船内后移动其位置，所以轮式托盘有很强的搬运性。此外，轮式托盘在生产物流系统中还可以兼做作业车辆。

(5) 特种托盘。上述托盘都带有一定通用性，适用装运多种中、小件货物和杂、散装货物。由于托盘制作简单，造价较低，所以针对某些运输数量较大的货物，可以制造出装载效率高、装运方便的专用托盘。目前各国采用的专用托盘种类很多，并在某些特殊领域发挥重要作用，例如，航空货运或行李托运使用的航空托盘、平板玻璃集装托盘、油桶专用托盘、轮胎专用托盘等。

2. 托盘的特点

托盘作为一种集装化运输的工具，具有以下特点。

(1) 自重小。用于装卸、运输时，托盘本身所消耗的劳动较少，无效运输及无效装卸比集装箱少。

(2) 容易返空。由于托盘造价不高，又很容易互相替代，互以对方托盘抵补，所以无须像集装箱那样必有固定归属者，也无须像集装箱那样返空。即使返运，托盘在返空时占用运力也很少。

(3) 装盘容易。托盘无须像集装箱那样深入到箱体内部，装盘后可以采用捆扎、紧包等技术处理。

(4) 装载量较大。托盘能集中一定数量的货物，比一般包装的组合量大得多。

托盘的主要缺点是对货物的保护性比集装箱差，露天存放困难，需要有仓库等配套设施。

3. 托盘作业的优点

托盘作业的优点有以下几个方面。

(1) 装卸效率高。使用托盘作业用机械一次装卸较多数量的货物，可以大大缩短装卸时间，提高效率，节省劳动力。由于装卸时间缩短，运输工具的停留时间也相应缩短，利用率提高。而且由于使用叉车，高层堆垛便利迅速，并能有效利用空间。用于托盘作业的装卸机具多是移动式的，因此，可以机动运用这些设备来提高利用率。因为托盘运输的是集装单元货物，减少了货物换装次数，从而可以避免较大的货损。由于托盘的自重小，在货物的装卸、运输中托盘所消耗的劳动较少，无效运输及装卸与集装箱相比相对较小。

(2) 可实行货物统一集装化。尽管货物的品种和形状不一，但一旦码在托盘上，就变成统一集装货物，从而可以有计划地实现标准化作业，提高作业效率，并且也可以把货物放在输送线上，实现搬运自动化。

通常人们错误地认为只有同一品牌的大量货物才能进行托盘运输。其实，托盘作业系统更适合有多品种货物的情况。只要把多个托盘按不同的货物品种或运往地点分开，就不必担心造成不同品牌或不同运往地点混杂的现象。

(3) 搬运灵活。装在托盘上的货物，只要有机械，即可把全部集装货物一次性搬动，这对于出入库作业频繁、保管多种货物的中转仓库来说，与人工操作相比，可大大提高保管效率。

(4) 有利于保护货物。码放在托盘上的货物不需逐件搬动，从而可以避免货物的破损、污损、丢失、混装等现象，保障货物安全。

4. 托盘的使用及管理

物流托盘化是物流集装化的一种重要形式，是实现货物装卸、储存等物流作业机械化的基本前提。

(1) 托盘的使用。托盘的使用方法有两种：托盘联运和托盘专用。

托盘联运是托盘的重要使用方式。托盘联运又称一贯托盘运输，其含义是将载货托盘货体从发货人开始，通过装卸、运输、转运、保管、配送等物流环节将托盘货体原封不动地送达收货人的一种"门到门"运输方法。托盘联运是社会化的问题，很难在一个行业或一个小地区范围内自行解决。因此，托盘联运必须实行全社会统一的托盘技术和托盘管理制度。具体是实行联运的托盘有固定的尺寸标准和种类，一般采用800mm×1000mm、800mm×1200mm和1000mm×1200mm三种规格，并采用平板托盘，以便于叉车、货架、仓库的标准化。

由于各产业领域，各小流通领域，各工厂、车间、仓库内部都有提高工效、追求物流合理化的问题，因此托盘专用也是托盘使用的一个不可忽视的领域。托盘专用即按某一领域的要求，选择和设计效率最高的专用托盘，在这个领域的各个环节，采用专用托盘作为贯通的手段，实际上是一个小领域的托盘联运。不过，专用托盘的流通，有时要配以专用机具、设施，会降低这些机具设施的使用效率，限制其发展，这是专用托盘的缺点。

(2) 托盘的管理和联营体系。由于联运托盘种类少，尺寸和材料大体相同，托盘价格相差不大，不像集装箱那样要严格计划返运，也不像集装箱那样有明确的不可变的归属。基于这个特点，托盘可以只保留一个数量的归属权，具体托盘则可以在联运系统中广泛进行交换，而不需强调个别托盘的归属和返盘。具体的联运共用托盘有以下几种形式。① 对口交流方式。即有关单位之间签订协议，各单位所属托盘可在若干有关单位之间运营，共同承担接收、回送等义务，到一定时期清算。② 即时交换方式。它以运输承担人和发货人为双方，当发货人发出一批托盘后，运输承担人给予发货人同等数量的托盘。这种方式在欧洲应用颇为广泛。③ 租赁方式。托盘由托盘公司拥有，托盘公司在各地设营业点，货主自己不备托盘，使用时从附近托盘公司租用，接货后空盘就近归还托盘公司，托盘公司拥有全部托盘，并负责调配、维修、更新托盘。这是一种社会化很强的托盘管理形式。④ 租赁交换并用方式。这种方式是在运输当事人与货主之间采用交换方式，而与托盘公司之间采用租赁方式。⑤ 结算交换方式。这是针对即时交换方式而制定的，即时交换方式容易出现现场空托盘数量不足的情况，空托盘无法及时回收与返还，致使托盘货物滞留，从而影响整个货物发送过程。采用结算交换方式，其托盘的流动方式与即时交换方式程序相同，只是不须在现场交换托盘，而通过传票处理，在规定的日期内返还托盘即可。对不能按期返还的或造成丢失的要支付赔偿金。由于该方式对托盘回收、返还的责任范围等有明确规定，因而较即时交换方式更有优越性。

托盘经营方式合理与否是提高托盘流动性的关键因素。托盘标准化、系列化是提高托盘流动性的基础。只有切实做好托盘租赁、交换、交流等的组织和设计，才能实现托盘装卸、搬运、储存、运输、配送、销售等综合一贯制管理，使托盘化物流活动顺畅运行。

第二节　联合运输

联合运输是交通运输的一个组成部分，在各种运输方式和港站集疏运的衔接配合中，处于结合部的地位，是推动运输横向联合、组织发挥各种运输方式的特点和优势、提高综合运输效率的有效途径。

一、联合运输的概念和内容

（一）联合运输的概念

联合运输（combined transport）简称联运，是指使用同一运送凭证，由不同运输方式或不同运输企业进行有机衔接，利用各种运输方式的优势，充分发挥不同运输工具的优势，完成一项进出口货物运输任务的综合运输方式。它是各种运输方式开展协作的有效形式，但不改变参与联运的企业生产资料所有制和隶属关系。联合运输不同于一般运输，它具有三个特点：一是具有组织运输的全程性；二是运程凭证的通用性；三是托运手续的简易性。

（二）联合运输的内容

联合运输不仅要考虑每一种运输方式的特点，更要考虑各种运输方式整体功能和独特优势的利用，只有这样才能做到扬长避短，相互协作，提供优质、高效的运输服务。为了更好地理解联合运输的含义，有必要深层次地了解联合运输的工作内容。联合运输的工作内容如下。

1. 衔接运输或接力运输

联合运输是两种以上运输方式或一种运输方式两个以上环节的运输接续。货物联运按运输组织方式的不同，可分为大宗货物干线联运以及零散货物干支线和支线间的联运。

大宗货物干线联运，习惯上称为“大联运”，这种大联运在我国一般由交通、物资、商业等部门在各级经济综合部门的组织和领导下签订协议并进行。

零散货物干支线间和支线间的联运，是由当地联运企业与联运企业之间、联运企业与运输企业之间签订协议和合同，互相代办中转或异地代理转运，以完成全过程的多式联运业务，习惯上称为“小联运”。

2. 运输代理服务

运输作为一种社会经济活动，必须在托运方和承运方相结合的条件下才能进行。随着市场经济的发展，社会化生产规模的扩大和产、供、运、销分工的不断变化，这种直接结合的运输经济活动，越来越显示出其局限性。因此，一种承运方、托运方双方间接结合的运输经营方式就产生了。这种运输方式就是在整个运输过程中，货主和运输企业之间不发生直接关系，而是通过代理人开展业务活动，充当这种代理人角色的就是由此而产生的各种联运企业。

运输代理是联合企业的基本任务，其基本要求是力争做到“一次托运，一次收费，一次结算，一票到底，全程负责”，节约办理运输的人力和时间，方便货主和运输企业，加速货物的周转，提高社会经济综合效益。

3. 运输协作

运输协作是指在货物的运输全过程中，把生产、供应、运输、销售等部门的各个环节联成一个有机整体。主要是通过运输企业之间以及运输企业和厂矿企业之间的协作，而联运企业则是这种协作中的一个重要组成部分。

联合运输是随着社会现代化生产规模的日益扩大和专业化大分工而出现的一个新兴

运输分支，在各种运输方式和产、供、运、销以及集运、疏运等“结合部”和“枢纽”中起衔接配合、协作服务的作用。通过联运企业开展代理业务，组织各种运输之间的联运，发展横向联合和运输协作，更有利于做到选择与优化运输方式和运输线路，促使铁路、公路、水路、航空合理分流和各种运输工具设施充分利用，从而加速商品、资金的周转，缩短运输工具的停留时间。联运企业既为货主服务，也为运输企业服务，这种“一手托两家”的双向服务，可以更好地发挥综合运输体系的整体功能，取得更为良好的经济和社会效益。

二、联合运输的分类

根据不同的原则，联合运输可以有多种分类形式。根据组织方式和体制的不同，联合运输可以分为协作式联运和衔接式联运两种。

（一）协作式联运

协作式联运一般是指为保证指令性计划调拨，重点物资运输和国防、抢险、救灾等急需物资的运输，在国家计划指导下的联运合同运输，产、供、运、销的运输协作，也属于这一类。协作式运输是计划体制下的联合运输的主要形式，我国国内过去的联合运输大多属于这一类。

（二）衔接式联运

衔接式联运一般是指由一个联运企业综合组织两种或两种以上运输工具的连续运输，或者由一个联运企业综合组织的以同一种运输工具，但由多家经营的两程或两程以上的连续运输，这类联运是企业经营行为。由于联运企业不具备指令性计划的权威性，在全程运输的不同运输区段衔接组织工作中，不能采用计划性指令将货物由前一区段的运输企业直接交给下一区段运输企业的形式，而只能采用由本人或其委托代理人从前一区段承运人手中接收货物，再与下一区段的承运人订立该区段运输合同，并把货物交给承运人，完成运输衔接工作，使运输继续进行。在这类联运中，组织完成联运中各区段间的运输衔接的是联运经营人，而不是指令性计划的安排。

衔接式联运是国际间货物联运的基本形式，是市场经济体制下的联运。随着我国经济体制改革的不断深入，我国国内货物联运也越来越多地采用这一形式，并将成为国内联运的主要发展方向。

衔接式联运可以按不同原则进行分类。

1. 按运输对象分类

按运输对象，联合运输可以分为旅客联运和货物联运。旅客联运一般指“一票到底”的由不同运输形式和不同运输企业完成的多区段旅客全程连续运输。货物联运一般是指以货物为对象的联合运输。

在我国货物联运中，按照运送凭证通用程度不同和组织联运方法不同，联合运输通常又可分为干线联运和干支线联运。干线联运是指在铁道部、交通部联合颁发的《铁路和水路货物联运规则》范围内办理的铁水联运，是大宗物资联运的主要通路，具有批量大、运距长等特点，全国有统一的规则，统一的运价。干支线联运是指铁水干线与地方公路、水路之间的联运，包括县、乡联运形式，如江苏推广的联运“乡邮化”。联运“乡邮化”是一种与邮政相仿的运输形式。

2. 按使用的运输方式分类

按照使用的运输方式，联运可以分为单一方式联运和多种方式联运（简称多式联运）。单一方式联运，是指一个联运经营人或机构综合组织，由使用同一运输方式（运输工具）的不同运输企业完成的两程或两程以上的全程连续运输，如海-海联运、铁-铁联运、公-公联运、空-空联运都属于这一类。多式联运是指根据多式联运合同，使用两种或两种以上的运输方式，由联运经营人组织完成的全程连续运输，如海-空联运、铁-海联运、铁-公联运、海-空联运等都属于这一类。多式联运是不同运输方式的综合，是综合运输研究的主要内容之一。

3. 按联运起点和终点的位置分类

根据联运起点和终点是否在一个国家之内可分为国内联运和国际联运。国内联运是指联运合同中规定的联运经营人接受货物的地点与交付货物的地点在一个国家之内的联运。国际联运是指联运合同规定的联运经营人接受货物的地点与交付货物地点不在同一个国家之内的联运。

三、联合运输的基本特征

联合运输与传统的单一方式运输、单程运输有很大的区别，其基本特征主要有以下几点。

（一）全程性

联运是两种及以上运输方式或单一方式两程以上的连续运输组织，联运经营人或联运管理机构要负责从接收货物托运，各区段运输，各区段运输衔接，直到货物交付期间的全部运输及相关服务业务。无论全程运输过程中包含几个区段，利用几种运输方式，经过几次中转换装，联运经营人均要对运输的全程负责。联运合同是从起运地到目的地的全程运输合同。

（二）代理性

联运的代理性是指联运企业业务活动具有运输代理企业的特点。联运企业尽管与货方订立全程合同，对全程运输负有责任，但在实际运输过程中，它不拥有任何一种运输工具或不拥有运输过程中所有种类的运输工具，因此，它并不实际完成所有运输区段的运输，而是通过分别与其他运输企业（一般称为实际承运人）订立区段的运输合同，借助其他运输企业完成各段的运输。

（三）简便性

联合运输实行“一次托运，一份合同，一次结算费用，一票到底”的全程负责制。货主只要与联运经营人订立一份运输合同，办理一次托运，一次结算全程费用，通过一张运输单据就可以实现货物的全程运输。

（四）通用性

联运中所应用的商务活动的模式与规则，运输所依据的国际、国内法规，运输合同的性质作用，使用的单证文件等必须具有通用性，才能适应不同运输方式、不同企业的衔接。

（五）协同性

搞好联合运输依赖于生产、供应、运输、销售等部门和集、装、运、转、卸、疏等环节的紧密协作配合。这种协同性不仅体现在运输组织和管理体制的协调一致，也体现在技术装备的协调发展和同步建设方面，必须使港、站、库、场、集运、疏运等系统相互配套，实现运输设备和设施的协调性。

四、联合运输业务的运行机制

（一）联合运输公司的主要业务

1. 零担货物的集结运输（指联运货物）

零担货物具有批数多、重量小、发到地分散、品种复杂、形状各异、包装不统一等特点。因此，零担货物运输是一种要求运输条件较高、货运业务手续较为繁杂且面向千家万户的运输。由联运服务公司承包零担货物运输业务，不仅可以方便货主，提高服务质量，还可以通过联运服务公司的货物集结过程，化零为整，提高运输企业的运输效率和运输过程的安全性和可靠性。

零担货物集结运输包括货物接取、集结装运、不同运输工具的货物中转、到达分送等运输环节。联运服务公司通过对运输各环节的合理组织和分设在货物发到地各处所的运输营业站、点，可以实现零担货物运输的邮件化。通过这一运输组织形式，可以实现货主在家收发货物的高质量运输服务。

2. 代办货物中转（指非联运货物）

代办货物中转业务是在货主采用直接托运的条件下，联运服务公司作为货主的代理人为货主办理不同运输工具间的货物转运业务，联运服务公司的代办货物中转业务不仅可以减轻货主的运输业务工作负担，而且也有利于货物运输过程在不同运输工具间的紧密衔接，压缩货物中转滞留时间。代办货物中转业务可以由货主按批向联运服务公司提出委托的方式来办理，也可以通过货主和联运服务公司签订定期委托书（合同）的方式来办理。

3. 笨重货物运输

笨重货物、家具和搬家货物等的运输由于对运送条件、装运工具等都有特殊要求，需要作为特种货物办理。为开发这方面的业务应拥有相应专业运输人员，建立相应的工作制度。

4. 工厂或成套设备承包运输

开发工厂或成套设备运输是指联运公司对由各地区供应的新建工厂全部设备或改建、扩建工厂的某方面成套设备的系统承包运输。开展这一运输承包业务时，厂方作为一项运输任务，与联运服务公司签订运输合同，协商确定总的运输费用。承包的联运服务公司根据运输合同要求，组织联运业务网内各地区联运服务公司，共同完成任务。

5. 仓库保管

联运服务公司的仓库保管业务相当于仓储公司或储运公司的业务，也是联运服务公司可以开展且大有发展前途的业务。在开展仓库保管业务时，联运服务公司必须具有足够数量的仓储设备和相应的仓储保管业务人员。

6. 货物包装

货物包装在这里是指货物的运输包装，应根据货物特征、运输条件、运输工具和运输距离进行设计（包括外形、包装材料、加固等）。因此，货物包装也是一项专业性很强的工作。联运服务公司开发货物包装业务通常应建立具有一定专职人员的专门业务单位。

当前，联运服务公司的业务以办理零担货物的集结运输和代办货物中转等业务为主，其他各项是需要进一步开展的业务。

（二）联合运输的业务程序

联合运输的业务主要由运输组织和实际运输过程两部分组成，由于实际运输过程比较简单，这里我们主要讨论运输组织的业务程序。

国际多式联运经营人是全程运输的组织者。其余各种联合运输都可以借鉴这种程序，只不过减少部分环节而已。可供借鉴的国际多式联运主要业务及程序如下。

1. 接受托运申请，订立多式联运合同

从国际多式联运经营人受理托运申请，至发货人（或代理）在场站收据的副本联上签章，以证明进行委托，多式联运合同即告成立并开始执行。发货人或其代理人根据双方就货物交接方式、时间、地点、付费方式等达成的协议填写场站收据，并交由国际多式联运经营人办理编号手续。

2. 空箱的发放、提取及运送

国际多式联运中使用的集装箱一般应由国际多式联运经营人提供。如由发货人自行装箱，则国际多式联运经营人应签发提箱单（也可由租箱公司或分运人签发提箱单）交给发货人或其代理人在规定日期、指定的堆场提箱并拖运至装箱地点。发货人亦可委托国际多式联运经营人办理从堆场到装箱地点的空箱拖运。如果是拼箱运输或是整箱货但发货人不能自装时，则由国际多式联运经营人将所用空箱调运至接受货物的集装箱货运站。

3. 出口报关

若多式联运从港口开始，则在港口报关；若从内陆地区开始，则在附近的内地海关办理报关。出口报关事宜一般由发货人或其代理人办理，也可委托国际多式联运经营人代为办理（这种情况需加收报关服务费及报关手续费，并由发货人负责海关派员所产生的全部费用）。报关时应提供场站收据、装箱单、出口许可证等有关单据和文件。

4. 货物装箱及接收货物

发货人可以自行装箱，装箱工作一般在报关后进行，并请海关派员到装箱地点监装和办理加封事宜。如需理货，还应请理货人员现场理货并与发货人共同制作装箱单。发货人也可委托国际多式联运经营人或货运站装箱（指整箱货情况）。如果是拼箱货物，发货人应负责将货物运至指定的集装箱货运站，由该站按国际多式联运经营人指示装箱。无论装箱工作由谁负责，装箱人均需制作装箱单，并办理海关监装与加封事宜。对于货主自装的整箱货物，发货人应负责将货物运至双方协议规定的地点，由国际多式联运经营人或其代表（包括委托的堆场业务员）在该地点接收货物。如果是拼箱货物，由国际多式联运经营人在指定的集装箱货运站接收货物。验收货物后，代表国际多式联运经营人接收货物的人员应在场站收据正本上签章并将其交给发货人或其代理人。

5. 订舱及安排货物运送

国际多式联运经营人在合同订立之后，应制定该合同涉及的集装箱货物的运输计划。该计划包括货物的运输路线，区段的划分，各区段实际承运人的选择及各区段间衔接地点的到达、起运时间等内容。这里所说的订舱泛指国际多式联运经营人按照运输计划安排各区段的运输工具，与选定的各实际承运人订立各区段的分运合同。这些合同的订立由国际多式联运经营人本人（派出机构或代表）或委托的代理人（在各转接地的代理人）办理，也可请前一区段的实际承运人作为代表向后一区段的实际承运人订舱。

6. 办理保险

发货人应办理货物运输险。该保险由发货人自行办理，或由发货人承担费用，而由国际多式联运经营人代为办理。货物运输保险可以是全程投保，也可分段投保。在国际多式联运经营人方面，应办理货物责任险和集装箱保险，由国际多式联运经营人或其代理人向保险公司或以其他形式办理。

7. 签发多式联运提单，组织完成货物的全程运输

国际多式联运经营人的代表收取货物后，应向发货人签发多式联运提单。在把提单交给发货人前，应注意按双方一定的付费分工及内容、数量向发货人收取全部应付费用。国际多式联运经营人在接收货物后，要组织各区段实际承运人、各派出机构及代表人共同协调工作，完成全程各区段的运输、各区段之间的衔接工作、运输过程中所涉及的各种服务性工作和运输单据、文件及有关信息传递等组织和协调工作。

8. 运输过程中的海关业务

按惯例，国际多式联运的海关业务主要包括货物及集装箱进口国的通关手续、进口国内陆段保税（海关监管）运输手续及结关等内容。如果陆上运输要通过其他国家海关和内陆运输线路时，还应包括这些国家海关的通关及保税运输手续。这些手续一般由国际多式联运经营人的派出机构或代理人办理，也可由各区段的实际承运人作为国际多式联运经营人的代表代为办理。由此产生的全部费用应由发货人或收货人负担。如货物在目的港交付，则结关应在港口所在地海关进行。如在内地交货，则应在口岸办理保税（海关监管）运输手续，海关加封后方可运往内陆目的地，在内陆海关办理接关。

9. 货物交付

当货物运至目的地后，由目的地代理人通知收货人提货。收货人需凭多式联运提单提货，国际多式联运经营人或其代理人按合同规定，收取收货人应付的全部费用，收回提单后签发提货单（交货记录），提货人据此到指定堆场（整箱货）或集装箱货运站（拼箱货）提货。如果是整箱提货，则收货人要负责至掏箱地点的运输，并在货物掏出后将集装箱运回指定的堆场，运输合同终止。

10. 货运事故处理

如果运输过程中发生了货运事故，如货物灭失、损害和运输延误等，应按相关赔偿责任理赔。

由此可见，办理货物联运业务的主要程序由货物在发运地的承运业务、货物在不同运输工具和运输衔接点的中转业务、货物在收货地的交付业务三个环节组成。

我国联运公司办理国内货物联运的业务程序比国际联运程序要简单，其业务程序如下。①货主（发货人）提出发货委托书或亲自登门办理货物托运手续。②联运服务公司根据货主委托书，在规定的时间、地点派车取货或由货主亲自送货，货物在联运服务公司仓库集结。③联运服务公司办理货物票据手续及核收运杂费。④根据货主规定的发货日期（或到货日期）向运输企业托运，组织货物始发装运，运输工具的选择和运输线路的安排由联运服务公司负责。⑤在不同运输工具的衔接点办理货物中转业务。⑥办理货物到达票据手续和到达杂费结算。⑦联运服务公司根据货主（收货人）指定的时间、地点派车或由货主亲自取货。⑧货运事故处理。

由此可以看出，国内多式联运和国际多式联运的最大区别在于办理通关和投保环节，其余业务程序基本是一致的。

第三节　国际多式联运

一、国际多式联运概述

（一）国际多式联运的定义

国际多式联运（international multimodal transport）又称国际复合运输或国际综合一贯制运输，是国际间多种运输形式的联合运输，是在集装箱运输基础上发展起来的更先进的运输组织形式。这种运输方式是采用国际多式联运合同，由总承运人负责全程的承运并直接对货主负责，组织两种以上的运输方式，跨国界进行联合运输。

国际复合运输是通过采用海、陆、空等两种以上的运输手段，完成国际间的连贯货物运输，从而打破过去海、铁、公、空等单一运输方式互不连贯的传统做法，是一种以实现货物整体运输的最优效益为目标的联运组织形式。

根据1980年《联合国国际货物多式联运公约》以及1997年交通运输部和铁道部共同颁布的《国际集装箱多式联运管理规则》的定义，国际多式联运是指“按照多式联运合同，以至少两种不同的运输方式，由多式联运经营人将货物从一国境内接管货物的地点运至另一国境内指定地点交付的货物运输”。

（二）国际多式联运的特征

根据以上描述，构成国际多式联运必须具备以下特征或基本条件。

1. 必须具有一份多式联运合同

该运输合同是确定多式联运经营人与托运人之间权利、义务、责任与豁免及运输性质的合同，也是区别多式联运与一般货物运输方式的主要依据。

2. 必须使用一份全程多式联运单证

这是为了证明多式联运合同已经生效以及多式联运经营人已接管货物并负责按照合同条款交付货物所签发的单证，该单证应满足不同运输方式的需要，并按单一费率计收全程运费。

3. 必须是至少两种不同运输方式的连贯运输

这是确定一票货运是否属于多式联运的最重要的特征。为了履行单一方式运输合同而进行的该合同所规定的货物接送业务则不应视为多式联运。如航空运输中从仓库到机场的这种陆空组合就不属于多式联运。

4. 应该是国际间的货物运输

这是区别国内运输和是否适合国际法规的限制条件。

5. 必须由一个多式联运经营人对货物运输的全程负责

这是多式联运的一个重要特征。由多式联运经营人去寻找分承运人实现分段的运输。该多式联运经营人不仅是订立多式联运合同的当事人，也是多式联运单证的签发人。当然，在多式联运经营人履行多式联运合同所规定的运输责任的同时，可将全部或部分运输委托他人（分承运人）完成，并订立分运合同。但分运合同的承运人与托运人之间不存在任何合同关系。

6. 必须是全程单一运费费率

多式联运经营人在对货主负全程运输责任的基础上，制定从货物发运地至目的地的全程单一费率，并以包干形式一次性向货主收取。

由此可见，国际多式联运的主要特点是，由多式联运经营人和托运人签订运输合同，多式联运经营人统一组织全程运输，实行运输全程一次托运、一单到底、一次收费、统一理赔和全程负责。它是一种以方便托运人和货主为目的的先进的货物运输组织形式。

（三）国际多式联运的优点

国际多式联运是今后国际运输发展的方向，开展国际集装箱多式联运具有许多优越性，主要表现在以下几个方面。

1. 发挥各种运输方式的优势

对于单一运输方式而言，由于单一运输方式的经营人各自为政，自成体系，因而其经营业务范围受到限制，货运量也相应有限。而一旦由不同的运输经营人共同参与多式联运，经营的范围可大大扩展，同时可以最大限度地发挥其现有设备的作用，选择最佳运输线路，合理组织运输。

2. 方便货主

在国际多式联运下，无论货物运输距离有多远，由几种运输方式共同完成，运输途中货物经过几次转换，所有一切运输事项均由联运经营人负责办理。而托运人只需办理一次托运，订立一份运输合同，支付一次费用，办理一次保险，从而省去托运人办理托运手续的许多不便。同时，由于多式联运采用一份单证，统一计费，因而也可简化制单和结算手续，节省人力和物力。

3. 提高货物运输质量

在国际多式联运下，各个运输环节和各种运输工具之间配合密切，衔接紧凑，货物所到之处中转迅速及时，大大减少了货物在途停留时间，从而从根本上保证了货物安全、迅速、准确、及时地运达目的地。同时，多式联运是通过集装箱进行直达运输，尽管货运途中需经多次转换，但由于使用专业机械装卸，且不涉及箱内货物，因而货损货差事故人为减少，从而在很大程度上提高了货物的运输质量。

（四）降低运输成本

由于多式联运可实行门到门运输，因此，对货主来说，在货物交给第一承运人以后即可以取得货运单证，并据以结汇，从而提前了结汇时间。这不仅有利于加速货物占用资金的周转，而且可以减少利息的支出。此外，由于货物是在集装箱内进行运输的，因此，从某种意义上来说，可相应地节省货物的包装、理货和保险等费用的支出。

二、国际多式联运的组织形式

由于国际多式联运具有其他运输组织形式无可比拟的优越性，因而这种国际运输新技术已在世界各主要国家和地区得到广泛的推广和应用。目前，有代表性的应用国际多式联运的国家和地区主要有远东-欧洲、远东-北美等海-陆-空联运。其组织形式如下。

（一）海-陆联运

海-陆联运是国际多式联运的主要组织形式，也是远东-欧洲多式联运的主要组织形式之一。目前，组织和经营远东-欧洲海-陆联运业务的主要有班轮公会的三联集团、北荷、冠航和马士基等国际航运公司，以及非班轮公会的中国远洋运输公司、中国台湾长荣航运公司和德国那亚航运公司等。这种组织形式以航运公司为主体，签发联运提单，与航线两端的内陆运输部门开展联运业务，与陆桥运输展开竞争。

（二）陆桥运输

在国际多式联运中，陆桥运输（land bridge transport）起着非常重要的作用，它是远东-欧洲国际多式联运的主要形式。所谓陆桥运输，是指以集装箱为主要运输工具，以横贯大陆的铁路、公路运输系统作为中间桥梁，把大陆两端的集装箱海运航线与专用列车或卡车连接起来的一种连贯运输方式。严格地讲，陆桥运输也是一种海-陆联运形式。只是由于其在国际多式联运中的独特地位，故专门将其作为一种独立的运输组织形式。目前，陆桥运输的线路主要包括西伯利亚大陆桥（或称为第一亚欧大陆桥）、新亚欧大陆桥（或称为第二亚欧大陆桥）和北美大陆桥。

1. 西伯利亚大陆桥

西伯利亚大陆桥（Siberian landbridge，SLB）是指使用国际标准集装箱，将货物由远东海运到俄罗斯东部港口，再经跨越欧亚大陆的西伯利亚铁路运至波罗的海沿岸，然后再采用铁路运输、公路运输或海运运到欧洲各地的国际多式联运的运输线路。

西伯利亚大陆桥是目前世界上最长的一条陆桥运输线，全长 1.3 万 km。它的建成，大大缩短了从日本、远东、东南亚以及大洋洲到欧洲的运输距离，并因此节省了运输时间。而相应的全程水路运输距离（经苏伊士运河）约为 2 万 km。从日本横滨到欧洲鹿特丹，采用陆桥运输不仅可以使运距缩短 1/3，运输时间也可节省 1/2，此外，一般运输费用还可节省 20%～30%，因而对货主有很大的吸引力。

目前，使用这条陆桥运输线的经营者主要是日本、中国和欧洲各国的货运代理公司。其中，日本出口欧洲杂货的 1/3，欧洲出口亚洲杂货的 1/5 是经这条陆桥运输的。

西伯利亚大陆桥运输包括海-铁-铁、海-铁-海、海-铁-公三种运输方式，如图 3.1～图 3.3所示。这条陆桥运输线由俄罗斯的过境运输总公司担当总经营人，拥有签发货物过境许可证的权利，并签发统一的全程联运提单，承担全程运输责任。至于参加联运的各运输区段，则采用“互委托、互承运”的接力方式完成全程联运任务。可以说，西伯利亚大陆桥是较为典型的一条过境多式联运线路。

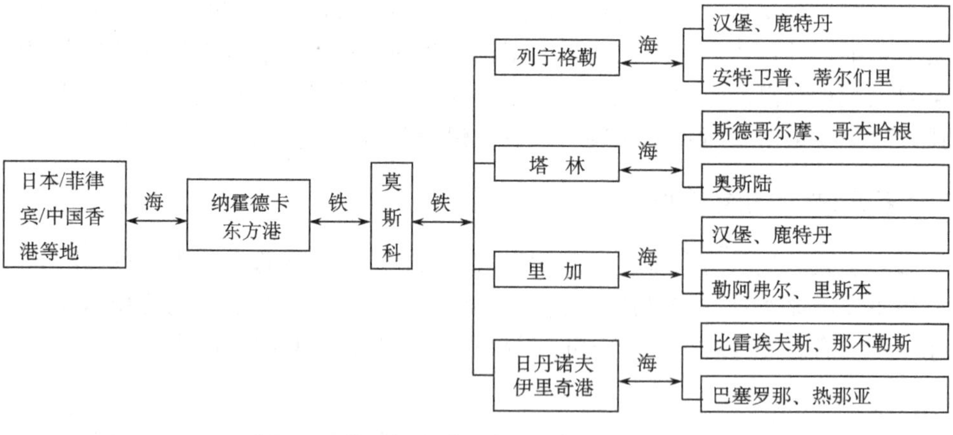

图 3.1 海-铁-海路示意图（邹龙，2008）

由于西伯利亚大陆桥所具有的优势，其声望与日俱增，也吸引了不少远东、东南亚以及大洋洲地区到欧洲的运输，使西伯利亚大陆桥在短短的几年时间中就有了迅速发展。但是，

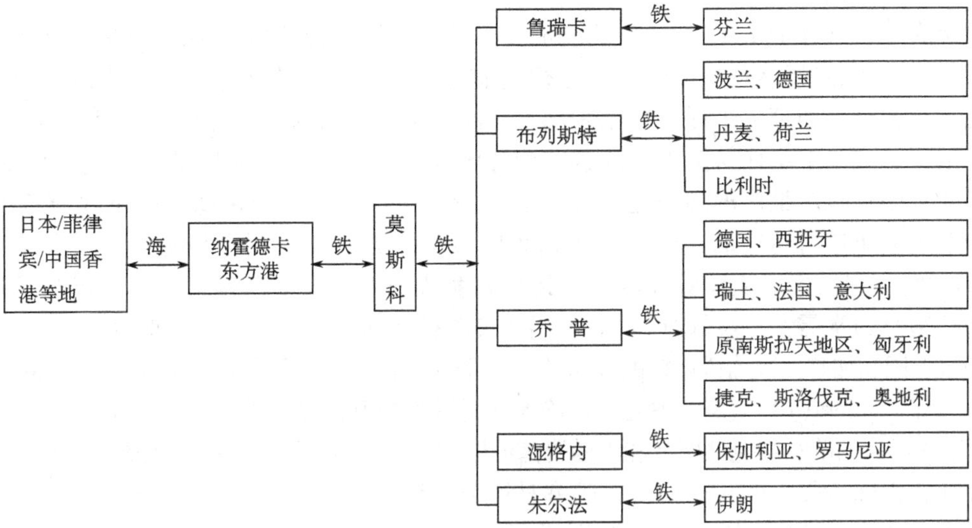

图 3.2　海-铁-铁路示意图（邹龙，2008）

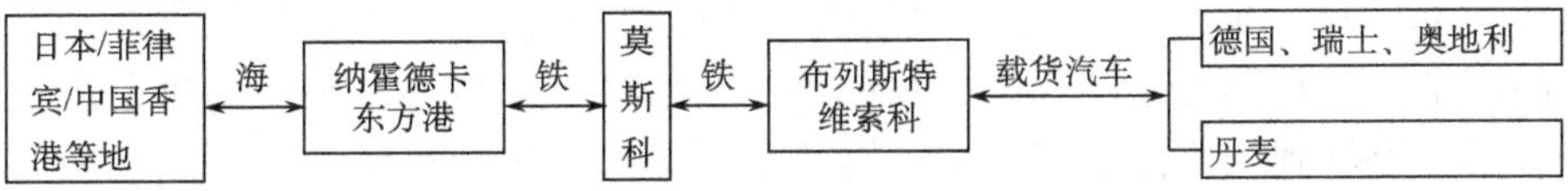

图 3.3　海-铁-公路示意图（邹龙，2008）

西伯利亚大陆桥运输在经营管理上也存在一些问题，如港口装卸能力不足、铁路集装箱车辆不足、箱流严重不平衡，以及严寒气候的影响等在一定程度上阻碍了它的发展。

2. 新亚欧大陆桥

新亚欧大陆桥，又名“第二亚欧大陆桥”，是从中国连云港到荷兰鹿特丹的铁路联运线，全长 10900km，其中在中国境内 4213km，途经中国、哈萨克斯坦、俄罗斯、白俄罗斯、波兰、德国和荷兰 7 个国家，可辐射到 30 多个国家和地区。1990 年 9 月，中国铁路与哈萨克斯坦铁路在德鲁日巴站正式接轨，标志着该大陆桥的贯通。1991 年 7 月 20 日，开通了新疆-哈萨克斯坦的临时边贸货物运输。1992 年 12 月 1 日，由连云港发出的首列国际集装箱联运“东方特别快车”，经陇海、兰新铁路，西出边境站阿拉山口，分别到达阿拉木图、莫斯科、圣彼得堡等地，标志着该大陆桥运输的正式开通。

与西伯利亚大陆桥相比，新亚欧大陆桥具有明显的优势。第一，地理位置和气候条件优越。整个陆桥避开了高寒地区，港口无封冻期，自然条件好，吞吐能力强，可以常年作业。第二，运输距离短。新亚欧大陆桥比西伯利亚大陆桥缩短陆上运距 2000～2500km，到中亚、西亚各国，优势更为突出。一般情况下，陆桥运输比海上运输运费节省 20%～25%，而时间缩短一个月左右。第三，辐射面广。新亚欧大陆桥辐射亚欧大陆 30 多个国家和地区，总面积达 5071 万 km^2，受辐射地区居住的人口占世界总人口的 75%左右。第四，对亚太地区吸引力大。除我国大陆外，日本、韩国、东南亚各国以及一些大洋洲国家和我国的台湾、港澳地区，均可利用此线开展集装箱运输。

3. 北美大陆桥

北美大陆桥（North American landbridge）是指利用北美的大铁路从远东到欧洲的“海-陆-海”联运。该陆桥运输包括美国大陆桥运输和加拿大大陆桥运输。美国大陆桥有两条运输线路：一条是从西部太平洋沿岸至东部大西洋沿岸的铁路和公路运输线；另一条是从西部太平洋沿岸至东南部墨西哥湾沿岸的铁路和公路运输线。北美大陆桥是世界上历史最悠久、影响最大、服务范围最广的陆桥运输线。据统计，从远东到北美东海岸的货物有50%以上是采用双层列车进行运输的，因为采用这种陆桥运输方式比采用全程水运方式通常可节省1～2周时间。例如，集装箱从日本东京到欧洲鹿特丹港，采用全程水运（经巴拿马运河或苏伊士运河）通常需5～6周时间，而采用北美陆桥运输仅需3周左右的时间。

随着美国和加拿大大陆桥运输的成功营运，北美其他地区也开展了大陆桥运输。墨西哥大陆桥（Mexican landbridge）就是其中之一。该大陆桥横跨特万特佩克地峡（Isthmus Tehuantepec），连接太平洋沿岸的萨利纳克鲁斯港和墨西哥湾沿岸的夸察夸尔科斯港，陆上距离337km。

在北美大陆桥强大的竞争面前，巴拿马运河受到的冲击最大。由于陆桥运输可以避开巴拿马运河宽度的限制，许多海运承运人开始建造超巴拿马型集装箱船（post-Panamax ship），从而放弃经过巴拿马运河，使集装箱国际海上运输的效率大大提高。

北美地区的陆桥运输不仅包括上述大陆桥运输，而且还包括小陆桥运输（mini-bridge）和微桥运输（micro-bridge）等运输组织形式。小陆桥运输从运输组织方式上看与大陆桥运输并无大的区别，只是其运送的货物的目的地为沿海港口。目前北美小陆桥运送的主要是日本经北美太平洋沿岸到大西洋沿岸和墨西哥湾沿岸港口的集装箱货物，当然也承运从欧洲到美国西海岸及波斯湾地区各港的大西洋航线的转运货物。北美小陆桥在缩短运输距离、节省运输时间上的效果也是显著的。以日本-美国东部航线为例，从大阪至纽约全程水运（经巴拿马运河）航线距离9700n mile，运输时间21～24天。而采用小陆桥运输，运输距离仅7400n mile，运输时间为16天，可节省1周左右的时间。

微桥运输与小陆桥运输基本相似，只是其交货地点在内陆地区。北美微桥运输是指经北美东、西海岸及墨西哥湾沿岸港口到美国、加拿大内陆地区的联运服务。进出美、加内陆城市的货物采用微桥运输既可节省运输时间，也可避免双重港口收费，从而节省费用。例如，往来于日本和美国东部城市匹兹堡的集装箱货，可从日本海运至美国西海岸港口，如奥克兰，然后通过铁路直接联运至匹兹堡，这样可完全避免进入美国东部的费城港，从而节省了港口费用支出。

（三）海-空联运

海-空联运又称为空桥运输（air bridge transport）。在运输组织方式上，空桥运输与陆桥运输有所不同：陆桥运输在整个货运过程中使用的是同一个集装箱，不用换装，而空桥运输的货物通常要在航空港换入航空集装箱。不过，两者的目标是一致的，即以低费率提供快捷、可靠的运输服务。

目前，国际海-空联运线主要有以下几条。

（1）远东-欧洲联运线。远东与欧洲间的航线有的以温哥华、西雅图、洛杉矶为中转地，也有以中国香港、曼谷、海参崴为中转地。此外，还有以旧金山、新加坡为中转地的航线。

（2）远东-中南美联运线。近年来，远东至中南美洲的海空联运发展较快，因为远东地区的港口和内陆运输不稳定，所以对海空运输的需求很大。该联运线以迈阿密、洛杉矶、温哥华为中转地。

(3) 远东-中东、近东、非洲、大洋洲联运线。这是以我国香港、曼谷为中转地至中东、近东、非洲的运输服务。在特殊情况下，还有经马赛至非洲、经曼谷至印度、经我国香港至大洋洲等的联运线，但这些线路的货运量较小。

由于海空联运中空运在运力、运输上的特性，且大多数飞机无法实现海空货箱互换，如何在中转时快速、安全地处理货物并按时抵达目的地，成为海空联运的关键。目前一些具有此优势条件的中转枢纽正在形成。

1. 阿拉伯联合酋长国的海空转运中心

该海空中转枢纽位于波斯湾入口的阿拉伯联合酋长国，其以有利的地理位置建立了海空货运服务。阿拉伯联合酋长国重要的航空港沙加由于正处在豪尔法坎港和哈利德港之间，正在成为众多的海空联运公司在远东航线上优先考虑的中转中心。同时，为促进海空联运业的发展，机场还开辟了一个自由贸易区，有着比其他阿拉伯国家、海湾国家更灵活的贸易政策。

2. 韩国的“空中货桥”

1989 年，韩进集团的韩国航空公司开通了美国和中国之间的海空货运服务。通过“空中货桥”网络的货物中转时间只需 5～8 天，而全程海运的运送时间则需 3～4 周。来自中国包括大连、青岛、天津和上海等 9 个港口的货物，通过韩进海运公司的航班被运往韩国的釜山港和仁川港，海运中转时间为 1～2 天，然后再由韩进集团下的汽车运输公司将货物从港口运到“空中货桥”的首尔集散站。这些货物可在 2 天之内被运往 60 个国际终点港的任何一处，运送时间大大缩短。

3. 迈阿密南美海空中转枢纽

该海空中转枢纽位于美国佛罗里达半岛南端的迈阿密，是欧洲同南美洲之间货物运输的中转站。对贸易商来说，从迈阿密将货物分销至南美，风险较小且价格低廉。因此分属于不同收货人的大批量货物通过船舶运往迈阿密，它们或者被暂存，或者立即用飞机分送到南美洲的客户手里。亚洲一些大型企业也选择迈阿密作为它们的存货中心，因为货物从这里能够更快地进入市场。

总的来讲，运输距离越远，采用海空联运的优越性就越大，因为和完全采用海运相比，其运输时间更短，和直接采用空运相比，其费率更低。

三、国际多式联运实施的责任形式

在目前的国际多式联运业务中，多式联运经营人的责任形式主要有两种。

(一) 统一责任制

统一责任制又称为同一责任制，就是多式联运经营人对货主负有不分区段的统一原则责任。也就是说，经营人在整个运输中都以同一责任向货主负责，即经营人对全程运输中货物的灭失、损坏或延期交付负全部责任，无论事故责任是明显的，还是隐蔽的；是发生在海运段，还是发生在内陆段，均按统一原则由多式联运经营人按约定的限额进行赔偿。但是，如果多式联运经营人已尽了最大的努力仍无法避免或确实证明是货主的故意行为过失等原因造成的灭失或损坏，经营人则可免责。同一责任制是一种科学、合理、手续简化的责任制度，但这种责任对联运经营人来说负担较重，目前在世界范围内采用还不够广泛。

（二）网状责任制

所谓网状责任制是指由签发多式联运提运单的人对全程运输负责，但其损害赔偿与统一责任制不同，是按造成该货损的实际运输区段的责任制予以赔偿，在各运输区段中依据的法律有以下几种。

(1) 公路运输：根据《国际公路货运公约》或国内法。《国际公路货运公约》是1956年签订的。

(2) 铁路运输：根据“国际铁路货运公约”或国内法。包括1938年生效的由欧洲各国制定的《国际铁路货物运送规则》和苏联、捷克、罗马尼亚等国家1951年签订的《国际铁路货物联运协定》。

(3) 海上运输：根据《海牙规则》或国内法。1924年签订的《关于统一提单的若干法律问题的国际公约》，简称《海牙规则》，该公约于1968年被修订，称为《海牙-维斯比规则》；1978年再次对《海牙规则》进行修改，制定了《联合国国际海上货物运输公约》，简称《汉堡规则》。

(4) 航空运输：根据《华沙运输公约》或国内法。1929年签订的《统一国际航空运输某些规则的公约》，简称《华沙公约》。

网状责任制是介于全程运输责任制和分段运输责任制之间的一种责任制，又称混合责任制。该责任制在责任范围方面与统一责任制相同，而在赔偿限额方面则与区段运输形式下的分段运输责任制相同。

网状责任制对于具有较成熟的国内运输管理法规的国家来说，可以使在国境内各区段适用法规保持不变，简化责任制的区分，同时也能保护新生的国际多式联运经营人的积极性，保证多式联运业务的顺利、健康发展。但是，从国际多式联运发展来考虑，采用网状责任制并不十分理想，容易在责任轻重、赔偿限额高低等方面产生分歧。

四、国际多式联运单证

国际多式联运经营人在接收货物时，应由本人或其授权人签发国际多式联运单证。多式联运单证并不是多式联运合同，而是多式联运合同的证明，同时是多式联运经营人收到货物的收据和凭其交货的凭证。

（一）多式联运单证的内容

对于国际多式联运单证的记载内容，《联合国国际货物多式联运公约》和我国《国际集装箱多式联运管理规则》都做了具体规定。根据我国《国际集装箱多式联运管理规则》的规定，多式联运单证应当载明下列事项：①货物名称、种类、件数、重量、尺寸、外表状况、包装形式；②集装箱箱号、箱型、数量、封志号；③危险货物、冷冻货物等特种货物应载明其特性、注意事项；④多式联运经营人名称和主营业所；⑤发货人的名称；⑥多式联运单证表明的收货人；⑦多式联运经营人接管货物的地点和日期；⑧支付货物的地点和约定的日期；⑨多式联运经营人或其授权人的签字及单证的签发日期、地点；⑩交接方式、运费的支付、约定的运达期限、货物中转地点；⑪在不违背签发多式联运单据所在国的法律的情况下，双方同意列入多式联运单据的任何其他事项。

《联合国国际货物多式联运公约》对多式联运单证所规定的内容与上述规则基本相同，只是公约中还规定多式联运单证应包括下列内容：①表示该多式联运单证为可转让或不可转让的声明；②预期经过的路线、运输方式和转运地点（如在签发多式联运单证时已经确知）。

（二）多式联运单证的签发

1. 多式联运单证的签发形式

多式联运单证可分为可转让或不可转让两种类型。

作为可转让的多式联运单证，具有流通性，可以像提单那样在国际货物买卖中扮演重要角色。

《联合国国际货物多式联运公约》规定，多式联运单证以可转让方式签发时，应列明按指示交付或向持票人交付。如列明按指示交付，须经背书后转让；如列明向持票人交付，无须背书即可转让。此外，如签发一份以上的正本，应注明正本份数；如签发任何副本，每份副本均应注明“不可转让”字样。在实践中，对于多式联运单证的正本和副本的份数规定不一，主要视发货人的要求而定。在交付货物时，多式联运经营人只是按其中一份正本交付货物后，便已履行向收货人交货的义务，其余正本自动失效。

不可转让的多式联运单证没有流通性。多式联运经营人凭单证上记载的收货人向其交货。按照《联合国国际货物多式联运公约》的规定，多式联运单证以不可转让的方式签发时，应指明记名的收货人。同时规定，多式联运经营人将货物交给单证所指明的记名收货人或经收货人以书面形式正式指定的其他人后，该多式联运经营人即已履行其交付责任。

2. 国际多式联运单证手续

办理国际多式联运货物运输的单证和手续与单一运输方式不同（表 3.3），除了按一般的集装箱货物运输的做法办理外，在制单和单证流转等方面，应从信用证条款制定开始，注意是否与多式联运条件相符，及时、正确地缮制和递送单据，避免因某一环节脱节而造成失误。

表 3.3　多式联运提单与单一运单比较

运输方式	铁路	公路	海运	航空	多式联运
接收货物收据	是	是	是	是	是
运输合同	是	是	不是	是	不是
物权凭证	不是	不是	是	不是	是
交付凭证	不是	是	是	不是	是
货物风险	无	无	有	无	有
可转让性	不可	不可	可	不可	可
责任期限	站-站	接收-交付	港-港	港-港	接收-交付

（1）信用证条款。根据多式联运的需要，信用证条款与一般常见的条款比较，主要有以下三点区别：①通过银行议付，不再使用船运公司签发的已装船提单，而是凭多式联运经营人或经其授权的代理人签发的联运单据。②由于多式联运一般采用集装箱运输，除特殊情况外，信用证上应有指定集装箱的条款。③由银行转单改为联运经营人直寄收货人，目的是使收货人及其代理人及早取得装船单证和报关时必备的商务单证，从而加快在目的港的提单速度和交货速度。

（2）缮制海运单据及联运单据。由于国际多式联运为“门到门”运输，故货物在港口装船后均应同时签发海运提单与联运提单。这是多式联运与单一海运的根本不同之处。①海运提单的缮制。发货人为多式联运经营人，收货人及通知方一般为多式联运经营人的国外代理，海运提单由船运公司代理签发。②联运提单的缮制。联运提单上的收货人和发货人是实际的收货人和发货人，通知方则是目的港或最终交货地点收货人指定的代理人。提单上除了列明装货港、卸货港外，还要列明收货地、交货地或最终目的地、第一运输工具以及海运船名及航次等。缮制联运提单均按信用证规定缮制，联运提单由多式联运经营人签发。

（3）其他单据。有关其他单据，一般都是信用证规定的船务单据和商务单据两种，这些单据的份数也按信用证中的规定由发货人提供。除将上述海运提单正本和多式联运提单正本分别递交多式联运经营人的国外代理和收货人外，还应将联运提单副本和海运提单副本连同装箱单、发票、产地证明等单据分别递交联运经营人国外代理及收货人。这些单证要在货船抵卸货港前寄到代理人和收货人手中，以便国外代理人办理货物转运并将信息通知最终目的地收货人。同时，也有利于收货人与代理人取得联系。

五、《联合国国际货物多式联运公约》

《联合国国际货物多式联运公约》（以下简称《公约》）是国际上第一个关于多式联运的公约，它在联合国贸易会议的主持下起草，并于 1980 年 5 月在日内瓦召开的联合国国际多式联运公约会议上，经参加会议的 84 个联合国贸易及发展会议成员国一致通过。我国也参加了公约的起草，并在最终文件上签了字。

《公约》主要适用于两个国家之间的货物多式联运合同，但是合同中规定的起运地或交货地必须位于缔约国境内。同时，公约对多式联运经营人和发货人各自的赔偿责任从不同方面分别加以具体规定。

（一）多式联运经营人的赔偿责任

1. 赔偿责任基础

《公约》对多式联运经营人实行“经修正后的统一责任制”，即多式联运经营人对货物的全部运输过程中发生的货物灭失或损坏，不论发生在哪个运输区段，均统一按本公约规定的赔偿责任限制进行赔偿。但《公约》又要协调各国货主的利益，所以又规定如果发生货损区段适用的国际公约或国内法规定的赔偿责任限额高于本公约规定的，则以高者为准。多式联运经营人的责任期间为自接管货物起至交付货物止。多式联运经营人的赔偿责任原则为完全的推定过错责任原则，即对于发生在其责任期间的货物灭失、损失或延迟交付所引起的损失，如果多式联运经营人不能证明其本人、代理人、受雇人或为履行合同而雇佣的任何其他人为避免事故发生及后果已采取了一切合理措施，便推定多式联运经营人对上述损害承担责任。

2. 赔偿责任限额

（1）如果多式联运合同中有一种运输方式是海运或内河运输，货损或灭失的赔偿责任限额为每件货物或每一运输单位不超过 920 记账单位（即国际货币基金组织确定的特别提款权 SDRs），或按货物毛重计算，每千克 2.75 记账单位，两者择其高者。

（2）如果多式联运中不包括海运或内河运输，赔偿责任限额为毛重每千克 8.33 记账单位。这是考虑到空运承运人和铁路、公路承运人对货损的赔偿责任应高于海运承运人的责任限额。

（3）如果能够确定损失发生的运输区段，而该区段所适用的某项国际公约或强制性的国内法律规定的赔偿限额高于《公约》规定的赔偿限额时，则适用该《公约》或该国内法律的规定。

（4）多式联运经营人对延迟交货造成损失所负的赔偿责任限额，相当于延迟交付货物应付运费的两倍半，但不得超过多式联运合同规定的应付运费的总额。

（5）如果多式联运经营人和发货人同意，可在多式联运单据中规定超过《公约》所规定的赔偿限额。

（二）发货人的赔偿责任

1. 发货人的基本责任

对于在多式联运中发货人应负的基本责任，《公约》从一般原则和对危险货物的特殊原则两个方面分别加以规定。

《公约》第二十二条规定：如果多式联运经营人遭受的损失是由于发货人的过失或疏忽，或者他的受雇人或代理人在其受雇范围内行事时的过失或疏忽所造成的，发货人对这种损失应负赔偿责任。但如果发货人的受雇人或代理人由于其本身的过失或疏忽给联运带来损失，则应由该受雇人或代理人对这种损失负赔偿责任。

《公约》第二十三条规定了发货人对危险货物的责任。发货人一方面应以适当的方式在危险货物上加明危险标志或标签；另一方面在将危险货物交给多式联运经营人或其代表时，要将货物的危险特性以及应采取的预防措施告知联运人。如果发货人没有尽到上述职责，同时多式联运经营人又无从得知货物的危险特性，则发货人必须赔偿联运人因载运这类货物而遭受的一切损失。联运人还可以根据情况需要，随时将危险货物卸下、销毁或使之无害而无须给予任何赔偿。

2. 发货人的保证

《公约》第十二条对发货人就多式联运单据所应负的责任做了具体的规定：发货人应向联运经营人保证所提供的货物种类、标志、件数、重量和数量以及危险货物的特性等资料的准确性。如因上述资料不准确或不适当而使联运经营人遭受损失，发货人应负责予以赔偿，即使已将多式联运单据转让给他人，发货人仍须负赔偿责任。但是，联运经营人对发货人的这种索赔权，并不限制他按照多式联运合同对发货人以外的任何人应负赔偿责任。也就是说，联运人不得以发货人申报不实为由来对抗善意的第三者。

《公约》规定在 30 个国家批准或加入 1 年之后《公约》开始生效。每一缔约国对于在本《公约》对该国生效之日或其后订立的多式联运合同应符合《公约》的规定。

第四章　物流运输市场管理

在市场经济条件下，运输需求方与运输供给方是通过运输市场进行交易的，运输资源也是通过运输市场进行配置的。但运输市场既错综复杂又变化多端，运输企业必须充分利用企业所具有的各种资源优势，满足货主和客户的需求，实现运输企业的战略目标。其中，有效的运输市场营销是联系运输生产与运输消费的纽带，是运输企业生产得以顺利进行的重要条件。

第一节　物流运输市场概述

物流运输市场是商品经济的产物，它的形成和发展以社会劳动分工为前提，以运输商品的交换为基础，物流运输市场作为整个市场体系的一个分支，除具有一般市场的共性之外，也具有自身的特性。

一、物流运输市场的含义与构成

（一）物流运输市场的含义

物流运输市场有狭义和广义之分。狭义的物流运输市场是指物流运输承运人提供运输工具和运输服务来满足货主物流运输需要的交易活动场所，也是进行运输能力买卖的场所。这是早期的，也是传统的物流运输市场概念，它强调的是进行物流运输交易的场所和地点。

广义的物流运输市场是指物流运输劳务交换关系的总和，是在一定的历史时期、一定的社会经济条件下，进行物流运输劳务交换所反映出的各种经济关系和经济现象。它不仅指进行运输劳务交易活动的有形场所或领域，而且包括了交易双方及与交易双方联系密切的有关单位和组织之间的经理联系；不仅包括了直接的运输经济活动，而且包括了间接参与的运输经济活动；不只是自成体系的、静止的、被动的作为市场细分的一种，而且是与国民经济大市场及其他市场广泛联系的、处于动态之中的、对运输经济活动具有较大反作用的市场体系。运输交易活动中，运输劳务的供给者与需求者之间的联系是复杂多变的，它不仅涉及运输供求双方的经济联系，而且涉及运输供求之间的各种非经济的社会联系。运输交易活动的变化，不仅关系到运输供求双方经济利益的重新分配，关系到利益间的冲突与协调，而且也关系到与运输供求联系密切的市场行为调节者的经济利益关系。

另外从组织运输市场营销角度来分析，物流运输市场就是物流运输劳务现实和潜在需求者的集合。这是站在运输劳务供给者的角度，以物流运输需求为研究对象来理解的。对于不同的运输经营单位而言，把现在和未来一段时间有物流运输劳务需求的用户及与运输活动密切相关的其他服务（如装卸搬运服务、储存服务等）的组织或个体，看作该经营单位的市场。以对运输市场的此种理解为前提，物流运输市场规模大小取决于三个方面的因素，即运输需求单位数、运输劳务购买力和运输劳务需求趋向。研究物流运输市场规模，必须在对每个因素进行分析的基础上，综合三方面因素对市场影响的合力，以指导运输市场结构的调整与优化。

以上三种关于运输市场概念的解释并不是完全对立的，其相互之间有一定的互补性。它们之间的差异在于各自解释的出发点、侧重点及对运输市场理解的广度有所不同。第一种解释只是从阐述运输市场劳务交换的场所和领域角度考虑，属狭义理解，比较具体、形象；第二种解释从商品交换活动所产生的各种经济关系和经济活动现象入手，把握了市场的本质内容，属广义理解；第三种解释则是站在运输经营单位促进市场营销活动的角度，以物流运输需求者为研究对象，同样属于狭义理解。

（二）物流运输市场的构成

物流运输市场是由物流运输的供给者、需求者和利益相关者组成的一个多元化的集合体，主要由以下四个主体构成。

1. 物流运输的供给者

物流运输供给者又称为物流运输市场上的卖方，他们通过向市场提供各类物流运输产品或服务，满足物流运输需求者对货物的空间位移需求。

2. 物流运输的需求者

物流运输需求者又称为物流运输市场的买方，如企业、军队、居民等，他们向市场购买各类物流运输服务或产品，形成物流运输市场的需求。

3. 物流运输的中介

物流运输的中介是指为货运需求者与供给者做中介联系，提供各类货物运输服务信息和运输代理业务的企业或经纪人。如铁路货物代理人、航空保险销售代理人、航空运输技术协作中介服务人等。

4. 政府

主要包括代表国家对运输市场进行监督、管理和调控的有关政府机构和各级交通管理部门。政府对整个物流运输行业进行规划与协调，实行政策指导，制定法律规范，提出优惠政策，特别是政府在市场无法有效发挥作用的领域进行资金、技术、信息等方面的投入，能够有效地弥补单纯市场运作带来的混乱和不足。

二、物流运输市场的特征

（一）物流运输市场具有较强的空间性和时间性

物流运输的基本功能是在一定时期内实现空间位移，这就决定了物流运输市场的空间特征和时间特征。

1. 物流运输市场的空间特征

物流运输市场具有较强的区域性，这种区域性在不同的国家、地区会表现出不同的运输需求，而每种运输服务在空间分布上总是存在一定的服务范围。

2. 物流运输市场的时间特征

物流运输需求具有很强的波动性，这种波动性主要体现为在供给能力一定的情况下，物流运输需求的数量、内容、结构随着时间变动而不断变动。例如，运输需求随季节变动的特性使得物流运输市场的时间性十分显著。

（二）物流运输市场是典型的服务性市场

物流运输市场提供的产品是物流运输服务，因而它是一个典型的劳务性或服务性市场。这就决定了物流运输市场具有一般服务性市场的基本特征。

1. 不可分离性

物流运输服务在时间和空间上是不能分离的，物流运输生产的开始就是物流运输消费的开始，而物流运输生产的结束则意味着物流运输消费的结束。

2. 不可储藏性

物流运输市场提供的是没有实物形态的运输服务，劳务的产生和消费具有同时性，因此物流服务不能储藏也不能调拨。物流运输产品的不可储藏性决定了物流运输服务对供求的均衡性有很高的要求。

3. 不可感知性

物流运输产品或服务本身是无形的，消费者在消费之前无法用肉眼或触摸来感知其存在或判断其质量、性能；在消费之后，同样也没有留下任何具有实物形态的东西。消费者对于消费这种商品所能得到的利益只有通过运输时间、运输成本以及运输满意度才能感觉到。

4. 缺乏所有权

作为消费者享受的一种服务，物流运输产品的消费过程不涉及所有权的转移，运输结束时，物流运输部门并没有将任何所有权转移给托运人。

（三）物流运输需求是一种派生需求

物流运输并不是因为自身有运输需要，而是为了完成工农业生产活动和居民消费等活动而派生出来的需求。如为了实现冬季供暖的需求，才会产生将煤炭从山西、内蒙古等产地运到北京、天津等消费的需求。

三、物流运输市场的地位与功能

（一）物流运输市场在整个市场体系中的地位

完整的市场体系一般包括商品市场（生产资料市场与消费资料市场）、金融市场、劳动力市场、技术市场、信息市场、房地产市场和运输市场等，其中商品市场、金融市场和劳动力市场是市场体系的三大支柱。一方面，运输市场是派生市场，因为运输需求是派生性需求，运输市场是适应商品生产与商品交换的需要而逐步发展起来的；另一方面，运输市场具备基础市场的地位，给商品市场以巨大的反作用。从动态的角度，即市场体系形成的先后顺序来看，运输市场是派生市场，尤其是商品市场的派生市场；从静态的角度来看，运输市场是基础性市场。一般市场体系的总体构成中，商品市场、劳动力市场这两大支柱都要建立在运输市场（当然还应包括信息市场）的基础之上。这是由于货币是商品流通的媒介，而物流运输则是商品流通的载体，没有运输市场的最终形成，商品市场的形成和完善是不可思议的。劳动力市场形成的前提条件是劳动力的自由流动，而劳动力的自由流动必然依赖发达的客运市场。因而同运输业作为整个国民经济的基础产业一样，物流运输市场在整个市场体系中也具有基础市场的地位，市场经济水平越高，物流运输市场的基础性地位就越重要。

（二）物流运输市场的功能

1. 信息传递功能

由于物流运输市场是进行运输劳务交换的场所，供给方与需求方都要在这里交流，所有关于供求方面的信息都可以从这里得到。物流运输市场提供的信息是双向的，一方面它将需求信息提供给从事运输生产、提供运输服务的运输企业和个人，使他们能够根据来自需求方面的信息决定自己的经营方向，确定自己的生产规模，提供相应的运输服务，尽量满足市场提出的需求；另一方面它也将来自供给方的信息提供给运输需求者——货主，使它们能够根据自身的需求选择相应的运输生产者，从而使他们以尽可能小的支出得到最大限度的需求满足。运输市场所提供的信息，也为运输市场管理者及国家运输管理机构进行宏观决策提供可靠的依据。市场管理者和国家运输管理机构可以根据来自运输市场方面的各种信息了解运输市场的运行状况，以便采取相应的手段、制定相应的政策，搞好运输市场的管理，进行强有力的宏观调控。

信息传递功能又称为价格功能，是物流运输市场最基本的功能之一。参与物流运输市场活动的主体，拥有和掌握着不同的信息，通过自身的行为和活动，向市场传递着各种信息，如运输价格信息、运输技术信息、市场供给信息等，并使市场信息在不同的主体间流动，客观上起到了调节和支配市场主体经济活动的功能。

2. 桥梁纽带功能

在市场经济体制下，运输资源的配置越来越依靠市场机制的作用来实现，物流运输市场联系供求的桥梁和纽带作用就显得越来越重要。无论是物流运输需求还是物流运输供给，都要通过物流运输市场发生联系。物流运输市场作为衔接运输生产与运输消费的桥梁和纽带，能够灵敏地应对国民经济和社会发展所提出的物流运输需求，有利于克服长期计划经济体制下形成的僵化状态，从而较好地解决物流需求和供给之间的矛盾，有利于保持物流运输供给与物流运输需求之间的相对平衡。

3. 结构调整功能

结构调整主要是指对产品结构、企业结构、产业结构、地区结构、市场结构等经济结构的调整。在一定的社会生产规模下，各行业之间以及行业内部的结构客观上存在最佳的比例关系。运输市场的结构调整功能主要通过以下 3 个方面实现。

（1）协调运输供需结构的平衡。这种结构平衡功能是通过 3 种方式实现的：一是通过扩张或收缩运输供给，调整供给结构，使之与需求相一致；二是通过抑制需求或消费，实现供给结构与需求结构的平衡；三是通过开发和利用替代品实现运输供给结构与需求结构的平衡。

（2）促使物流运输企业结构的优化。一方面，市场对运输企业的效率结构具有优化作用。通过优胜劣汰，市场能够使运输企业的效率结构获得一定提高。另一方面，市场对形成大中小企业合理配置的运输企业规模结构具有调节作用。

（3）促进运输体系内部结构的合理化。不同的运输方式具有不同的技术经济特征和运输能力，在市场中表现出不同的优势和劣势。在市场竞争中，它们相互协调、相互补充，逐渐形成适应宏观经济发展和适应社会要求的比例关系，使得整个运输系统和谐发展。

4. 促进技术进步的功能

运输企业为了获得竞争优势，必须要降低成本以降低产品价格，或者改进产品质量、品种和服务等，因此企业要不断开发和运用新技术，这就必然会促进技术的进步。

第二节　物流运输市场的结构

物流运输市场体系作为一个开放的、运动着的庞大系统，既存在着横向结构体系，又存在着纵向结构体系。该体系结构内部相互联系、相互依存、相互贯通，从而构成了复杂的经济系统，这就是物流运输市场体系形成的基础。

一、物流运输市场体系及其分类

物流运输市场体系是指由各类运输市场相互联系、相互依存、相互贯通而构成的市场系统，它是一个有机联系的整体。在物流运输市场体系中，按照不同的分类标准，可以分成不同的类别（图 4.1）。

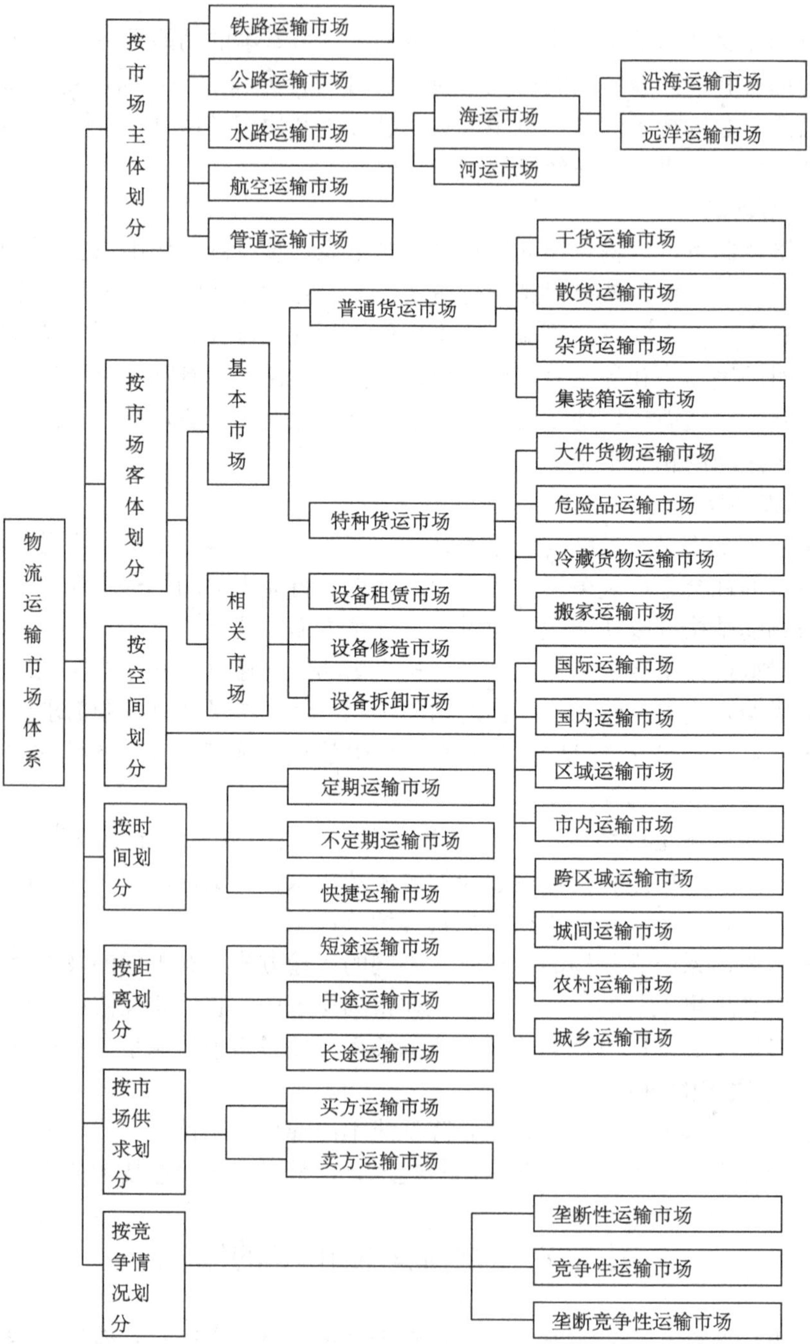

图 4.1　物流运输市场体系（邹龙，2008）

（一）按市场主体结构划分

按运输企业采用的运输方式来划分，物流运输市场可以分为铁路运输市场、公路运输市场、水路运输市场、航空运输市场、管道运输市场，以及包括两种或两种以上运输方式所组成的运输市场。在各运输方式内部还可细分为若干类型的运输市场，如水路运输市场中的海运市场与内河运输市场、海运中的沿海运输市场与远洋运输市场等。

（二）按市场客体结构划分

按照物流运输市场的客体结构划分，可分为基本市场和相关市场。基本市场可按货种不同分为普通货物运输市场和特种货物运输市场。普通货物运输市场可分为干货运输市场、散货运输市场、杂货运输市场、集装箱运输市场；其中散货运输市场还可细分为粮食运输市场、煤炭运输市场、油品运输市场等。特种货物运输市场可分为大件货物运输市场、冷藏货物运输市场、危险品运输市场、搬家运输市场等。相关市场可分为直接相关市场和间接相关市场。直接相关市场包括运输车辆租赁市场、包车（机、船）市场、运输信息服务市场、装卸与搬运市场、货物储存保管市场等。间接相关市场包括运输设施建筑市场、运输设备买卖市场、运输设备修造市场、运输设备拆卸市场等，其服务对象不是货主，而是运输经营单位，从市场形态上不完全属于运输劳务市场，而属于建设市场、工业品市场、技术市场和其他性质的服务市场。

（三）按市场空间和地理范围划分

可以分为国际运输市场、国内运输市场、区域运输市场、跨区域运输市场、市内运输市场、城间运输市场、农村运输市场及城乡运输市场等。

（四）按时间要求和运输距离划分

按时间要求可以分为定期运输市场、不定期运输市场、快捷运输市场等。按运输距离的远近，可以分为短途运输市场、中途运输市场、中长途运输市场和长途运输市场。

（五）按市场供求状况划分

根据运输市场供求状况可分为：买方运输市场、卖方运输市场。买方运输市场也可称为货方市场；卖方运输市场也可称为车方市场或者运方市场。

（六）按垄断和竞争状况划分

根据运输市场的垄断与竞争状况可分为垄断性运输市场、竞争性运输市场及垄断竞争运输市场。

对物流运输市场进行科学分类，有助于运输管理机构对运输市场体系有全面的了解和把握，以便根据各类市场的特点制定和推行相应的政策和措施，加速物流运输市场体系建设、强化市场管理，使之走向完善化和规范化。对于物流运输企业来说，掌握运输市场的分类，有利于分析运输市场的行情，掌握其动态，以便选择正确的市场目标，制订正确的市场营销战略；有利于了解竞争对手、分析市场状况，为发掘市场机会、有针对性地提供市场服务创造良好的前提条件。

二、物流运输市场结构

物流运输市场是具有多侧面、多重规定性的经济范畴，因此物流运输市场的结构也可从不同的角度进行多方面的考察。

（一）物流运输市场的空间结构

物流运输市场的空间结构是指市场主体及其所支配的交换对象的活动范围。现实的运输市场总是具有一定的活动空间，各类市场由于其扩散能力和吸引能力的大小而有所不同。运输市场的空间结构就是指各等级、各层次的市场空间在整个市场体系中所占有的地位及其相互关系。不同的运输方式由于受运输基础设施、运输工具的技术性能不同的影响，而呈现出不同的空间分布结构。铁路运输、航空运输、海上班轮运输、内河运输的空间结构往往呈线性分布状态，而公路汽车运输呈现面上分布状态。同样，由于受到经济区划、行政区划、国界的不同影响，运输市场的空间结构可以分为三个基本层次。

1. 区域性的地方物流运输市场

它包括城市运输市场、城间运输市场、农村运输市场、城乡运输市场，以及南方市场、北方市场等，通常以大大小小的经济区为主，在地域分工和生产专业化的基础上逐步形成，并循序渐进地发展和扩大。

2. 全国统一的物流运输市场

它是以整个国家的领土、领空、领海为活动空间的运输市场，包括各个地区、各种运输方式在内的统一的运输市场。它以市场经济的充分发展为基础，并在区域运输市场充分发展的前提下形成。

3. 国际物流运输市场

它是随着国际间的商品交换及其他经济社会文化交往的增加而逐步形成的，是国际分工、世界经济的发展和经济生活国际化的必然结果，也是市场经济发展的客观要求和必然趋势。

运输市场的空间结构反映了市场主体支配市场客体空间运动的外延性，其外延性大小取决于相关空间范围、运输市场管理部门或政府对运输业开放的程度。我国改革开放的不断深入，将有利于打破地方封锁和部门分割，地方性运输市场将不断向国内统一的运输市场发展。另外，随着国际交往和国际贸易往来的不断发展，我国运输企业参与国际运输市场竞争也是不可避免的，尤其是参与国际航运市场、国际空运市场、汽车出入境运输市场及大陆桥运输市场等。

（二）物流运输市场的时间结构

物流运输市场的时间结构，是指市场主体支配交换客体的运行轨迹的时间长短，它表现为交换过程的连续性和间断性的统一。在现实的物流运输市场交易中，市场主体之间对交换对象——运输劳务的所有权转移及货物位移，可以有不同的时间轨迹。一般来说，运输市场的时间结构包括两种情况。

1. 现货交易市场

现货交易是指运输市场上出售运输劳务与货币转移是同时进行的，因而也称即期交易，它反映市场主体和交换对象的运动在时间上的同步性。

2. 期货交易市场

期货交易市场是在交易所当中进行的，通过签订标准化的运输期货交易合同而成交的运输交易市场。在运输期货交易活动中，先签订期货交易合同，然后在某一特定时间交割。市场主体之间对运输劳务所有权的转让与货物位移在时间上是分离的，两者不具有同步性，因此与现货交易有很大的不同。

运输期货交易具有三个特点：一是具有义务性，即交易双方要向对方承担合同所约定的义务；二是具有远期性；三是具有一定的投机性，容易滋生“买空卖空”的投机行为。

期货交易虽有一定弊端，但它作为一种高层次的市场组织形式，对于运输市场的运行起着一定的积极作用：一是有利于回避风险；二是有利于形成合理的市场价格；三是有利于供求关系的稳定。

由于我国运输市场仍处于发育阶段，运输期货交易尚未展开，但在国际航运界，运输期货交易市场已经发展到相当成熟的程度。

（三）物流运输市场的状态结构

物流运输市场的状态结构是指由运输市场运行的不同状况而形成的市场结构。运输市场交易是由供求双方共同构成的，在交易进行的过程中，由于双方的经济力量对比不同而使市场运行处于不同的状态。在运输市场上，提供各类运输服务的运输企业为一方，货主为另一方，两种力量相互对立又相互依存，并为各自的利益相抗衡，其结果会使市场运行出现以下三种不同的状态。

1. 买方市场

买方市场是指买卖双方的力量对比中，由买方占主导地位的市场。在这种运输市场状态下，运输供给大于需求，买方掌握着市场的主动权，成为市场运行的主导力量。由于物流运输供给大于物流运输需求，运价呈下跌的趋势，因而货主有很大的回旋余地，有选择多种不同运输服务的自由；而运输企业则不然，因运价下跌，都想尽快为自己寻找销路，彼此之间进行激烈的竞争。造成买方市场的根本原因是供给超过需求。

2. 卖方市场

卖方市场是在买卖双方的力量对比中，由卖方占主导地位的市场。在这种市场状态下，物流运输供给小于物流运输需求，卖方掌握着市场的主动权，成为市场运行的主导力量。由于运输供给不足，价格呈上升趋势，运输供给方的回旋余地很大，可以待价而沽；而货主则处于被动地位，甚至不惜出高价购买运输服务。在卖方市场状态下，运输业者容易出现不良经济行为，如安于现状、不思进取、缺乏竞争意识等，偏重于外延式扩大再生产，忽视技术进步，服务质量低劣，借机利用外部成本牟取利益等。因而，这种市场状态结构对运输业的发展和整个国民经济的发展都是不利的。

3. 均势市场

均势市场是指运输市场上买卖双方的力量对比旗鼓相当，处于均势状态的市场，这是一种比较完善的市场状态。在这种市场状态下，物流运输供给与物流运输需求大体平衡，价格也相对平稳，双方均无明显优势和劣势，有时买方稍有优势，或有时卖方稍有优势。在这种市场状态下，运输业的发展和国民经济的发展均处于平稳状态，因而是较为理想的市场结构。

买方市场、卖方市场和均势市场是运输市场上存在的三种不同状态，它是供求双方力量对比的结果。但各种对比关系都不是固定不变的，随着影响供给与需求的各种经济变量的变化，需求与供给也会发生变化，市场状态也随之发生相应的转变。运输企业应经常注意这种变化，以通过相应的决策求生存、求发展；国家运输管理机构也应该注意这种变化，适当地加以调控，以保持市场的均衡状态或保持适度的买方市场。

第三节　物流运输市场的运行

物流运输市场的运行是靠市场运行机制的作用来实现的，物流运输市场配置运输资源的作用，则是依靠充分发挥作用的、功能齐全的运输市场运行机制来实现的。

一、物流运输市场运行机制的含义

物流运输市场运行机制是指组成物流运输市场体系的各个要素、各个组成部分之间相互联系、相互作用、相互制约而形成的因果联系及运转方式。物流运输市场体系是由不同的运输市场和相应的市场结构组成的，然而这些不同的市场又不是互不相干、杂乱无章的，它们虽有主次之分，但相互之间存在着内在的联系，从而构成一个相互联系、相互作用的有机体。在各类市场要素、市场结构之间的相互联结、相互作用的各种关系的背后，有一种潜在的机能在发挥作用，这就是物流运输市场的运行机制。

物流运输市场体系是一个复杂的，由各个组成部分联结而成的统一的有机体，因而物流运输市场机制也构成了一个体系。物流运输市场运行机制也有一般与个别之分。在任何运输市场上都存在并发挥作用的机制就是一般的市场运行机制，如价格机制、供求机制、竞争机制、风险机制就是普遍发挥作用的机制；而在各类市场上，又有个别的或具体的市场运行机制，如国际航运市场中的船籍机制、船员机制等就是该类市场所特有的、个别的、具体的运行机制。不过，一般市场机制与个别市场机制又不是截然分开的，它们互相联系、互相依存、互相制约、共同发挥作用，调节着运输市场的运行。

二、物流运输市场运行机制的内容

（一）价格机制

价格机制是运输市场运行的动力机制，它既调节供给，也调节需求。价格上升，对运输服务的经营者来说，一方面意味着可以从运输经营中获得较大的经济效益，因而可以刺激运输经营者的积极性；另一方面，价格的上升意味着运输消费者（货主）的实际利益减少，因此必然抑制消费者对此类运输的需求。反之，价格下跌意味着运输业的经营者获利趋小，其经营的积极性会因此受到挫伤而缩减此类运输服务的供给；消费者则会因此类运输服务价格的下跌而增加对它的需求。价格机制的这种利益分配功能是显而易见的。因此，运输市场价格如何，对运输经营者与消费者的利益都是至关重要的。运输经营者就是通过运输市场提供的价格信号来选择自己的经营方向和确定生产规模；而消费者可以通过运输市场提供的价格信号来调整自己的消费行为。

价格机制发挥作用的过程，也是价格机制的运行过程。价格机制的运行是沿着纵横两个方面进行的，其纵向运行构成运输价格的比价体系，即运输领域中各不同运输方式价格之间的比例；其横向运行形成运输领域的差价体系，即由运输市场中的环节、地区、季节和运输质量不同而形成的同一种运输方式、同一运输线路上的不同价格比较。价格机制的横向运行与纵向运行的统一，就构成价格机制的总体运行，运输业的比价体系与差价体系的统一，就构成完整的统一运价体系。

运输业的比价体系是价格机制在不同的运输方式之间的运动而形成的，是由不同运输方式价格之间的比例关系而构成的一个体系，它包括铁路、公路、水运、航空及管道等五种运输方式之间的比价。运输业的差价体系是价格机制在同一条运输方式内的运动而形成的，是指同一种运输方式、同一条运输线路上由于不同运输环节、不同地区、不同运输时间及不同运输质量而形成的价格差额构成的一个体系，它包括“批零差价”（即整车、整船运输与零担运输之间的差价）、地区差价、季节差价、质量差价等。运输比价与差价反映着运输生产者之间以及运输生产者与运输消费者之间在具体运输生产活动中的各种经济关系，关系到生产者、经营者和消费者之间的物质利益关系。所以，按市场机制的作用和要求，保持合理的比价和差价，对于处理各方面的利益关系，促进运输生产者改善经营，以及政府调节供求、指导消费等都有十分重要的作用，是在我国进行运价改革的基本理论依据之一。

（二）供求机制

物流运输市场中的供求机制是供求双方矛盾运动的平衡机制。在市场经济条件下，需求与供给都是不断变化的，并且这种变化要受许多因素的影响，因而具有很大的伸缩性和变动性。需求与供给对各种影响因素变化的敏感程度和反应程度，就是通常所说的运输市场的需求弹性和供给弹性。正因为运输需求和供给都有一定的弹性，其变动受诸多因素的影响和制约，所以在运输市场上供求关系的变动是永恒的。供求机制包含三层意思。

1. 供求影响着价格

供求影响价格对运输市场来说也不例外。如果运输市场上某种运输服务的需求大于供给，这种运输服务的价格必然要上涨；如果某种运输服务的供给大于需求，其价格必然下跌。运输服务的价格就是这样随着供求关系的变化而变化的，围绕着运输服务的价值上下波动的。在既定的条件下，运输供给增加，价格将下跌；运输需求增加，价格就上涨。价格就是在供求关系的调节下发生波动的。

2. 价格也会影响供求

需求按照和价格相反的方向变化，对运输市场来说，如果运输价格上涨，运输需求就减少；运输价格下跌，运输需求则增加。运输需求与运价间这种反向运动的变化关系，在运输经济学中被称为“需求规律”。运输供给的变动则是另外一种情况，它按照和价格相同的方向变化，价格上涨则供给增加，价格下跌则供给减少。运输供给量与运输价格的这种同向变化的依存关系，被运输经济学称为“供给规律”。

3. 价格与供求的作用

从动态上看，由于价格与供求的作用，运输市场上出现的供求平衡情况是偶然的，而供求不平衡则是经常的。

在运输市场的运行中，运输供给与需求平衡时的运输价格就是价格规律所要求的、由价值（或社会必要劳动时间）所决定的运输价格，也就是西方经济学中所讲的“均衡价格”。在运输市场中，虽然运输价格与运输供给经常处于变动之中，但供求与价格之间的相互作用必然会使运输供求趋向平衡，价格与价值趋向一致，这也正是价值规律的作用与要求得到贯彻和实现的过程。假如没有运输价格的变动，就不会有供求的趋向一致；同样，没有运输供求关系的变化，运输价格和价值也不会趋向一致，也就谈不到价值规律的作用与要求如何得到贯彻和实现的问题。因此，运输价格机制与运输供求机制是互相联系、互相作用、共同推动运输市场运行的两个重要机制。

（三）竞争机制

物流运输市场中的竞争机制是指物流运输市场上运输服务的提供者、运输代理或中介人、运输服务的消费者们为追求或维护自身利益而进行角逐的攻防机制。竞争是市场经济的产物，只要存在商品生产和市场交换就必然存在竞争。商品经济和市场经济的基本规律——价值规律，也要通过商品生产者之间的竞争得到贯彻并加以实现，这对运输市场来说也不例外。因此，物流运输竞争机制也是物流运输市场运行的内在机制。

在社会主义运输市场中，由竞争机制所引发的竞争主要包括以下三种类型。

1. 运输业者之间的竞争

运输业者即运输市场上的运输服务提供者。运输市场上的同一种运输服务，有许多不同的运输业者同时来提供，他们都想把自己的运输服务通过理想的运价尽快地卖出去，实现其价值，以获得相应的物质利益。因此，运输业者之间必然存在着竞争，这种竞争在服务质量相同的条件下，主要是价格的竞争。但是，除了运输价格竞争以外，运输业者之间也进行非价格竞争。在非价格竞争中，运输业者常常在以下三个方面作出努力：一是增强运输供给的适应性；二是努力提高运输服务的质量，保证货物的安全和完好无损；三是在现有的技术条件下尽可能提高运送速度，以便吸引更多的货物运输需求。

2. 运输服务消费者之间的竞争

运输服务的消费者之间的竞争即货主之间的竞争，当运输市场上某种运输服务供不应求，出现卖方市场的情况时，货主之间就会出现激烈的竞争，这种竞争会提高运输服务的供给价格。

3. 运输消费者与运输业者之间的竞争

作为货主，总是希望买到的运输服务更便宜些；而作为运输业者，总希望其运输服务卖得更贵一些。双方之间的讨价还价就是最常见的竞争方式。运输业者与货主之间的竞争结果，主要取决于竞争双方的对比关系。也就是说，要看买主（即货主）阵营里的竞争与卖主（即运输业者）阵营里的竞争哪个更激烈些。

运输市场上的竞争除了以上三种类型之外，还包括运输业内部相关运输方式之间的竞争。

（四）风险机制

物流运输市场中的风险机制是强化运输市场运行的一种压力机制，它是由上述价格机制、供求机制和竞争机制派生出来的，又与它们共同发挥作用，推动物流运输市场的运行。运输市场上供求关系的变化、运价的涨跌，使运输业者时刻面临着成功与失败的考验。风险又是与竞争相伴而生的，有竞争必有胜败之分，失败者自然要承担风险；风险又与利益相关，追求的利益目标越大，承受的风险自然也越大。

作为物流运输市场运行机制的风险机制，其基本内涵是经营风险。就运输业自身来说，其风险大小主要来自于运输市场竞争。运输市场竞争的规模、竞争的激烈程度和竞争的方式，决定其自身风险的大小。竞争双方投入的竞争成本越大、竞争的规模越大，运输市场的风险也就越大；竞争的程度越是激烈，竞争的风险也就越大，如果双方都采取平和的、正常的、公开的、公正的与公平的竞争手段，就可以减少风险或避开风险；假如以不合理、不正常的，以至非法的手段进行竞争，就可能造成风险系数的增大，以至于造成两败俱伤的结果。所以，社会主义运输市场上的竞争，必须采用正当的、合法的竞争手段，进行公开、公正与公平的竞争。就运输业与其他行业的风险程度大小相比而言，其资本密集型的特点，决定其风险要大于一般行业。因此，对运输市场上的竞争进行有效的管理和控制，使之规范化，对于减少运输市场风险损失是十分必要的。

三、物流运输市场的需求与供给分析

需求与供给是决定商品价格的主要因素，它们对于研究物流运输市场的资源配置状况也有重要的意义。

（一）影响物流运输市场运行的因素

影响物流运输市场的需求与供给的因素主要包括以下几点。

1. 经济因素

运输需求是由社会经济活动中的需求派生出来的，而经济发展在产生物流运输需求的同时，也产生了物流运输供给。因此，经济发展水平、产业结构、生产力布局、物流运输业发展水平以及对未来经济的预测等经济因素对物流运输需求会产生重要影响，并决定了运输供给发展的规模和水平。

2. 价格因素

市场价格因素会影响到运输产品价格、运输服务成本和运输的相关市场价格等，从而影响到运输市场的需求与供给状况。一般而言，当其他因素保持不变时，运价水平和物流运输需求成反比关系；而运输服务的价格与运输供给量同增同减。

3. 技术因素

技术因素是影响物流运输的长远因素。科学技术对提高运输效率、降低运输成本、改善运输质量、提高运输供给能力以及加快运输工具的改造与革新速度等起到极大的促进作用。显然，运输方式集装箱化、大型化及专业化的发展，为运输需求与供给的增加提供了前所未有的保障。

4. 政治因素

政治因素包括国家与国家之间的关系、国家内部的政治状况、国家的经济体制与经济立法、国家的运输政策等，这些都会影响到物流运输市场。如国内政局的动荡、贸易保护主义、贸易壁垒和关税壁垒等都会限制国际贸易的发展，从而影响运输的需求与供给。

5. 运输网的布局与运输能力

运输网的布局和运输能力对货源的吸引范围和配送区域有直接影响。如国际航线的开通，为鲜活易腐物品的运输提供了质量保证；集装箱货物运输的发展，为大件货物的运输提供了便利。中国香港和新加坡就因其高质量的运输网络和运输能力，成为世界闻名的贸易大港。

（二）物流运输的需求与供给分析

1. 物流运输的需求分析

（1）物流运输需求函数。物流运输需求的大小通常用运输需求量来描述。物流运输需求量是指在一定时间、一定空间和一定条件下，运输消费者愿意购买而且能够购买的物流运输产品或服务的数量。物流运输需求量可以用物流运输需求函数表示：

$$Q_d = f(P, D, N, T, \cdots) \tag{4.1}$$

式中，Q_d 表示物流运输需求量；P 表示物流运输价格；D、N、T 分别表示经济发展水平、人口数量、运输工具等除运输价格外的其他影响因素。

可以看出，物流运输需求量不是一个固定的数值，而是给定条件下的函数，受运输价格、经济发展水平、人口数量等多项因素的影响。在这里，由于运输价格是决定运输需求量的最基本因素，所以先假定其他因素不变，仅分析运输价格对运输需求量的影响，即把运输需求量仅仅看成是运输价格的函数。于是，物流运输需求函数可以表示为

$$Q_d = f(P) \tag{4.2}$$

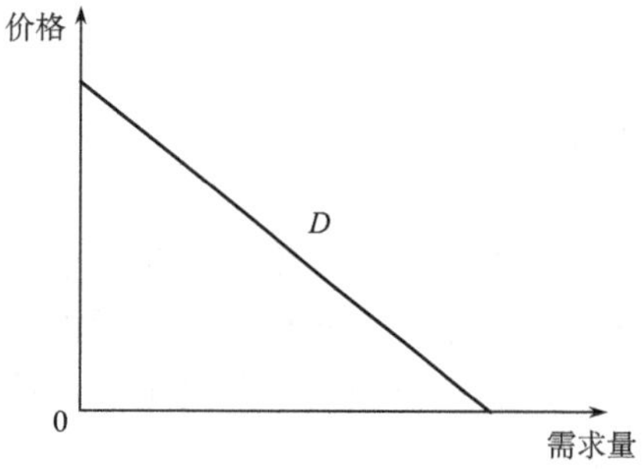

图 4.2　物流运输需求曲线

（2）物流运输需求曲线。根据物流运输需求函数（4.2），可以在平面坐标图上绘制出反映物流运输需求量和物流运输价格变动关系的曲线，即物流运输需求曲线。在通常情况下，如果物流运输价格上升，那么运输需求量会相应减少；反之，则增加。如图 4.2 所示，横轴表示运输需求量，纵轴表示价格，D 表示物流运输需求曲线。

（3）物流运输的需求水平。物流运输需求量的变动是由于价格变动引起的，表现为运输需求量沿着同一条需求曲线变动。如图 4.3 所示，当价格为 P_1 时，需求量为 Q_1；当价格下降到 P_2 时，需求量将上升到 Q_2，Q_2-Q_1 即为物流运输需求量的变化量。事实上，物流需求量的产生并不仅仅受运输价格的影响，在运价保持不变时，由于其他因素的变动，也会引起物流运输需求的变化。如图 4.4 所示，假定原需求曲线为 D_1，当价格为 P_1 时，对应的运输需求量为 Q_1；当价格保持不变，而经济发展水平提高等因素发生时，需求量将由 Q_1 上升到 Q_2，这就导致需求曲线由 D_1 右移到 D_2。可见，因其他因素的变动带来的需求水平的变化表现为运输需求曲线的移动。

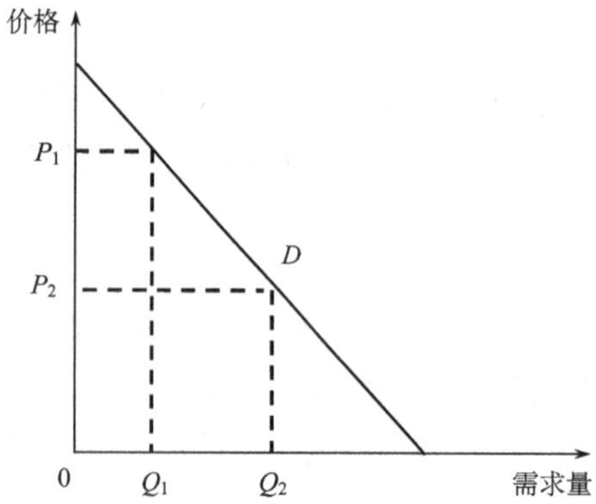

图 4.3　物流运输需求量的变化

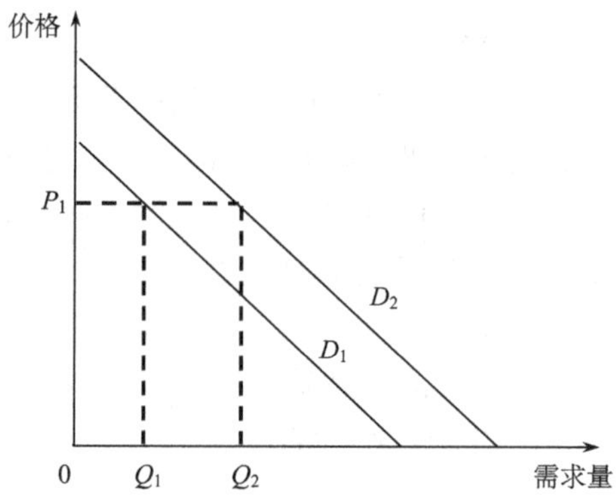

图 4.4　物流运输需求水平的变化

（4）物流运输需求弹性分析。物流运输需求弹性用来分析运输需求变动对运输服务价格和其他相关经济变量变化的敏感程度。一般可分为物流运输需求的价格弹性和交叉弹性。

物流运输需求的价格弹性是指运输需求量对价格变化的反应敏感程度。它主要有以下几个影响因素。

第一，运输需求的可替代性。在物流运输活动中，如果运输服务的替代性越大，当价格变动时，消费者更容易选择替代品，因而，弹性越大；反之，替代性越弱，弹性越小。如一个地区有几种运输方式，或者虽然只有一种运输方式，但有多个运输单位提供同样的运输服务，这就增加了需求者的选择机会，相应的运输需求的弹性就越大。

第二，货物的价值。在同等运费的情况下，低价货物单位价值的运费比高价货物要高，

对运费的承担能力要弱，因而当运输价格发生变化时，低价货物的反应会更加敏感，需求的价格弹性要更大。

第三，货物运量的大小。一般而言，如果货物运输需求量大，则货物能够选择的运输方式就较为单一。例如在货物运输需求量大的重工业基地，运输方式和运输路线都较为固定，很难在短期内改变，因而这种货物的运输对价格变动的反应较小，需求弹性小。如果货物为分散的零担货物，那么由于运量较小，运输方式和运输路线可选择的范围较大，选择变动的成本较低，当运输价格变动时，可以选择其他的方式替代，因而需求弹性大。

第四，市场的供求关系。在买方市场时，运输供应大于需求，这样消费者可选择的运输企业、运输方式、运输路线等都较多，运输需求的价格弹性大；在卖方市场时，运输供给小于运输需求，运力较为紧张，可供消费者选择的运输企业、运输方式、运输路线都受到限制，运输需求的价格弹性小。

此外，货物的性质也会影响运输需求弹性，如鲜活易腐商品和急于上市的商品可选择的运输方式较少，对价格变动的敏感性要弱一些，因而弹性会小一些。

相关商品的价格也会对某种商品的需求量产生影响，这种不是由直接有关运价变动引起的，而是由其他相关因素引起的运输需求变动，称为物流运输需求交叉弹性。由于运输服务具有替代性，因此可以用交叉弹性来反映运输方式、运输路线和运输企业的运输需求量受可以替代的另一种运输方式、另一条运输路线或另一家运输企业的价格变化的影响，即一种可替代的运输服务的价格的变化将引起的另一种替代的运输服务的需求量变化的百分比。表示为

$$E_{PYX}=\frac{\Delta Q_Y/Q_Y}{\Delta P_X/P_X} \tag{4.3}$$

式中，X、Y 表示两种不同的运输方式；E_{PYX} 表示 X 价格变动引起 Y 需求量变动的反应灵敏程度；Q 表示物流运输需求量；P 表示物流运输价格。

交叉弹性值的经济学意义：交叉弹性为正值（$E_{PYX}>0$），说明运输服务 X 的价格变动将引起运输服务 Y 的需求同方向变动，如航空运价提高，会使铁路、水路的运输需求量增加，表明航空运输同铁路运输和水路运输的可替代性。交叉弹性为负值（$E_{PYX}<0$），说明运输服务 X 的价格变动将引起运输服务 Y 的需求反方向变动，如水运价格提高会使疏港汽车的运输需求量减少，表明这两种相关运输服务存在互补性，即它们结合使用，更能满足消费者的要求。交叉弹性为零（$E_{PYX}=0$），说明运输服务 X 的价格变动对运输服务 Y 的需求没有影响，表明这两种运输服务互相独立，互不相关，如航空运价提高，对公路短途运输量没有影响，因为这两种运输工具的距离运输优势是不一样的，不存在替代性和互补性。

2. 物流运输的供给分析

（1）物流运输供给函数。物流运输供给的大小通常由物流运输供给量来描述。物流运输供给量是指在一定时间、一定空间和一定条件下，运输生产者愿意提供而且能够提供的物流运输产品或服务的数量。物流运输供给量可用如下物流运输供给函数表示：

$$Q_s=f(P,\ D,\ N,\ T,\ \cdots) \tag{4.4}$$

式中，Q_s 表示物流运输供给量；P 表示物流运输价格；D、N、T 分别表示经济发展水平、人口数量、运输工具等除运输价格外的其他影响因素。

同样，物流运输供给量也不是一个固定的数值，也是给定条件下的函数。假定其他因素

不变，仅分析运输价格对运输供给的影响，即把运输供给量仅仅看成是运输价格的函数。于是，这个物流运输供给函数可以表示为

$$Q_s = f(P) \tag{4.5}$$

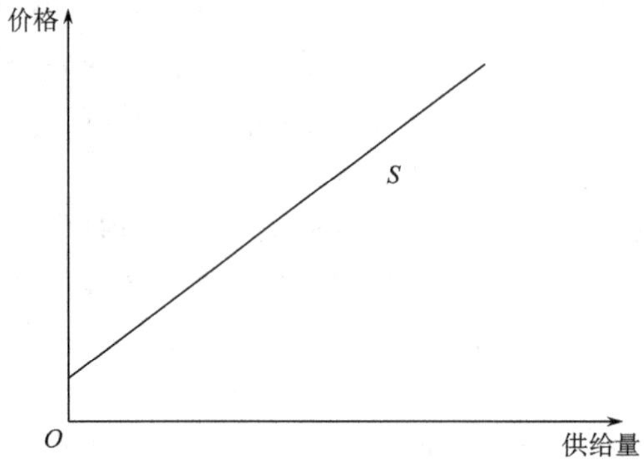

图 4.5　物流运输供给曲线

（2）物流运输供给曲线。根据物流运输供给函数（4.5），可以在平面坐标图上绘制出反映物流运输供给量和物流运输价格变动关系的曲线，即物流运输供给曲线。在通常情况下，如果物流运输价格上升，那么运输供给量会相应增加；反之，则减少。这种变动关系与一般商品的供给定理相一致，被称为物流运输供给定理。如图 4.5 所示，横轴表示运输供给量，纵轴表示物流运输价格，S 表示物流运输供给曲线。

（3）物流运输的供给水平。物流运输供给量的变动是由于价格变动引起的，表现为运输供给量沿着同一条供给曲线变动。如图 4.6 所示，当价格为 P_1 时供给量为 Q_1；当价格下降到 P_2 时，供给量下降为 Q_2，Q_1-Q_2 即为物流运输供给的变化量。然而，由于运价之外的因素发生变化，假设运输技术水平提高，则供给量也提高。如图 4.7 所示，假定原供给曲线为 S_1，当价格为 P_1 时，对应的运输供给量是 Q_1；当价格保持不变，由于运输技术水平提高，在这一价格水平下，供给量从 Q_1 上升到 Q_2，这就致使供给曲线从 S_1 右移到 S_2，因此运输供给水平的变动表现为运输供给曲线的移动。

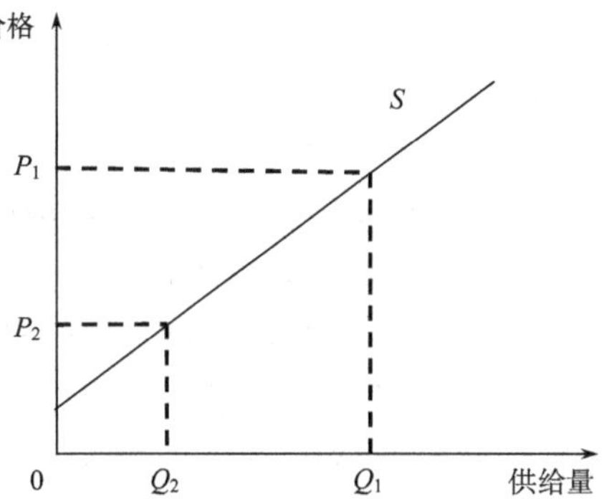

图 4.6　物流运输供给量的变化

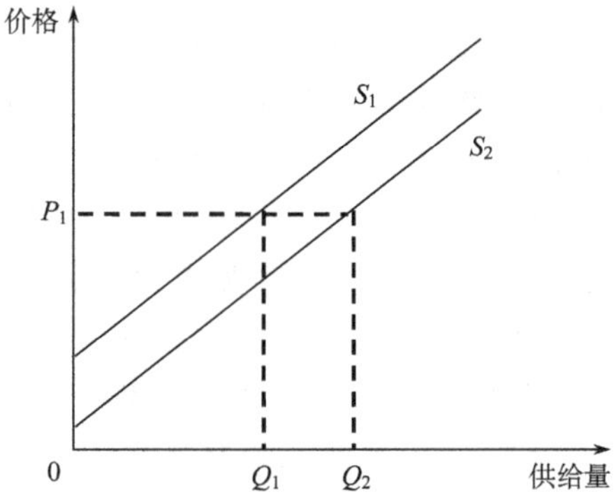

图 4.7　物流运输供给水平的变化

（4）物流运输供给弹性分析。影响物流运输供给价格弹性的因素主要有以下几点。

第一，运输工具适运货物范围的大小。运输服务的差别和运输工具技术要求的差异，会导致运输工具适运货物范围大小的差异。如果运输工具适运货物范围大，则供给弹性大；反之供给弹性就小。如杂货轮和油轮相比，杂货轮适运货物的范围广，在运输市场上能够灵活配置，供给弹性大；而油轮专用性强，适运货物范围窄，因此供给弹性较小。

第二，运力调整的难易程度。通常情况下，能够灵活调整运力的运输方式供给弹性较大；反之，难以调整运力的运输方式对价格变动的反应不灵敏，其供给弹性较小。如定期船运输市场和不定期船运输市场相比较，定期船运输市场难以调整运力，供给弹性较小；后者较为灵活，供给弹性较大。

第三，运输成本增加幅度的大小。通常情况下，如果一种运输服务增加供给引起的成本增加较大，其供给弹性较小；反之供给弹性较大。运力饱和的运输方式在增加运量时必须增加运输工具，带来的成本增加较大，供给弹性较小。

此外，由于不同的运输方式具有不同的特点，供给弹性也是不同的。管道运输的供给弹性<铁路运输的供给弹性<水运供给弹性<航空运输供给弹性<公路运输的供给弹性。

【阅读资料】“宅急送”与“宝供”模式比较

加入世界贸易组织后，现代物流业已成为中国经济发展的“动脉”，涌现出一批现代物流的成功案例，“宅急送”、“宝供”就是中国现代物流发展中的两个杰出代表。

“宅急送”于1994年在北京创办，目前在提供送货到家的国内速递业中位居首位，当前公司已进入了快速发展时期。

“宝供”是1992年从广州的铁路货物中转站发展而来的，是全国首家提供送货到门服务的公司，摩根士坦利评价“宝供”是“中国最具价值的第三方物流企业”，目前“宝供”正专注于提供供应链一体化物流服务。

无可争辩的是，“宝供”和“宅急送”是中国现代物流发展中所涌现出来的重量级新星，是中国现代物流的两大新锐。然而这两大企业的发展各具特点，以下是“宅急送”和“宝供”的全面比较。

（一）企业发展战略：转基因型和进化型

“宅急送”的企业发展战略为转基因型战略，这一成立于1994年的公司在当时国内现代物流观念还没有形成的时候，就立志于挑起中国快运追赶世界水平的目标，“宅急送”的理想是做中国的“宅急便”，公司从成立到战略目标、市场定位、业务模式、网络结构等，都借鉴日本“宅急便”这个原型，甚至连品牌的名字“宅急送”也与原型只有一字之差，因此有人称“宅急送”是“克隆”出来的产业。“宅急送”在中国的发展，是注入了日本“宅急便”的优良基因，并不断适应中国市场环境的新企业，同时它也不断吸收像UPS、联邦快递、中外运等先进企业的经验。这一模式的成功要点在于，企业发展战略要有前瞻性，在体制上、机制上确保战略目标的一致性。

“宝供”的企业发展战略为进化型战略。“宝供”物流企业集团的发展战略可以概括为储运-物流-供应链的三变。在“宝供”发展初期，我国现代物流理念和环境还不成熟，“宝供”并没有明确的企业发展战略，对物流市场没有明确的定位，其发展是一种摸着石头过河的方法，这种方法，使得“宝供”不知不觉懂物流，不知不觉搞物流。就是这样一种最普通的方法，造就了我国最成功的第三方物流企业。这种企业发展战略可以概括为进化型，这种模式的要点在于不断发现市场需求，适应市场变化，不断修正战略目标和市场定位，不断改进服务水平，形成竞争优势，达到顾客满意，以获取高额回报。

（二）物流市场战略定位：快速物流和准时物流

“宅急送”的市场定位是快速物流服务，即门到门快递服务。“宅急送”的市场定位是在公司成立之时确立的，当时国内快递行业还是空白，中国邮政EMS业务只限于信函；另外选择这一定位是日本“宅急便”的实践证明。“宅急送”的定位体现了市场差异化的战略，这种战略定位为客户提供了与众不同的物流服务。同时由于竞争者少，成熟度低，使得企业以较低的成本进入这一领域，并有可能成为行业规则的制定者。“宅急送”在发展过程中，对物流服务市场进行了更为精确的定位，一是将客户群由零散客户转向大客户，这是为了适应中国市场环境和政策、法规的转变，二是放弃国际快递高利润的诱惑，专攻国内快递，使其在发展初期得以与国际快递大鳄和平共处，共同发展。

如果说“宅急送”的战略定位是快，那么“宝供”的战略定位则是准。“宝供”的准时物流服务定位的选择是在“宝供”向现代物流企业转型中逐步确定的。由于“宝供”服务的企业大多集中在生产、流通环节，其定位于企业供应链物流服务也是顺理成章的事。“宝供”从给宝洁当学生，到建立信息系统，再到建立物流基地，逐步体会到更准确、更敏捷、更及时、更高效的准时物流服务的精髓，“宝供”战略定位的变化自始至终都围绕着一个“准”字，从储运到物流到供应链，从货运代理到物流资源整合到物流资源一体化，这种变化源于对“准”字的不断认识，不断理解和不断实践。这样一系列的准确，使得“宝供”必须组织所有资源来满足这一要求，而只有建立起一套基于信息系统仓、储、运一体的，集商流、物流、信息流、资金流一体的现代化物流运作网络，才能在战略定位的差异化中取得竞争优势，从而保持在中国第三方物流业中的领先地位。

（三）品牌战略：“宅急送”和“宝供”

“就算亏本我也要作品牌”，“宅急送”的陈平对品牌的执著源自于他高人一筹的远见，即使是在一辆车 6 个人的创业之初，“宅急送”就设计了自己的 logo 形象——一只绿色的圆形猴子标志，注册了“宅急送”的商标，注册的公司取了“双臣”为名字。当时“宅急送”穷得连车都买不起，却花了两万元钱在北京晚报做了一块巴掌大的广告，由此可见，“宅急送”企业发展战略实施的第一阶段即定品牌战略。“宅急送”目前已成为国内快递业最知名的品牌，大街小巷中穿流的“宅急送”logo 形象，就是企业最好的宣传，由此也验证了品牌战略的威力。如今提起“宅急送”，很多人都耳熟能详，可提起“双臣”几乎都一脸茫然。当“双臣”创立 9 年后的 2003 年，陈平要把公司名称改为“宅急送”时，才被告知“宅急送”已成为行业，不能注册，不知不觉“宅急送”成为快递行业的代名词。但最终“宅急送”总公司还是注册下来了。

“宝供”的品牌是在不知不觉中做出来的。1994 年，美国宝洁公司需要物流合作伙伴，刘武成为宝洁的物流供应商，并成立了名为“宝供”的公司。“宝供”的含义是为宝洁提供储运服务。由此可见，“宝供”并未有意识地将品牌作为企业的发展战略之一。“宝供”一直作为企业名称和符号与企业一同成长，由于“宝供”在中国第三方物流领域的卓越实践，使“宝供”本身也赢得了中国 2002 年第三方物流企业认知度榜首的地位。

（四）物流服务：“网络化”和“一体化”

“宅急送”的物流服务体系是以网络化为特征的，网络化的物流服务体系就是通过逐步营建覆盖全国的网络，向顾客提供门到门的物流服务，网络化是“宅急送”物流服务的基础，“宅急送”建立了四级网络结构，即子公司、分公司、营业所、营业厅。子公司按中国行政大区设立，分公司设在省级行政中心，营业所和营业厅设在城市繁华地段。在建立业务网络的同时，“宅急送”综合运用各种交通工具，将航空运输、公路运输、铁路运输相结合，在重要的物流中转城市建立物流中心，同时还开通了物流班车，实现地面物流干支线的有效对接。这些措施极大地改善了物流服务的质量。

“宝供”的优势体现在为顾客提供基于供应链的一体化物流服务。如果说“宅急送”的网络化是横向地域广阔的话，“宝供”的一体化则是纵向业务的深入，“宝供”基于供应链一体化物流服务的核心是综合运用现代物流设施设备，以信息网络系统为纽带，从供应链的优化角度，为客户提供集商品的储存、分拣、配送、加工、包装、订单处理、库存管理、分销覆盖、交叉作业、国际集装箱集散、信息处理等综合一体化服务。“宝供”目前已规划建设的物流基地达15个，分布在“宝供”业务的主要地区，这些物流中心或物流基地借鉴国际先进的物流理念及网络信息系统，可以将供应链上、下游企业集于一地，减少中间环节，提高物流效率，使一体化物流服务得以实现。同时，这些软硬件设施也可以打造出“宝供”新的竞争优势。

（五）物流信息化：“方进的ERP”和“唐友三的EDI”

“宅急送”的物流信息化是公司刚成立的第二年因形势逼迫而实施的。1995年春节，“宅急送”的业务量呈几何倍数增加，但却没人说得清一天到底送多少货，挣了多少钱，于是陈平到中关村组装了台电脑，又花2000元钱请朋友编了个电脑开票软件，之后，分别给财务、库房、受理配备了电脑，宅急送的物流信息化之路就这样开始了。1996年底，“宅急送”开发了管理信息系统。2001年“宅急送”与首信合作，开展网上委托业务。通过网络运作，“宅急送”感到管理信息系统扩展性、兼容性和网络功能都不能适应要求，于是企业资源计划系统（enterprise resource planning，ERP）进入“宅急送”的视线，“宅急送”的信息处长方进就是这个时候加盟“宅急送”的。方进的加盟使“宅急送”的ERP进入实施阶段，ERP系统的招标、设计、开发、测试、试运行相继完成，“宅急送”的物流信息化框架初步形成。

无独有偶，“宝供”的信息化也同样是被逼出来的，为了满足宝洁公司的要求，从1995年开始，“宝供”建立了十几台电脑的“计算机室”，进行单据处理，1997年唐友三加盟“宝供”，为“宝供”带来了第一个合作伙伴——北京英泰奈特科技发展有限公司，它为宝供开发了一套基于Internet的物流信息管理系统，1999年“宝供”开发了基于互联网的电子数据交换系统（EDI），实现了与客户数据对接。这套系统更侧重与客户之间的信息沟通，并且采取与客户特点相适应的系统进行开发，从而形成了宝洁模式、飞利浦模式、红牛模式等。“宝供”的电子数据交换系统在中国的第三方物流服务企业中处于领先地位，成为“宝供”第一次腾飞的驱动力。目前“宝供”的物流管理信息系统已暴露出系统模式多，难以统一，不便管理，过度关注企业间的信息系统，忽视了企业内部信息系统等问题，为此宝供开始实施ERP系统，开发仓库管理系统等。

（六）企业制度：“股份制”和“独资”

在创业阶段，“宅急送”和“宝供”还是小型企业，经营者往往同时也是所有者，因此不存在所有权与经营权的分离。在企业进入高速增长时期，如果不及时引入现代企业管理机制，企业的发展将会受到资本的冲击，导致企业过早夭折或偏离企业战略目标，所以建立一个运行良好的公司管理机制将会保障企业战略目标的顺利实现。

“宅急送”在这一方面先行一步，在成立第二年的1995年3月，深感资金匮乏的“宅急送”在日本交通新闻访问团来中国访问时，表达了引进外资的意愿。随后，日本长野县一城株式会社社长小林利夫在五六家意向投资的日本企业中脱颖而出，为“宅急送”注入了100多万元资金，双臣公司由民营企业变为中外合资企业，公司名称也更改为“双臣一城快运有限公司”，此后，小林利夫在1998年增加投资200万元，2001年又追加投资300多万元。

随着“宅急送”的发展进入快车道，公司改制成为发展的重大问题，2002年底公司引进了战略投资者，北京物美商业集团成为“宅急送”的新股东，增资扩股2500万，完成了企业向股份制改革的第一步，2003年，“宅急送”的改制全面展开，并在2004年香港创业板上市。

同时，“宝供”也已开始企业改制工作，由于“宝供”以前是一个家族控股企业，要向股份制企业转型难度较大。“宝供”的股份制改革第一步是实施管理层持股计划，目前已完成，第二步是引入战略合作伙伴，第三步是实现刘氏控股、合作企业参股、职工持股的股份制公司，并全力谋求上市。

（七）创新能力：“自主型”和“外向型”

“宅急送”相对于“宝供”来说，由于其发展的模式早已规划完成，所以其自主创新主要是在公司业务层面。在“宅急送”的发展过程中，采取的是诊断—改进—创新的方法，主要解决工作中出现的问题，缺乏重大的理论、技术和方法的创新。

而“宝供”由于是在发展中探索，在探索中前进，所以创新对“宝供”来说尤为重要。“宝供”在创新上采取了引进来、走出去的方法。一是广泛吸引国内外专家参与探讨，借用外脑为企业出谋划策，“宝供”从1997年起每年出资举办物流技术与管理发展的国际性高级研讨会。二是主动出击，每年出资100万元设立“宝供”物流奖励基金，同时在全国的十几所高校设立了“宝供物流奖学金”，“宝供”还与清华大学珠海科技园合作，共同创办物流管理培训中心，并于2003年起招生，目前“宝供”正在积极申报物流博士后流动站。“宝供”的创新战略取得了巨大的成功，主要表现在，一是“宝供”通过借用外脑为两次转型提供了理论上的依据；二是筑巢引凤，“宝供”的物流奖励基金起到了桥梁作用，各类物流专业人才纷至沓来，增强了企业的创新能力；三是增强了企业在物流界的影响力，使更多的研究者关注“宝供”，研究“宝供”，提高了“宝供”在中国物流领域的美誉度，为“宝供”的未来发展创造了良好的外部环境。

（八）未来发展潜力：“快递”和“供应链”

“宅急送”市场定位在快递，如果把整个物流市场比作“蛋糕”的话，那快递则是蛋糕上的奶油，快递服务运送的物品体积小、重量轻、科技含量高、附加值高，在物流领域中“傲视群雄”。

陈平为避免“宅急送”在如此激烈的竞争中被淘汰，为“宅急送”打造了三件法宝，一是“不言实行”，意为少说多做，不过早地把自己暴露给竞争对手，埋头把企业做大做强；二是“避实就虚”，跨国物流企业的强项是国际快递，“宅急送”避其锋芒，专攻国内快递；三是“合纵连横”，为了迅速占领市场，扩大企业规模，“宅急送”广泛吸纳物流企业加盟、合作。三件法宝使“宅急送”顺利地渡过了创业期，走向高速发展期，目前已成为国内快递领域的巨头。

“宝供”定位的供应链也同样是极具前景的现代物流服务领域。然而，让所有企业都进入供应链是不可能的，供应链物流的需求在中国将会逐步得到释放，这种需求将可能会按照以下顺序逐步实现，来华的跨国公司—中国的国际化公司、商业流通企业—国内大型制造企业—国内大型原材料生产企业—国内中小型企业。另外，供应链的形成是个渐进的过程，从有供应链需求，到供应链的生长成熟，要经历若干年的过程。由于供应链物流服务的专业性和地域性，使得提供供应链物流服务的企业的业务范围不能随意地扩展，在自己服务不到的地区和业务领域，将不可避免地有竞争者参与，一场供应链物流“大战”即将爆发。

结论：通过“宅急送”和“宝供”的案例充分证明了现代物流业并不是空中楼阁，而是具有巨大的市场发展空间，这一市场是潜在的，需要企业去发现、去挖掘。

在如何发展现代物流企业方面，“宅急送”和“宝供”从不同的角度给了我们深刻的启示。从企业发展模式来看，“宅急送”的战略远见和“宝供”的战略灵活性各具优势；进行市场细分，选择自己的市场定位，牢固把握市场脉搏，是选择市场定位的秘诀；品牌、物流服务、信息化是现代物流企业战略实施的核心内容；企业制度、创新能力、领军人物都是现代物流企业发展的有力保障。

（资料来源：深圳物流网，http：//wuliu. sz. bendibao. com）

第五章　物流运输成本管理

物流运输成本管理是一项综合性管理，是对整个物流运输业经济绩效的全面反映。物流运输成本的高低，直接影响着整个企业以及物流系统的效益。制约和影响运输成本的因素很多，因此应从运输规划、运输方式以及运输策略等多方面对运输成本进行控制，从而从整体上达到降低运输成本、增加物流运输效益，有效地满足客户需求的目的。

第一节　物流运输成本概述

在市场经济条件下，任何运输组织的供给活动都有自己的成本。无论是运输企业，还是政府，都必须考虑运输成本问题。

一、运输成本的含义

运输成本是指运输生产者（或供给者）为完成客货位移所发生的费用总和，包括直接运输费用与管理费用两部分。它分为运输总成本和单位运输成本两个概念：运输总成本是一定时期内的运输成本支出总和；单位运输成本是单位运输劳务的支出（货物运输一般以吨千米为单位）。为了更准确地理解运输成本，必须区分运输成本与运费、运价的关系。

（一）运输成本与运费

运输成本是运输生产者（或供给者）完成特指条件下的运输所付出的代价，而运费则是运输消费者完成特指条件下的运输所付出的代价。两者之间的关系一般是：

运费＝运输成本＋运输生产利润＋在运期间运输需方支付的资金成本

＝(1＋利润率)×运输成本＋运输需方支付的资金成本

在资源密集型产业为主的产业社会中：

运费≈(1＋利润率)×运输成本

（二）运输成本与运价

运输成本是为完成运输活动所发生的一切费用，主要从运输供给的角度来考虑。运价是运输价值的货币表现，需要从运输供给和运输需求两方面进行考虑。运输价值量的大小取决于生产运输产品所消耗的劳动量，购买劳动量的支出就是运输生产费用，构成了运输成本。运输劳动创造了新的价值，就是运输赢利。运价由运输成本和运输赢利（利润和税金）这两个部分组成。

二、运输成本的构成

成本可以从不同角度进行分析和研究。根据是否会随产量变化而变化，成本可以分为固定成本和变动成本，其中固定成本是不随产量变化而变化的要素支出，变动成本是随产量变化而变化的要素支出；根据分析时期的长短，成本也可以划分为短期成本和长期成本。

在运输经济分析中，以上成本分类是必要的，然而对运输业或运输活动来说，成本的分类必须考虑运输活动的特殊性。运输业所使用的资本被分成了固定设施和移动设备两大部分，这对运输成本的类别划分具有关键性的意义。运输业的固定设施一般是指运输基础设施，如铁路、公路、站场和港口等，它们一旦建成就不能再移动，且一般不能直接提供运输服务。运输业的移动设备是指可移动的运输工具，如火车、汽车、船舶、飞机等，这些运输工具一般用来直接提供运输服务。运输业资本的这种特殊性质，使得运输成本的分类与其他行业有所不同，它包括固定设施成本、移动设备拥有成本和运营成本三个部分。

（一）固定设施成本

固定设施对每一种运输方式都是必不可少的：铁路运输需要轨道、车站；汽车运输需要公路和停车场地；航空运输离不开机场和空中指挥系统；船舶要在港口停泊和装卸；管道本身就是固定设施。

固定运输设施的投资被认为是一种沉没成本（sunk cost），因为这些设施固定在一定的地理区域上，一旦建成就不能再移动，而且在一定程度上不能再被用于其他任何用途。例如，港口和道路被废弃时，原来的码头和路基几乎无法改作他用。由于这个原因，在运输系统中常常出现一部分固定设施出现拥挤现象，而同时另一部分固定设施却被闲置在一边的情况。有些学者甚至认为，从这一点来看，已经形成固定运输设施的投资是没有机会成本（opportunity cost）的，原因是该资源已经没有再被用于其他用途的机会。

固定运输设施除了起初的投资建设，还有在使用寿命周期内所需要的养护及维修，因此固定设施成本还包括养护、维修及其他相关使用成本。与投资相比，这些固定设施的养护、维修及使用费用比较少，其中有些费用与使用这些固定设施提供的运输量关系不大，属于固定成本，另外一些则可能与运输量的多少有密切联系，因此被认为属于变动成本。

（二）移动设备拥有成本

管道是唯一仅使用固定设施的运输方式，其他各种运输方式都需同时使用固定设施和移动设备。可移动的运输工具包括铁路机车车辆、各类卡车、公共汽车、小汽车、各类客货船舶和飞机等。由于这些运输工具可以根据需要在不同运输市场之间，甚至不同用途之间转移，因此在移动运输工具上的投资不属于沉没成本。

所有运输工具都有自己的使用寿命，运输工具的价值在其使用期内会逐渐转化为运输成本，因此使用寿命决定着运输工具的折旧过程。有些运输工具的使用寿命是以年限计算的，在这种情况下，运输工具的折旧转移成本似乎与其使用中所提供的运输量没有直接关系，是每年或每月固定的成本。还有些运输工具的使用寿命是以行驶里程计算的，在这种情况下，运输工具的折旧转移成本就与其使用中提供的运输量直接有关，属于变动成本。

移动设备拥有成本又可以大体分为三部分，即与车辆、船舶或飞机等的添置投资有关的费用，部分折旧费和运输工具维护费用。运输工具的这三种拥有成本在不同运输方式的比重和计算方法都是有差别的，甚至运输工具维护费用是应该属于运输工具的拥有成本还是运营成本都标准不一。如果运输工具的某些维修费用与它们的使用多少无关，那么这些费用就属于运输工具的拥有成本；而那些根据运输工具的使用量决定的维修费用则被看做变动成本，而且和属于变动成本的折旧费用一样，也可以作为运营成本进行分析。

（三）运营成本

运营成本主要包括两类：一类是直接运营人员的工资；另一类是运输工具消耗的燃料。运输工作量越大，这些直接的运营成本数量也会越大，这两类都是直接与运输量相关的变动成本。如果从机会成本的角度来考虑，那么所消耗燃料的价值应该是这些燃料从驱动载运工具转而用于其他用途所能获得的收益，人员费用则应该是这些直接运营人员转而从事其他非运输工作所能得到的收入。

当然，运营成本不仅仅包括直接运营人员的工资和运输工具的燃料消耗。运输工具的运行必然会引起磨损，需要对运输工具本身进行修理和维护。因此，运输企业一般还需要配备若干辅助人员和管理人员，这些辅助人员和管理人员的工资以及所需要的开支属于间接运营成本。间接运营成本的一部分是与运输量有关的变动成本，其他部分与运输量的变动关系不大。

在不同运输方式的运输成本中，固定设施成本、移动设备拥有成本和运营成本各自所占的比重或涉及的程度是有差别的，其相应部分伴随产量的不变性或可变性也不一样。而且，这种不变性或可变性还要根据使用者的具体角色来确定。例如，车票对于每次上车购票的公共交通乘客来说应该是变动成本，因为如果他不出行就没有这笔开销，但对购买月票的乘客来说却是每月的固定支出。又如，高速公路的保养和维护对其经营者来说，大体上是一种固定成本，但对使用收费道路的汽车司机来说，却是根据行驶里程支付的变动费用。因此，运输业的三种成本划分与产量变化的关系交织在一起，再加上运输经营者和使用者的多样性，使得运输成本分析具有很大的难度和挑战性。

【阅读资料】运输成本与物流发展

1991～2002年，我国社会物流总成本从5182亿元增加到2.2万亿元，增长了3.2倍，年平均增长14%，高于国民经济增速4个百分点。2002年我国物流总成本占GDP的比重为21.5%，而同期市场经济发达国家这一比例约为10%，这反映出我国物流运作水平是极为粗放的。从我国物流成本构成看，运输成本占52.6%，保管成本占31.8%，管理成本占15.6%。要降低物流成本，减低其构成最大的运输成本非常关键。事实上我国物流业运输成本的降低存在较大的空间。有资料表明，我国有57.9%的生产企业以及51.7%的物流企业的车辆空驶率为30%～50%，每年造成的资金浪费在370亿元左右，运输的低效率由此可见一斑。

（资料来源：中国物流网，http://www.chinawuliu.com.cn）

三、运输成本的影响因素

（一）距离

距离是影响运输成本的主要因素，因为它直接对劳动力、燃料和维修保养等变动成本发生作用。从经济角度而言，每一种运输方式都有自己经济合理的运距范围。一般而言，航空和海洋运输最适合长距离运输，公路在短途运输中占有优势。在经济合理的运距范围内，各种运输方式的平均吨千米、人千米的运输成本随距离的延长而递减。这是因为总成本中的发到作业与中转作业的费用与运送距离无关，随距离的延长，这部分成本分摊到每千米的货物和人身上也越来越少。

（二）运量

运量与运输成本间的相关性受其背景影响，背景可以是运输方式或指定地区的运输行业，或某运输企业，或运输线路，或某运输车辆等。一般来说，大多数运输活动中存在着规模经济，运输量的大小也会影响运输成本。在不同的运输方式中，运量的增加可以使运输成本下降，其本质原因是在达到规模经济的水平以前，任何规模的增大都将导致成本的下降，这是因为发到作业与中转作业的费用可以随运输量的增加而被分摊。需要指出的是，在达到规模经济之后，再扩大规模就意味着成本的升高。

（三）产品密度

产品密度是指产品的重量和体积之比，把重量和空间方面的因素结合起来考虑，是因为运输成本是单位重量所使用的费用。对一辆运输车辆，通常受空间的限制比受重量的限制要大。若产品密度小，车辆的容积充分使用后仍达不到车辆装载能力，单位重量所分摊的运输成本就高；若产品密度大，能更好地利用装载车辆的容积，使车辆能装载更多数量的货物，使运输成本分摊到更多重量上去，降低了每单位重量的运输成本。所以，通常密度小的产品每单位重量的运输成本比密度大的产品要高。

（四）运量构成

运输对象有旅客与货物两种，其中旅客与货物又可细分为若干种类。就货运而言，如果运输由不同的、多种类的货物组成，那么其运量也由多种运量构成，这将影响规模效应。因为每类货物的运量都有对应的运输规模，多样化将使规模效应削弱，最终将导致运输成本上升。

（五）搬运难易程度

同质的货物或使用通用装卸搬运设备搬运的货物比较容易搬运，需要使用特种装卸搬运设备搬运的货物则会提高运输成本。此外，货物在运输和储存时所采用的包装方式也会影响运输成本。

（六）运输能力

运输中采取的运输方式不同，其运输能力也不同。运输能力的波动与运输成本密切相关。运输能力波动的内因是运输工具设计的承运能力具有一定的过载系数，故承运能力可在一定范围内变化，而承运能力又与运距存在相关性，即运输能力小的运输工具一般适应短运距的运输。只有在运输对象与所选用的运输工具特性参数高度匹配时，运输成本才会最低。另外，造成运输能力波动的外因则是运输中的客、货在去、回两个方向上的运量不对称以及同一方向上运量的不平稳。这种运输能力的波动也将影响运输成本。客、货在去、回两个方向的不对称必然造成一个方向是重载，另一个方向是轻载，而且轻载方向的实载率低。运量不平稳就使得某些时候的运输能力紧张，某些时候运输能力又没有得到充分利用。显然，这些因素都会使得运输成本上升。而且不对称与不平稳的程度越高，成本上升也越多。

（七）装载能力

装载能力是指货物的具体尺寸及其对运输工具的空间利用程度的影响。由于某些货物尺寸和形状古怪，以及超重或超长等，通常不能很好地进行装载。例如，谷类、矿石及石油等可以完全地装满容器，能很好地利用空间；而机械设备等的空间利用程度则不高。装载能力还受到装运规模的影响，大批量货物往往能相互嵌套，便于装载。

（八）装载率

装载率也称装载系数，是实际装载量与额定装载量的比值，它对运输成本有重大影响。无论是汽车、火车、轮船还是飞机，从半载到满载的运输总成本增加非常有限。这是因为：

固定成本不会增加，运行成本中人工费和维修费不会（或很少）增加。在距离和运输密度已定的情况下，运输成本随运输工具装载率的增加而减少。

（九）运输责任

运输途中，有可能发生货物丢失、货物变质，甚至出现事故，因此承运人需要考虑货物的易损性、易腐性、易盗性、易自燃性或易自爆性等。因为承运人的责任关系到货物损坏风险及运输事故导致的索赔，所以承运人承担的责任越大，需要的运输费用也就越高。有时候，承运人必须通过向保险公司投保来预防可能发生的索赔，托运人也可以通过改善保护性包装或通过减少货物丢失损坏的可能性来降低风险，最终降低运输成本。

（十）市场因素

市场因素对运输成本也有重要影响。影响比较大的市场因素有：第一，竞争因素，即同种运输方式间的竞争以及不同种运输方式间的竞争；第二，运输的季节性，旺季和淡季会导致运输费率及运输成本的变化；第三，运输的方向性，运输流量的不平衡会导致运输成本的变化。

四、运输成本的作用

运输成本对运输企业有以下作用。

（一）运输成本是制定和调整运价的重要依据

运价是运输产品的货币表现，而价值量取决于生产运输产品所消耗的社会必要劳动时间，即在现有的社会正常生产条件下，在社会平均的劳动熟练程度和劳动强度下，制造某种使用价值所需要的劳动时间。能全面反映这种消耗的经济指标只有社会平均成本，它是维持企业简单再生产的必要条件，否则企业就会亏损倒闭。企业要进行正常的扩大再生产，其价格必须高于社会平均成本，即企业必须有一定的赢利，因此在制定和调整运价时应以社会成本为基础，恰当考虑运输企业的盈利水平，这是商品经济发展的客观要求。

（二）运输成本是企业进行经济核算的基础

成本核算在企业经济核算中占有重要地位，它可以促进企业降低消耗，提高经济效益。在进行运输生产时的各种消耗最终将会反映到成本上来，在一定价格水平下，成本上升，企业的赢利就会减少，甚至出现亏损。

（三）运输成本是企业进行决策的重要参数

企业无论投资决策，还是管理决策，都是以提高经济效益为中心的。在对各种方案进行经济效益评价时，企业都要对其收益、成本进行比较分析，从中选出最佳方案作为实施方案，没有成本这个参数就无法对其经济效益进行评价。

五、降低运输成本的途径

为了降低运输成本，运输企业可以采取以下措施。

（一）创造良好的外部环境

外部环境与企业之间的关系是，企业必须适应外部环境，同时又可以对外部环境施加影响。企业应转变经营观念，主动适应外部环境的变化，通过努力，使企业与货主、旅客以及相关的部门建立良好的协作关系。

（二）提高车辆设备的技术水平

领先的技术水平是企业在市场环境下生存和发展的物质保证，因此要注意优化运输工具的构成，适应货源对运输工具的需求，做到技术先进，构成合理。同时要注意设备之间的合理配比，使运输工具的效能得以充分发挥，为企业进一步降低运输成本打好物质基础。

（三）提高管理水平

管理是一种运筹性的生产力，通过提高管理水平可以提高效率，降低各种消耗，从而达到降低成本的目的。因此，企业应注意用先进的管理思想和管理技术提高管理效率，实现企业管理的科学化和现代化，从而保证企业管理水平能适应企业发展的需要。总之，应全方位地加强企业管理，向管理要效率和效益。

【阅读资料】索尼公司拼箱降低成本

过去，当被托运的货物无法装满整箱的时候，要么就地等候其他货物来拼箱，要么浪费箱内容积，高成本发运货物。为了进一步降低物流成本，索尼公司常常根据实际需要，办理集装箱货物的“多国拼箱”。例如，索尼公司把半箱货物的集装箱从某一个产地发往新加坡或高雄，在那里把另外一种产品补充装入箱子，变成满箱货物，然后继续运输，直至北美或者欧洲目的港。这种方法的最大好处，首先是避免了等候时间。因为集装箱运输时间本身就是用金钱买来的；其次是降低了成本，同时也大幅度缩短了通关时间。现在索尼集团已经把新加坡和高雄作为索尼产品“多国拼箱”的集装箱枢纽港。其他拼箱方法如满箱货物的“工厂直接装箱”，或者在一个国家内的几家索尼子公司的产品在国家内拼箱。索尼公司目前把这些物流服务委托给香港东方海外集运公司和马士基海陆船务公司。索尼公司在对美国的跨太平洋出口贸易航线上，常常把产品集中到北美内地某一个配送中心站，或者把货物运送到洛杉矶附近的物流中心进行中转或者拼箱，充分发挥索尼公司在北美的亚特兰大、纽约和洛杉矶等地区拥有的仓储力量。索尼公司也利用荷兰的仓储作为其拼箱中心。凡是准备运往东欧地区的货物先从其他各国集中到这个拼箱中心，然后再发送到东欧各地的配送站。而发往莫斯科的货物是先运往芬兰的赫尔辛基，然后再从那里转运到莫斯科和俄罗斯腹地。

（资料来源：提高企业竞争力，日本索尼公司的全球物流，
http://www.cioage.com/art/200710/57360_1.htm）

六、不同运输方式的成本特征

参考图 1.1，可以进一步说明不同运输方式不同的成本特征。

（一）铁路运输

铁路运输的固定成本高，变动成本相对较低。这是因为铁路线路、车站、机车车辆、通信等基础设施的投资大，提高了固定成本。铁路运输变动成本（工资、燃油、维护成本等）随运距和运输量的大小成比例变化，一般占总成本的 1/2 或 1/3。这样，当一个系统的固定成本费用很高时，适合进行规模经济和距离经济。规模经济的特点是随着运量的增长，每单位运量的运输成本呈下降趋势。这是因为有关的固定费用分摊在大批量的运量中，单位运量运输成本中分摊的固定费用就少，从而使运输成本降低。规模经济使得货物的批量运输更加合理。距离经济的特点是每单位距离的运输成本随运输距离的增加而减少。距离经济的合理性类似于规模经济，尤其体现在运输装卸费用的分摊上。同时，距离越长，可使固定费用分

摊后的值越小，这样，将固定成本分摊到更大的运量和更长的运输距离中去，运输成本就会下降。

（二）公路运输

由于公路运输的承运人不需拥有用于营运的基础设施，公路运输的固定成本是所有运输方式中最低的，与铁路运输的成本特征形成鲜明对比。但公路运输的变动成本很高，它既包括用于车辆营运的燃料、轮胎、车辆折旧、维修等费用，还包括为了公路建设和公路维护而向车辆征收的燃油税、过路（桥）费、养路费等。变动成本和车辆行驶里程或完成的周转量成正比变化。在公路货运站进行运输作业时，固定成本包括车站取货和送货费用、站台装卸费用、制单和收费等发到作业费。公路运输也存在规模经济，当运输批量较大时，固定成本费用分摊到较大的运量上，所以单位运输成本会随运量的增加而降低，但是不如铁路运输下降的那么明显。

（三）水路运输

水路运输除必须投资建造新船、建设港口之外，航道投资极少。目前，港口和航道由国家进行管理，船舶所属的航运企业则是水路运输的承运人。由于大部分港口是服务港，港务当局不仅提供港口的基础设施，还提供诸如货物装卸服务和货物的港内搬运和处理等服务；不仅从事港政和航政，还从事港内各项业务活动。这样，水运承运人的固定成本除船舶本身的折旧费等成本外，还和港口作业有关。但是水路的运输能力大，变动成本低。所以水运是最廉价的大宗货物运输方式之一，适合长距离、大批量运输。

（四）航空运输

航空运输与水运和公路运输相比，成本特征有很多相同之处。航空运输的机场和空中通道一般不属于拥有飞机的航空公司，航空公司根据需要以燃油、仓储、场地租赁和飞机起降等形式购买机场服务。同时，地面的搬运装卸、取货和送货也属机场提供的航空货运服务的一部分，这些成本就成为使用机场需要支出的固定成本。此外，航空公司还拥有（或租赁）运输设备如飞机等，在经济寿命周期内对其进行折旧就构成每年的固定费用。航空公司的变动费用主要是燃料费和原材料费，受运距的影响较大。固定成本和变动成本合在一起通常使航空运输成为最贵的运输方式，短途运输尤其如此。但是，随着机场费用和其他固定费用支出分摊在更大的运量上，单位成本会有所下降。如果在长距离内营运，还会带来单位成本的进一步下降。

（五）管道运输

管道运输与铁路运输的成本特征一样，管道公司拥有这些基础设施或拥有它们的使用权。管道的投资和折旧及其他成本使管道运输的固定成本在总成本中较高。为提高竞争力，管道运输的运量必须非常大，以分摊这么高的固定成本。管道运输的变动成本主要包括运送原油、成品油或天然气等的动力和泵站经营相关的成本。对动力的需求大小取决于线路的运量和管道的直径。在运输中，摩擦损失和气泵动力随管道周长变大而增加，运量则随截面积的增大而提高。由于大管道与小管道周长之比不像横截面面积之比那么大，所以，只要有足够大的运量，大管道的每吨千米成本会迅速下降。在一定的管道规格条件下，如果运送的产品多，管道运输的规模效益就会减少。

第二节　物流运输成本的控制

一、运输成本控制原理

从一般意义上讲，企业成本系统应满足系统可控性的基本条件有以下几点。第一，企业成本具有多种发展可能性。成本作为对生产经营活动中发生的个别劳动耗费的价值度量，不同生产者组织生产的同类产品，或者同一生产者生产的同种产品在不同的成本计算期间，其生产成本都不可能完全一致。第二，生产经营耗费具有可调节性。不同生产者或同一生产者在不同的成本计算期间，生产成本的差异及其变动取决于成本系统内生产要素的构成性质、数量、相互联系方式及其变化规律。在一定的条件和责权范围内，通过成本管理措施的作用，成本系统内的各构成要素以及由此而决定的生产经营耗费状态，在一定程度上是可以被调节的，并能按系统的既定目标发展。成本系统不仅是可以控制的，而且这种可控性的强弱与控制的空间和时间有着密切的联系。

（一）成本可控空间

成本可控空间是指成本受控的范围。按照企业的生产组织结构，在成本管理系统内，成本可控空间可以逐级分解，形成一种多层次的责任成本控制体系。就某一层次的成本可控空间而言，在其责权范围内所发生的劳动耗费，有的能够受到控制，称为该层次上的可控成本；有的不能控制，称为该层次上的不可控成本。

由于成本的可控性是相对于可控空间的层次而言的，因而，某一较低层次上的不可控成本可能是其较高层次上的可控成本。当然，较低层次上的可控成本，必然也是其较高层次上的可控成本。在同一可控空间层次上，可控成本不完全等同于直接成本或变动成本，不可控成本也不完全等同于间接成本或固定成本。例如，车间（或班组）生产单一产品耗用的某种原材料费用，就其计入生产成本的方式上看是直接成本；就其与产量的关系上看是变动成本；就其可控性上看，其耗用量是可控的，而价格是不可控的。再如，折旧费用对于生产车间虽属不可控固定成本，但在投资责任中心的层次上却是可控制的。

从控制理论上看：可控空间的层次越高，成本的可控范围越大，而成本的可控性（即系统主体对成本的控制能力）越弱；可控空间的层次越低，则成本的可控范围越小，其控制的目标和责任也越具体，因而成本的可控性也越强。可控空间的不断缩小标志着控制能力的不断增强，因而，建立企业内部责任制，缩小核算单位和成本责任中心能够为有效控制生产经营耗费建立良好的基础。

（二）成本控制的时效性

成本控制的时效性是指成本可控性随时间而变动的关系。实施成本控制的时间与成本的可控性关系极大。一般而言，在投入生产要素从事某项经营活动之前，将要发生的所有劳动耗费在理论上都是可以控制的。但是，由于存在着许多不确定性因素，成本控制的时间越短，难度也越大，如果控制得当有效，则控制效果显著，一旦失误，其后果会越严重。随着控制时间的递延，劳动耗费逐渐发生，成本控制的难度渐趋减小，但控制范围和效果也随之减弱。如在生产经营过程中，只有部分劳动耗费可以控制，一些生产要素的配置和价格都已无法控制。在生产经营过程结束之后，对已发生的耗费已无可控性，需要的只是对经验和教训的总结和分析，为以后的成本控制提供资料依据。

随着生产活动的日益社会化和现代化，企业规模不断扩大，工艺过程越加复杂，生产组织形式的多样化和生产过程的连续化、自动化、信息化必将导致生产经营耗费增加速度的加快，使之无论在某一局部生产经营环节，或某一短暂时期内的劳动耗费失去控制，都有可能给企业造成无可挽回的经济损失。因而，现代成本管理十分重视预防式的成本前馈控制理论和方法。

二、成本控制的形式

信息是实施系统控制的基础，任何系统的有效控制都必须以获得充分、及时、可靠的信息为前提。成本信息是反映成本系统运行状态及其结果的经济信息，在成本系统内，成本信息是随着生产经营活动的进行和生产耗费的发生而产生的。成本核算实质上是对各种生产耗费数据进行采集、归类、加工、整理和转换等价值形式信息的处理，由此产生的成本信息是成本控制的基础。

成本信息有着十分丰富的内容，它既包括以一定生产成果为基础、用价值形式表现的劳动耗费数量，也包括为满足成本管理需要而建立的各种技术经济指标。成本信息客观地反映了成本系统内部的变化，并为引导和协调系统的运行发挥重要的作用。从本质上看，成本控制就是依赖成本信息的传递与反馈对系统进行的有效调节。根据成本信息在系统内传输、变换、处理的不同特点，成本控制主要有以下两种形式。

（一）成本反馈控制

如果将受控系统的输出量与系统目标进行比较，由此产生一个偏差信息反馈到系统主体，作出相应的措施与新的输入量叠加在一起重新输入系统，通过调节，不断减少实际值超越目标值的偏差，这个过程就是反馈控制。

运输过程中的成本控制属于反馈控制，它要求成本系统的输出量，即实际成本，不断地低于其目标值，即标准成本（或现行定额成本）。系统的输入量是价值形式的各运输生产要素，状态变量是运输过程中的耗费情况。反馈控制的优点在于能够在系统的输出值与目标之间产生一种“动态平衡效应”，控制成本系统内的各种资源耗费状态，促使实际成本尽可能低于目标值。但是，这种控制形式只是成本形成过程中的控制行为，其控制范围有限，在某些情况下还可能因时过境迁而失去作用。

（二）成本前馈控制

在向受控系统输入各种要素之前，就根据有关信息和经验来预计和判断这些要素输入系统后，系统在运行中可能出现的各种状态及各种状态出现的可能程度，分析在这些状态的影响下系统输出值与目标值可能发生偏离的情况，通过对系统输入的设计或规划，以求系统运行结果达到目标值，这个过程就是前馈控制。

在现代成本管理中，成本前馈控制的理论和方法得到广泛应用。例如，采用各种方法对运输成本进行事前预测；从整体运输与成本相适应的程度改进运输过程设计；调整企业运输组织形式；制定先进合理的定额标准或目标成本，在运输耗费发生之前，将其限制在规章制度或定额标准之内等，这些都属于成本前馈控制。

三、成本控制原则

在运输成本的管理实践中，为了有效地实施成本控制，强化运输成本管理职能，应遵循以下原则。

（一）责权结合原则

在成本可控空间的一定层次上，控制主体必须拥有在其责任范围内采取管理措施，对该范围内发生的资金耗费及相关运输经营活动实施控制的权力。与此相适应，运输成本控制主体也必须承担管理失误或不力，导致运输成本失控而产生损失的经济责任。贯彻责权结合的原则，应明确划分不同层次的成本可控空间范围，理顺各层次之间的责权关系，坚持责任成本在不同空间上的不可转移性和同一空间责任成本在时间上的不可递延性。同时也要充分发挥激励机制作用，以调动运输管理人员和作业人员努力控制运输成本的积极性。

（二）全面性原则

运输成本是一项综合性价值指标，它既受到运输经营活动中技术、经济、供求、环境等复杂、相互制约因素的影响，同时也涉及运输企业内管理工作的诸多方面。因而必须树立统筹兼顾的观点，才能使运输成本得到有效控制，达到整体物流经济效益最优。全面性原则要求：第一，要处理好成本与运量、质量、利润等指标之间的关系，在竞争激烈的市场中，切不可因注重发展和扩大运输经营规模而忽视成本管理，也不可为降低运输成本而野蛮作业、野蛮装卸；第二，要重视全过程的运输成本控制，从企业融资、投资、路线设计、技术改造、存货管理、设备更新、作业规划、配送方式，直到售后服务的整个运输经营环节中，凡是与资金耗费有关的运输活动都必须实施严格的成本控制；第三，要动员全体员工增强成本意识，参与成本控制，将成本控制工作渗透到全体员工的日常运输作业活动之中；第四，要对影响运输成本变动的所有技术和经济因素实施综合管理，全面控制。

（三）效益性原则

运输成本控制不能狭义地理解为单纯对运输过程中耗费的节约，而是将投入资源的耗费，转化为企业经济效益的提高。所以，应当以单位耗费所获效益最大为目标来实施运输成本控制。事实上，成本控制的效益在很大程度上并不体现在运输经营活动过程之中，而是取决于运输经营活动开始之前，包括在运输业务的承揽、运输工具的选择、服务质量的确定、辅助业务的扩充、运输环节的协调、运输策略的优化、运输特色服务的培植等方面做好成本的预测、决策和控制，从成本事前控制中挖掘不断降低成本的潜力。

（四）及时性原则

运输企业的成本是在运输作业过程中形成的，由于运输业本身受经济形势等影响较大，所以，它总是处于变化之中。为了增强成本控制的时效性，必须运用一定的方法及时揭示实际耗费与标准（定额）成本之间的差异，分析和追溯产生成本差异的具体原因，落实调节运输成本差异的管理措施，将运输成本失控产生的不利后果及其影响限制在尽可能小的范围之内，并在今后的运输经营活动中杜绝并得到补偿。

（五）例外管理原则

例外管理是相对于规范管理而言的。在运输成本控制措施实施过程中，经常会发生一些事先不曾预计的影响因素和事件，这些因素如果不及时处理就会导致不利的后果。例外管理原则要求运输管理人员重视导致实际耗费脱离标准（目标值）差异较大的“例外”事项，认真分析这些事项产生的原因和责任主体，对影响运输成本变化的不利因素进行归类和统计分析，及时采取调整措施，防止不利因素进一步扩展。

第三节　运输成本控制的方法

一、目标成本控制方法

目标成本控制是一种有效的成本管理方法，它直接接受和反映在竞争态势下，市场对企业产品价值的认同及其风险程度，并将这种竞争压力传导给运输企业内部各作业环节、各部门和全体员工，通过激励机制转化为一种不断控制运输成本的动力，促使企业更新观念、转换机制、完善管理。由于运输企业管理的多层次和作业过程的多环节，运输成本控制涉及企业运输经营活动的各个环节，因而必须建立覆盖全面、责任分明、相互衔接和相互制约的目标成本控制体系。横向目标成本控制是按运输成本要素构成，遵循与职责相结合的归口管理原则，将目标成本指标分解落实到各部门。纵向目标成本控制是按运输成本形成过程，遵循与企业运输组织层次、环节相结合的分级管理原则，将目标成本指标逐级分解落实到各运输作业单位。

（一）目标成本的制定与分解

1. 目标成本的制定原则

目标成本的制定不仅要满足运输企业效益增长的需要，更要符合市场发展变化的要求。其制定原则一般如下。

（1）市场准入原则。即企业在一定时期所制定的目标成本能够为市场所接受，适应市场竞争的要求，成为企业开拓市场的保障。建立既有激励又有约束的目标成本控制体系，首先要把市场机制导入企业内部，使之在成本价值形态上得到充分反映，让市场风险和竞争压力体现在运输作业的每个环节和全体员工的行为之中；其次要把目标成本的制定与市场预测紧密结合起来，根据市场价格和需求变化及时调整目标成本管理策略；最后要以全面完整的定额标准为基础，使目标成本既先进合理，又切实可行。

（2）效益优先原则。即企业运输耗费的发生及其变动的合理有效性，取决于是否有利于效益的增长。为此，应建立如下观点。第一，运输成本降低能否转化为利润，有待市场的检验。如果由于萧条导致运输量下降，则成本的降低没有实际意义。第二，增加支出不一定必然减少利润。研究开发新产品、引进先进的运输配送工艺和设备、实施技术改造措施、提高运输配送质量、引进人才等都会发生大量的费用，使成本增加，但从长远来看如果决策正确将给企业带来更大的效益。第三，局部运输费用的减少不一定对全局效益有所贡献。运输企业的经营活动是一个整体系统，如果只强调某个部门、某个单位、某个环节利益的优化，不一定能满足全局效益的优化，部门的行为一定要满足全局成本降低的需要。

（3）成本否决原则。即用于目标成本制定的运输技术经济指标经过测算，如果没有达到本单位（部门）目标成本的要求，则该技术经济指标将被否决。有多少项指标不符合目标成本要求，就否决多少项，经过不断地否决和试算平衡，使所有技术经济指标都满足目标成本要求，为整个运输过程的目标成本控制创造条件。

2. 目标成本的制定方法

目标成本的制定方法如下。

（1）认真进行市场分析。原材料供应市场、生产协作配套市场、产品销售市场、国内市场和国际市场都是运输市场分析的对象，因为这些市场上形成的所有供求关系最终都要通过运输来解决（当然并非某一具体运输企业）。进行运输市场分析要依据企业自身的运输能力进行市场定位，结合运输产品结构和需求强度等测算什么运输价格最具市场竞争力，可以占有大多运输市场份额，在某一价位上能给企业创造多少效益；同时，要分析其他同类运输企业对本企业形成的竞争压力和对成本的影响。

(2) 分析技术进步。科技转化为生产力可以促进企业效益的提高。具体表现为：分析新的储运设施和技术，以及改造原有设施带来的技术经济水平提高，对整体运输成本降低的作用；分析运输企业的技术进步能创造潜在效益的能力。

(3) 分析管理能力和市场开拓能力。由于物流运输本身具有对生产和经营企业的依附性和服务性，以及运输作业的多环节性，就要求运输企业必须努力提高内部管理水平，不留成本管理的死角，把对运输全过程的管理都纳入成本分析之中。同时，不断开拓市场，提高运输市场的占有率是降低成本的真正物质基础，即规模经济能带来单位成本的自然下降。

3. 目标成本的制定程序

目标成本的制定程序如下。

(1) 收集和整理编制目标成本所需的资料。制定目标成本要广泛收集和整理必需的各种资料，包括计划期内企业重大运输经营决策、运输生产计划、运输结构调整计划、单位货运能源消耗定额、单位货运劳动定额、运输费用预算、运输作业材料供应计划、运输市场价格趋势、基期成本分析资料以及本单位历史先进水平、同类企业的运输价格及成本资料等。

(2) 分析和预计基期目标成本计划执行情况。通过对基期目标成本计划执行情况的分析，总结经验，揭示差异，并尽可能降低不可控因素和非正常因素的影响，掌握运输成本变动的趋势规律，使制定的目标成本先进合理。

(3) 预期计划期运输价格、消耗定额和费用支出变动对运输成本的影响。如果在计划期运输价格、各项货运能源消耗定额以及各项费用支出与基期相比，有可能发生较大幅度变化，则应按它与运输成本的技术经济关系测算这种变化对目标成本的影响程度。

(4) 进行目标成本和目标利润的试算平衡。一方面，目标成本既要适应市场变化，又要满足企业目标利润的要求；另一方面，目标成本水平必须是企业现有技术经济和管理水平力所能及的。因而在需要与可能之间应通过试算平衡达到协调一致。试算平衡并非消极地调整，而是在试算平衡过程中不断挖掘改进企业管理、提高技术经济水平的潜力，促使成本管理的职能由被动反映向主动控制转化。目标成本和目标利润的试算平衡是保证目标成本先进合理性的中心环节。

(5) 制订和下达目标成本计划。目标成本计划包括：按要素编制的运输费用预算；按运输类别、运输结构编制的成本项目及主要运输产品的单位目标成本计划；按发生地点和职责范围、明细项目编制的单项费用计划；按明细项目编制的各项费用计划；按目标成本计划编制说明书以及运输成本控制的主要措施方案。

4. 目标成本的分解与下达

目标成本的分解与下达既是动员各部门、各单位降低成本的过程，也是将市场机制导入运输企业内部管理，传递与分解竞争风险的过程。在这一过程中应当做到以下几点。

(1) 坚持以人为本的管理理念，充分发挥全体员工的积极性和创造力，使企业每一部门、单位和个人都明确所要达到的运输成本降低目标。建立激励机制，提高员工的参与意识。

(2) 以各部门和单位的责权范围为依据，对目标成本进行横向和纵向分解，横向目标成本分解要包括所有的运输成本构成要素，纵向目标成本分解要符合运输组织和运输环节过程的特点。同时，横向分解的目标成本与企业总体目标成本之间，以及纵向分解的不同层次目标成本之间应保持协调一致的关系，防止出现顾此失彼或相互推诿的现象。

（3）目标成本的分解要将所涉及的各项指标细化落实，重点在于抓落实措施，为目标成本控制创造条件。

（4）为了充分挖掘各部门、各单位降低成本的潜力，使目标成本先进合理、现实可行，目标成本的分解也要遵循目标成本制定的试算平衡过程。

（二）目标成本的执行

目标成本控制按实施控制的对象及内容划分，有运输过程前的成本控制（事前控制）和运输过程中的成本控制（事中控制）。

1. 运输过程前的目标成本控制

企业实施运输技术改进和组织结构改造措施，研究开发新运输市场，必须做好事先运输策划和安排。主要包括以下几点。

（1）实现适度规模运输经营。运输经营规模与企业成本有一定的联系。扩大运输规模有利于专业化分工和运输效率的提高，降低固定费用水平，但超过一定运输规模，运输企业对市场的反应能力就会减弱，企业管理难度加大，从而产生一些不经济因素。

（2）控制负债规模。适度负债经营不仅有利于降低综合资金成本，同时在总资产报酬率大于负债成本情况下，可以发挥财务杠杆作用，提高自有资金赢利水平。但过度负债将加大企业财务风险，有可能使企业财务状况陷入困境。

（3）重视运输技术改造的可行性研究。采用先进的运输技术有利于企业运输能力的提高，但是采用先进技术还必须充分考虑经济上的合理性，为此，要通过市场调查，从技术的先进性与经济的合理性两个方面做好可行性研究论证工作。

（4）做好运输市场开发、设计工作。根据市场需求的变化，从运输功能与成本两个方面做好运输市场开发设计和改造更新工作，是降低运输成本的重要环节。

2. 运输过程中的成本控制

在运输过程中主要是按成本构成要素实施控制，包括以下几点。

（1）运输设施、材料费用控制。各种搬运装卸设施、加工包装材料等是运输作业成本的基本构成要素。为此，一是掌握运输过程中企业各种材料的耗用规律，做到合理使用，并注意相适应的经济采购批量；二是在保证材料质量的前提下，选择供货渠道，降低材料价格；三是合理安排各种搬运装卸设施的购进和使用；四是尽量做好各种材料的二次使用和替代使用，但必须保证使用效果不下降。

（2）管理费用控制。管理费用构成复杂，大多具有固定费用性质，对其主要项目采用预算控制的方法，一是按费用性质、内容和管理的职责范围分解，实行归口分级管理，财务部门监督使用；二是采用弹性预算、滚动预算等方法按月编制各部门费用预算，按预算控制日常费用的发生；三是严格执行费用审批制度，努力减少各项费用开支；四是提高管理人员水平，尽力减少和避免不合理运输的发生。

（三）目标成本控制的考核与评价

1. 目标成本完成情况的考核管理

目标成本完成情况的考核是建立目标成本控制体系的重要环节。考核的目的在于充分发挥激励机制的作用。目标成本考核管理分为两大部分：一是对目标成本计划完成情况的考核管理，二是对超额完成目标成本计划的考核管理。

2. 目标成本控制绩效评价

正确和全面地评价各责任单位目标成本控制的绩效，一般应包括以下内容。一是可比成本降低率和降低额，这是目标成本控制绩效最直接的体现。二是主要技术经济指标水平的提高，这是成本控制的基础。三是以新技术、新工艺、新产品研究开发为核心的技术改造发展状况，这是通过技术进步使成本持续降低的强大动力。四是资金结构得到优化，包括盘活资产存量，清理回收积欠贷款，加速资金周转，提高资产保值增值率。这是改善财务状况，增强企业发展实力的保证。

二、运输成本控制策略

物流运输成本控制的方法可以分为定量分析和定性分析两大类。在运输成本控制策略方面，大致有大量化、计划化、商物分离化、差别化、标准化、共同化等运输策略。

（一）大量化运输

大量化运输是以运输规模经济为基础，以增加运输量组织物流合理化的一种做法，是通过延长备货时间来实现控制物流成本的一种手段。大量化运输策略与过去按体积折扣（以1年或半年为时间单位）收费的做法不同，是一种增大一次物流批量折扣费的办法，是以“大量发货减少收费”和“一贯制托盘化运输协作降低费用”等激励对方的手段。如某洗涤剂工厂与销售公司商定，如果向以托盘为单位装载的货车、大型卡车或双轮拖车订货，则按照货物的批次运输价格减1%收费，称为“集装货物减成收费”；特约商店如果以卡车和货车等整车为单位向制造商订货，则根据订货数量减成收取运费，称为“大量发货减成收费制”。这种做法因实行物流合理化而节约的金额由双方合理分享，对于物流运输活动的成本控制是特别重要的。

（二）计划化运输

这里的计划非传统意义上的生产或销售计划，而是以产销合同为基础的供货方式。主要适用于季节性较强的商品。如啤酒，本来是夏天集中消费的商品，但即使是夏天，因天气好坏，每天的需要量也是不同的。这样就会出现运输车辆过剩与不足或装载效率下降等影响物流运输效率的问题。于是，有的啤酒工厂为了调整这种波动性，就事先同买主商定进货时间和数量，制订配送计划，称为合同计划。这样，由于啤酒工厂计划供货、拣选进货、货物装卸和货物运输配送等物流活动均可按计划进行，节约了费用并简化了订货手续，同时，还做到了有计划地生产和享受运输优惠。买主按合同购货，减少了批发费用支出，这就是被称为“定期定量直接配送系统”的计划化物流。但这种计划化销售物流要看需求预测的准确程度如何，因计划不准确致使买主增大库存或失去销售良机的危险性并不小。可以说，只有以商品销售量预测绝对可靠，商品在市场中占优势地位为前提，才能实现物流运输计划。

（三）商物分离化运输

商物分离的具体做法之一是订货活动与配送活动相互分离。这样，就把自备卡车运输与委托运输乃至共同运输联系在一起。而且，利用委托运输可以压缩固定费用开支，由于共同运输提高了运输效率，从而大幅度节省了运输费用。所以，与普通日用消费品行业中采用“窗口销售”（产品不经中间商，而由厂家按一定路线直接向消费者销售），发挥商物合一的积极作用的情况不同，一般认为订货活动与配送活动分离开来能够降低费用开支。

此外，还可以列举出销售设施与物流设施在功能方面的商物分离。这分为两种情况，一种是在企业内部；另一种是企业与交易对象之间。前者是营业场所分散的销售点所具有的库存功能的分离，是把负责一定范围供货的物流据点合并起来，以加强公司内部物流管理的一元化为目的的一种措施。这样做可以压缩流通库存，解决交叉运输等问题，有利于工厂货物运输的大批量化。另外，因设施集中合并扩大了配送距离，也产生了营业所销售人员因库存压力大影响销售积极性、紧急配送困难等不利因素。因此，必须对物流的绝对量和营业所的管理方法进行研究。后者是通过企业与交易对象的合作，力求减少中途物流环节（中转点）。例如，原来的流通路线是：工厂—营业所仓库—代理店仓库—顾客，现在由于两者合作，把营业所仓库和代理店仓库合并起来，流通路线缩短为：工厂—区域配送中心—顾客。

平板玻璃制造业中所属的“玻璃流通中心”便是一个具有普遍意义的例子。与此大体相同的例子，在家用电器制造工厂中也可以见到，如取代小卖店，直接把货物送到消费者家里，并负责安装作业的“协作中心”。这种商物分离的做法，把批发和零售从大量的物流活动中解放出来，可以把这部分力量集中到销售活动上，工厂的整个流通渠道不仅实现了物流效率化，流通的系统化也进一步得到了加强。

（四）差别化运输

根据商品周转的快慢和销售对象规模的大小，把保管场所和配送方式区别开来，这就是利用差别化方法实现物流合理化的策略。即实行周转较快的商品群尽量分散保管，周转较慢的商品群尽量集中保管的原则，以做到压缩流通阶段的库存，有效利用保管场所面积，库存管理简单化等。另一种做法是根据销售对象决定物流方法。例如，供货量大的销售对象从工厂直接送货，供货量分散的销售对象通过流通中心供货，使运输和配送方式区别开；对于供货量大的销售对象，每天送货；对于供货量小的销售对象集中一周配送一次等，灵活掌握配送的次数。无论哪一种形式，在采取上述做法时，都应把注意力集中在解决节约物流费与提高服务水平之间的矛盾关系上。不断研究商品分类和顾客类别，随时改变做法，是十分重要的。

（五）标准化运输

这里的标准化不是一般意义上产品生产、包装等的标准化，而是销售、运输数量的批量化。在企业的实际销售中，由于对批量销售规定了订货的最低数量，明显地提高了配送效率和库存管理效率。化妆品工厂采用了对小卖店不批发单一品种商品，只批发成套商品的“限制制度”，显著地削减了拣配和配货作业人员，大幅度提高了订货处理和库存管理等物流管理效率。这种标准化所带来的物流合理化在今天的制造工厂中到处可见，但商品的配套方法和配套商品的更新周期等问题相对于制造业更为复杂，还有待于今后进一步研究解决。

（六）共同化运输

物流运输成本控制最有效的措施是共同化。超出单一企业物流合理化界线的物流共同化，目前正作为最有发展前途的一种方向，在进行着种种尝试。这种共同化如果从各主体之间的关系来看，分为由本行业组合而形成的垂直方向的共同化和与其他行业公司之间联合而形成的水平方向的共同化两类。前者的目的在于：通过本行业集团企业内的物流一元化实现物流活动效率化。照相胶片行业和家用电器行业中，工厂与销售公司的共同保管和共同配送等做法就属于这类例子。

后者水平方向结合的共同化大体分为以单一企业为主导的共同化和以行业为中心的共同化。首先，以单一企业为主导的共同化可列举出一些大型食品工厂与同行业其他公司共同向小卖店配送货物的例子。这种共同化需要配送地点相当一致，同时，共同化的前提条件应该是市场上存在同行业其他公司，这些公司配送的商品不带有竞争性。另外，近年来，到处可见的家用电器等工厂在往外地送货时，在返回途中与其他公司合伙，为其运输货物（本公司的送货地点是对方公司的发货地点，对方公司的送货地点是本公司的发货地点），以解决长途运输车辆“返空”和运输费用上升问题，这种共同化的目标是解决两个以上产地和销售地点相距很远而又交错运输的企业合作的问题。

在以行业为中心的共同化方面，可以举出许多例子。如唱片行业的共同配送、共同保管，百货商店的共同送货上门和远距离百货商店之间的相互代行送货上门，以及医药行业中利用冷藏车的共同运输等。尤其在水泥行业中，还采取了工厂之间按销售地点分布情况相互代为供货，即“交换发货制”。另外，水泥的保管措施——水泥筒仓共同利用，以及由筒仓管理组织通过事前协商调整等办法推动了整个行业水泥设施的共同化。

【阅读资料】沃尔玛降低运输成本的学问

沃尔玛公司是世界上最大的商业零售企业，在物流运营过程中，尽可能地降低成本是其经营的哲学。

沃尔玛有时采用空运，有时采用船运，还有一些货物采用卡车运输。在中国，沃尔玛百分之百地采用公路运输，所以如何降低卡车运输成本，是沃尔玛物流管理面临的一个重要问题。为此它们主要采取了以下措施。

(1) 沃尔玛使用一种运量大的卡车，大约有16m加长的货柜，比集装箱运输卡车更长或更高。沃尔玛把卡车装得非常满，产品从车厢的底部一直装到最高，非常有助于节约成本。

(2) 沃尔玛的车辆都是自有的，司机也是员工。沃尔玛的车队大约有5000名非司机员工，还有3700多名司机员工，车队每次运输可以达7000～8000km。

由于卡车运输比较危险，有可能会出交通事故，对于运输车队来说，保证安全是节约成本最重要的环节。沃尔玛的口号是“安全第一，礼貌第一”，而不是“速度第一”。在运输过程中，卡车司机们都严格遵守交通规则。沃尔玛定期在公路上对运输车队进行调查，卡车上面都带有公司的号码，如果看到司机违章驾驶，调查人员就可以根据车上的号码报告，以便进行惩处。沃尔玛认为，卡车不出事故，就是节省公司的费用，就是最大限度地降低物流成本。由于狠抓了安全驾驶，运输车队已经创造了300万km无事故的纪录。

(3) 沃尔玛采用全球定位系统对车辆进行定位，因此在任何时候，调度中心都可以知道这些车辆在什么地方，离商店多远，还需要多长时间才能运到商店，这种估算可以精确到小时。知道卡车在哪里，产品在哪里，就可以提高整个物流系统的效率，有助于降低成本。

(4) 沃尔玛各连锁商场的物流部门，24小时进行工作，无论白天或晚上，都能为卡车及时卸货。另外，沃尔玛的运输车队利用夜间进行运输，从而做到了当日下午进行集货，夜间进行异地运输，翌日上午即可送货上门，保证在15～18个小时内完成整个运输过程。这是沃尔玛在速度上取得优势的重要措施。

(5) 沃尔玛的卡车把产品运到商场后，商场可以把货物直接卸下来，而不用对每个产品逐个检查，这样就可以节省很多时间和精力，加快了沃尔玛物流的循环过程，从而降低了成本。这里有一个非常重要的先决条件，就是沃尔玛的物流系统能够确保商场所得到的产品是与发货单完全一致的产品。

（6）沃尔玛的运输成本比供货厂商自己的运输成本要低，所以厂商也使用沃尔玛的卡车来运输货物，从而做到把产品从工厂直接运送到商场，大大节省了产品流通过程中的仓储成本和转运成本。

沃尔玛的集中配送中心把上述措施有机地组合在一起，做出了最经济合理的安排，从而使沃尔玛的运输车队能以最低的成本高效率地运行。当然，这些措施的背后包含了许多艰辛和汗水，相信我国的本土企业也能从中得到启发，创造出沃尔玛式的奇迹。

（资料来源："沃尔玛"降低运输成本的学问，http://www.chinacpx.com/zixun/59926.html）

第六章　物流运输绩效管理

在发达国家，多数物流企业都有一套较完善的、科学的绩效评价体系。尤其是物流运输已经成为提高经济竞争力的重要手段的今天，要想使物流运输健康地发展，更需要对物流运输企业的运输成本、服务质量、运输能力、与顾客的合作水平等物流运输活动进行绩效管理和绩效评价分析。由于物流运输具有多方性、过程复杂性和形式多样性等特点，使物流绩效的衡量一直缺乏行之有效的统一评价指标。

第一节　运输绩效管理概述

一、绩效管理的含义

绩效管理是一个管理组织绩效的过程，即围绕组织战略和目标，利用组织结构、技术、事业系统和管理程序等，对一定时期组织的绩效进行管理，从而实现组织目标的过程。就企业组织来看，绩效管理是现代企业的一种新型管理模式，它以绩效为核心，将企业各项业务管理、各个部门管理、公司战略管理技术创新管理等有机结合在一起，以确保经营者、管理人员、普通员工以及企业各个部门等的利益与公司整体战略利益保持一致。

当然，由于组织目标是通过员工来实现的，所以对组织的绩效管理离不开对员工绩效的管理。员工的绩效管理是通过确定目标、过程监控、考核评价以及结果运用等几个环节，对员工绩效实施管理的过程。

无论是组织还是个人，由于其绩效都体现在组织行为或组织活动及其结果中，所以对组织或个人绩效的管理也体现在对组织或个人的活动及其结果的管理中。较为全面的绩效管理系统会涉及组织、个人以及他们相关的活动等各个方面，绩效管理会在多个方面、多个层次来进行。

根据一般的绩效以及绩效管理的含义，运输企业的绩效主要体现在一系列运输活动及其结果上。运输企业的绩效管理主要是通过对一系列运输活动或过程的绩效管理来实现的。从绩效评价指标来看，由于各运输企业的情况差别较大，要设计一套适用于所有企业绩效评价的通用指标体系不太现实，但如果按照运输活动或过程来设计指标体系，不同的运输企业或企业运输均可以根据实际情况，有选择地运用这些指标建立绩效评价指标体系。

运输绩效管理，主要是指对运输活动或运输过程的绩效管理，这里的运输活动不只是运输企业的运输活动，还可以是其他企业的运输活动。运输绩效管理是管理运输活动的整个过程，也就是围绕企业总的战略目标，对一定时期内运输活动的集货、分配、搬运、中转、装卸、分散等环节进行绩效管理，从而实现整个运输活动目标的过程。

二、绩效管理体系的架构

绩效管理是一个系统，要想很好地发挥作用，就必须从系统的角度看待绩效与绩效管理，并建立基于企业战略的绩效管理体系架构。绩效管理体系包括绩效目标体系、绩效管理过程、绩效考核制度设计、绩效管理组织和责任体系四个部分。

（一）绩效目标体系

企业必须自上而下建立绩效目标管理体系，从公司战略目标到部门目标，最后到各岗位目标，才能层层深入地贯彻和传递企业战略目标，使企业战略目标落地。绩效目标体系包括：企业战略目标、企业策略目标（近期目标）、部门业务重点、各岗位业务重点。这个体系中贯穿了两条分解思路。一是时间上的延伸，企业战略目标确定后，要确定实现目标的中期规划，即企业在三年或五年内要达到什么目标；要确定企业的近期计划，即为实现企业战略目标，本年度要达到的目标和任务值；最后分解至季度计划和月份计划。二是目标责任分解，企业战略目标确定后，首先明确一定时期内公司决策层工作目标，然后分解为各部门（执行层）目标，最后分解到各岗位（各员工）业绩目标。有了健全的目标责任体系，才能真正使员工每天的行动都与企业的战略挂钩，从而避免因鼓励员工短期的、局部的和战术性的行为而导致企业长远目标的落空。

（二）绩效管理过程

绩效管理的过程通常被看做是一个循环，这个循环分为五步：绩效计划、绩效实施、绩效评估、绩效反馈以及绩效评估结果的应用（包括绩效改进和导入，以及其他人力资源管理环节的应用）。如图 6.1 所示。

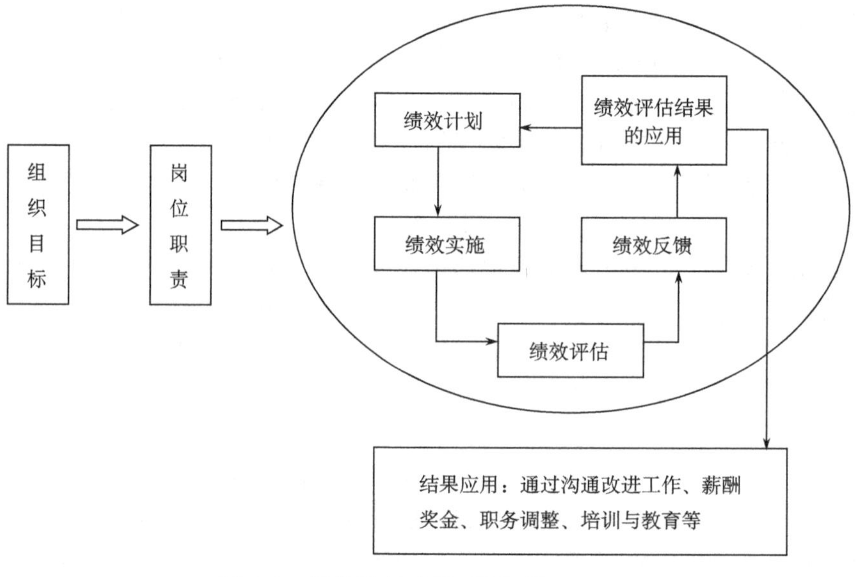

图 6.1　绩效管理过程（张旭凤，2010）

1. 绩效计划

绩效计划是绩效管理流程中的第一个环节，发生在绩效管理的开始期间。制定绩效计划的主要依据是工作目标和工作职责。评估者和被评估者在对被评估者绩效的期望值达成共识的基础上，被评估者对自己的工作目标做出承诺。评估者和被评估者共同的投入和参与是实施绩效计划的基础。

2. 绩效实施

制订了绩效计划后，被评估者按照计划开展工作，评估者对被评估者的工作进行指导和监督，对发现的问题及时予以解决，并对绩效计划进行调整，这个步骤将贯穿整个绩效管理期间。

3. 绩效评估

在绩效管理结束的时候，依据预先制订好的计划，评估者对被评估者的绩效目标完成情况进行评估，其依据就是绩效管理开始时双方达成一致意见的关键绩效指标。同时，在绩效实施过程中，所收集到的能够说明被评估者绩效表现的数据和事实，可以作为判断被评估者是否达到关键绩效指标要求的证据。

4. 绩效反馈

绩效评估结束后，主管人员还需要与被评估者进行一次面对面的交谈。使被评估者了解主管对自己的期望，了解自己的绩效，认识工作中有待改进的方面。同时，被评估者也可以提出自己在完成绩效目标中遇到的困难，请求上级的指导。

5. 绩效评估结果的应用

绩效评估结果的应用，包括绩效改进和导入，以及其他人力资源管理环节的应用。例如，上级根据绩效评估结果与下级进行沟通，讨论如何改进工作；人力资源部门利用绩效评估结果决定薪酬奖金，或者决定是否要对该职员进行职务调整，以及判断是否有培训或教育的必要性，等等。

（三）绩效考核制度设计

完善的绩效考核制度是成功的绩效管理的基础。绩效考核制度的设计包括考评基准的设计、考核程序的确定、评价体系的建立、评价周期的确定。绩效考核制度的设计应与企业的行业特点、文化积淀相适应，绩效考核制度是绩效管理的核心制度，此外还应辅以一系列配套制度，包括激励制度、培训制度、沟通制度、职业发展规划制度，等等。绩效管理制度的设计要将定量考核和定性评价有机结合。

（四）绩效管理组织和责任体系

绩效管理针对的是知识、技能和人，是对员工工作行为的监控和考核，涉及对员工的沟通、激励、培训、薪酬、绩效评价、人员调整等。因此人力资源部门在绩效管理中担负着重要的职责，在绩效管理的具体操作过程中，承担横向的组织和协调工作。但这并不是说，人力资源部门就担负着绩效管理的所有职责。成功的绩效管理要有一个健全的组织和责任体系。人力资源部门担负的是绩效管理中的绩效考核职责，只是绩效管理的一部分，而不是绩效管理的全部，企业的 CEO 和各级管理人员在绩效管理中都担负着重要职责。企业对业务部门也要赋予绩效管理的责任。应该形成一个企业经理人负总责、人力资源部门组织操作、各业务部门积极协同配合、全体员工参与的绩效管理组织和责任体系。

三、物流绩效评价指标体系的设置要求

（一）评价指标体系的要求

评价指标是实施绩效评价的基础，任何评价行为都要根据一定的指标来进行，经营绩效取决于诸多因素，具有综合性特征。因此，实施绩效评价必须构建一个反映经营绩效各个侧面的，由一系列相关指标组成的评价指标体系。合理的绩效评价指标体系应满足下列要求。

1. 符合绩效评价目的和评价内容的要求

选取的绩效评价指标应具有明确的经济含义，能够从不同侧面反映企业绩效的实质。从整体上能够涵盖绩效评价内容的所有方面，是选取指标的出发点，据此形成的指标框架能反映评价的实质。

2. 各项指标相互间具有较高的独立性

指标之间若存在较大的相关性，必然造成指标内容所反映的信息重叠。

3. 信息的冗余度低

较高的信息冗余会导致评价对象之间差异显示不灵敏。统计分析的目的就是在初步确定的指标框架基础上剔除一些指标，得到最小指标集，使最终的各评价指标之间具有较大的独立性和较低的信息冗余度。一方面减少绩效评价工作的数据收集量和计算量，另一方面增加绩效评价的灵敏度。

（二）物流绩效评价指标体系的设置原则

评价结果是否正确，能否真实地反映物流企业的经营情况，是否能达到绩效评价的目的，这是物流绩效评价的首要问题。解决这个问题的关键和难点，在于设计科学、合理的绩效评价指标体系。所以说，设计绩效评价指标体系是整个绩效评价工作的核心。然而，只有在科学的理论和正确的原则指导下，在有充分可靠的依据的基础上，才能设计出科学、合理的绩效评价指标体系。在分析了现有的绩效评价指标体系建立原则的基础上，可总结出物流企业绩效评价指标体系的设计必须遵循以下原则。

1. 及时性原则

只有及时取得有价值的信息，才能及时评价、及时分析，迟到的信息会使评价失真或无效。因此，何时计量、以什么样的速度将计量结果予以报告，是物流企业绩效评价体系的关键。

2. 科学性原则

物流绩效评价指标体系的设计要符合物流运营的客观规律，只有评价方法、评价内容和评价指标相适应，才能够获得客观、真实的评价结果。绩效评价的结果必须与物流实际经营绩效水平相符合。

3. 整体性原则

物流绩效评价的指标体系能够综合、全面地评价物流运营的绩效，把影响物流运营的经济效益和经营结果的各种因素都作为评价的范围，并把物流运营的各个环节紧密联系在一起，作为一个系统工程来考虑指标的设计，而不是孤立地对待其中的环节。

4. 可行性原则

物流绩效评价指标体系要繁简适中，计算评价方法要简便易行，同时，评价指标所需的数据要易于采集，尽量实现与现有统计资料、财务报表的兼容。另外，评价指标的含义应该清楚明了，尽量避免产生歧义和误解。此外，要考虑指标设计的相对稳定性和可比性，保证统计资料的连续性。最后，应避免评价指标的重复和交叉，造成评价的复杂性。

5. 目的性原则

物流绩效评价指标设计的总体框架应围绕提高物流运营效率以及物流企业整体经济效益的目的而建立。有效的物流绩效评价指标体系，其评价指标应与企业的总体目标和发展战略规划相一致，并且通过绩效评价，能促进企业总目标的实现和战略规划的实施。

6. 责权利相结合的原则

物流绩效评价的目的是为了改善绩效，而不是为评价而评价。物流绩效评价的结果可以用于物流运营系统的改善以及责任人的降职或晋升。因此，在绩效考核系统设计时，应分析绩效考核结果的责任归属，这是非常重要的。

此外，在设计物流绩效评价指标时还应注意：第一，评价指标体系应兼顾眼前财富最大化和长远财富最大化，实现物流企业的可持续发展，获取长期利益；第二，不可过分注重财务性评价指标，非财务性评价指标也不容忽视。

【阅读资料】摩托罗拉的绩效管理

关于管理与绩效管理，摩托罗拉有一个观点，就是企业＝产品＋服务，企业管理＝人力资源管理，人力资源管理＝绩效管理。可见，绩效管理在摩托罗拉公司的地位是多么的重要。

摩托罗拉给绩效管理下的定义是：绩效管理是一个不断进行的沟通过程，在这个过程中，员工和主管以合作伙伴的形式就下列问题达成一致：员工应该完成的工作；员工所做的工作如何为组织目标的实现作贡献；用具体的内容描述怎样才算把工作做好；员工和主管怎样才能共同努力帮助员工改进绩效；如何衡量绩效；确定影响绩效的障碍并将其克服。

摩托罗拉认为绩效管理是一个公司总体人力资源战略的一部分，是评价个人绩效的方式，是着重提高员工个人综合技能的过程，是员工将个人绩效与公司的任务与目标相联系的工具。

摩托罗拉的绩效管理由五部分组成。

第一，制定绩效计划。主管与员工就下列问题展开讨论与沟通：员工应该做什么；工作应该做多好；为什么要做该项工作；什么时候要做该项工作，其他相关的问题如企业环境，员工个人能力、职业前途、培训等。在此过程中，主管与员工达成一致意见，并形成签字的记录。

第二，持续不断的绩效沟通。在摩托罗拉，沟通应该贯穿在绩效管理的整个过程中，而不是仅仅年终的考核沟通。摩托罗拉强调全年的沟通和全通道的沟通，这一点在其广告词中也有体现："沟通无极限"。沟通的过程是双向的，目的是追踪绩效的进展，确定障碍，为双方提供所需信息。沟通的内容具有前瞻性，防止问题的出现或者出现后及时解决。沟通的形式分为定期与非定期、正式与非正式，就某一问题进行专门对话。在这个过程中也要形成必要的文字记录，必要时还要经主管和员工双方签字认可。

第三，事实的收集、观察和记录。为年终的考核做准备，主管需要在平时注意事实的观察与收集，并作必要的信息记录。包括注意收集与员工绩效有关的信息，记录员工工作中好与不好的行为等。收集信息应该全面，好和不好的行为都要记录，而且要形成书面文件，必要的要经主管与员工签字认可。

第四，绩效评估会议。摩托罗拉的绩效评估会议非常讲究效率，一般在某个时间，所有的主管集中在一起进行全年的绩效评估。它主要包括以下四个方面：①做好准备工作，包括员工的自我评估；②对员工的绩效达成共识，要根据事实而不是印象；③评出绩效的级别；④解决其他有关绩效管理的问题。最终形成书面的讨论结果，并以面谈沟通的形式将结果告知员工。绩效评估结束，不是说绩效管理到此为止，还有一个非常重要的诊断过程。

第五，员工个体绩效诊断和提高。关于这一点，摩托罗拉也有一个非常实际有效的衡量工具，包括以下 10 个方面：①我有针对我工作的具体、明确的目标；②这些目标具有挑战性，但通过努力可以达到；③我认为这些目标对我有意义；④我明白我的绩效是如何评估的；⑤我觉得那些绩效标准是恰当的，因它们测量的是我应该做的事情；⑥我在实现目标过程中做得如何，我能得到及时的反馈；⑦我觉得自己能够得到足够的培训；⑧公司给我提供了足够的资源，例如：资金、设备、人员等，使我达到目标成为可能；⑨当我达到目标时，我得到赞赏和认可；⑩奖励体系是公平的，我因为自己的成功而得到奖励。每一项有五个评分等级，通过打分可以得知一年中绩效管理的水平以及差距，从而能针对性地改进和提高绩效管理的水平。

摩托罗拉的绩效管理，展示了现代意义上的先进的绩效管理方法，提供了借鉴与参考的经验，同时也给许多企业管理者一个启示：绩效管理对公司持续发展起着重要作用，它必须受到充分重视；只有绩效管理做得好，才能不断激励员工，提高员工个人素质，从而不断提高公司绩效，推进公司持续稳定发展。

（资料来源：唐路遥，2004）

第二节　运输服务水平绩效管理

一、运输服务质量的考评及评分标准

运输服务质量的好坏，是货主选择运输公司的一个重要指标。因此，应对运输公司的服务质量进行考评，并将考评结果通过指标计算结果来表示。其中指标计算结果是指标加权值与达标客户数的百分比的乘积。货主或运输公司根据指标的重要程度，决定指标加权值的大小。达标客户值的百分比，是指在运输公司服务的所有客户中，认为运输服务质量达标的客户数占客户总数的比重。

对于运输公司服务质量的考评分为以下三步。

（一）运输前

运输前主要考核运输公司的组织结构完整性、可联系性等指标，见表6.1。

表6.1　运输前的评估指标

序号	指标名称	指标定义	指标加权值	达标客户数	指标计算结果	备注
1	组织结构的完整性	是否有客户服务部门				
2	可联系性	客户是否能随时联系到运输部门				

（二）运输中

运输过程中的主要考核指标有：集货延误率、配送延误率、货物破损率、在途货物破损率、货物差错率、货物丢失率、签收率、签收单返回率、信息准确率、城间运输稳定性，见表6.2。

表6.2　运输中的评估指标

序号	指标名称	指标定义	指标加权值	达标客户数	指标计算结果	备注
1	集货延误率	未按照合同约定时间到达指定集货地点				
2	配送延误率	未按照合同约定时间到达指定配送地点				
3	货物破损率	在集货、城间运输、市内配送及仓库管理中总的货物破损率				

续表

序号	指标名称	指标定义	指标加权值	达标客户数	指标计算结果	备注
4	在途货物破损率	在集货、城间运输、市内配送中总的货物破损率				
5	货物差错率	在发货过程中，发错、少发及送错的货物占总货物的比率				
6	货物丢失率	在运输过程中货物丢失的比率				
7	签收率	城间运输、市内运输单据签收的比率				
8	签收单返回率	城间运输、市内运输签收单返回比率				
9	信息准确率	为指标能够准确地反映客观事实，要求信息准确、完整				
10	城间运输稳定性	根据延误率、货损率、货差率等指标汇总，考评某一条线路在一定时间内运输服务的稳定性				

（三）运输后

运输过程结束后，主要考核运输公司的通知及时率、投诉预警率、客户满意度、索赔赔偿率等指标，见表 6.3。

表 6.3　运输后的评估指标

序号	指标名称	指标定义	指标加权值	达标客户数	指标计算结果	备注
1	通知及时率	到货信息、货损信息、延误信息、及时通知客户率				
2	投诉预警率	在物流各环节，发生问题前给客户满意答复比率				
3	客户满意度	客户及收货方对运输公司整体满意的比率				
4	索赔赔偿率	客户得到索赔的比率				

二、运输企业营运质量的评价指标

（一）商品运输的原则

制定运输部营运绩效评价指标的依据主要是商品运输的原则，商品运输的原则包括及时性、准确性、安全性和经济性。

及时性是指尽量缩短商品的待运和在途时间，加速商品流通，确保商品的市场供给，尽量做到门到门服务。

准确性是指在运输过程中做到单证传递的正确性，确保各项手续交接清楚，并且准确地完成商品的运输。

安全性是指商品在运输的过程中，不发生损坏、变质、污染、渗漏、爆炸、燃烧、丢失等事故，同时确保人员和运输设备的安全性。

经济性体现在选择一种合理的运输方式以及对某一种运输方式的优化，以使整个物流系统或供应链上的运输成本最低，综合效益最好。

（二）运输营运绩效考评的定量指标

对于运输活动的绩效量化评价指标可以归纳如下。

1. 运输量指标

商品运输量是指在一定时间内，商品运输的总量，可以用以下两种方式表示。

（1）以实物件数为计量单位。以实物件数为计量单位计算商品运输量，用商品件数及每件商品的毛重的乘积来表示。

$$商品运输量=\frac{商品件数\times 每件商品的毛重}{1000}$$

（2）以金额为计量单位。以金额为计量单位计算商品运输量，是以运输商品的总金额与该类商品每吨的平均金额相除来表示。

$$商品运输量=\frac{运输商品的总金额}{该类商品每吨的平均金额}$$

2. 运输质量指标

一般通过对运输损失的衡量来评价运输的质量。运输损失主要指在运输过程中，由于种种原因给货主带来的经济损失。计算运输损失的方法有以下两点。

（1）按照运输收入计算。按照运输收入计算运输损失率，是指在运输过程中，经济损失之和占运输业务收入的比重。

$$损失率=\frac{经济损失之和}{运输业务收入}\times 100\%$$

（2）按照商品价值计算。按照商品价值计算运输的损失率，是指在运输过程中，经济损失之和占发运抵达商品的总价值的比重。

$$损失率=\frac{经济损失之和}{发运抵达商品的总价值}\times 100\%$$

3. 运输费用指标

运输费用水平也是考虑运输企业营运方面的一项重要指标。它是用运输费用总额占商品纯销售总额的比重来表示。

$$运输费用水平=\frac{运输费用总额}{商品纯销售总额}\times 100\%$$

4. 运输费用效益指标

运输费用效益用经营盈利额与运输费用支出额相除得到的结果来表示。

$$运输费用效益=\frac{经营盈利额}{运输费用支出额}\times 100\%$$

5. 运输合理性评价指标

对于运输企业的运输合理性进行评价，可以用以下两个指标。

（1）商品待运期。商品待运期可以用计算期逐日累计待运商品的吨数除以计算期逐日累计商品发运吨数来表示。

$$商品待运期=\frac{计算期逐日累计待运商品的吨数}{计算期逐日累计商品发运吨数}$$

（2）货损货差率。货损货差率用货损货差票数除以办理商品发运抵达总票数来表示。

$$货损货差率=\frac{货损货差票数}{办理商品发运抵达总票数}\times 100\%$$

6. 消耗评价指标

在对运输企业营运绩效的考核过程中，应该对运输中的消耗进行考评。考核指标分为以下两种。

（1）实际油耗。实际油耗可以用报告实际油耗与报告期实际吨千米数来表示。

$$实际油耗=\frac{报告实际油耗}{报告期实际吨千米}$$

（2）保修费。保修费可以用车辆保修及小修费用占行驶千米数的比重来表示。

$$保修费=\frac{车辆保修及小修费用}{行驶千米数}$$

7. 安全评价指标

对于运输中的安全程度，可以用事故频率和安全间隔里程来衡量。

（1）事故频率。事故频率一般用报告期内事故次数除以报告期内行驶千米数来表示。

$$事故频率=\frac{报告期内事故次数}{报告期内行驶千米数}\times 100\%$$

（2）安全间隔里程。安全间隔里程一般用报告期内行驶千米数除以报告期内事故次数来表示。

$$安全间隔里程=\frac{报告期内行驶千米数}{报告期内事故次数}$$

8. 运输效率及效益评价指标

在对运输企业进行评价时，关于运输效率及效益的考评也是非常重要的。常用的运输效率及效益的评价指标有以下几个。

（1）车船完好率。一般用报告期内运营车船完好总天数除以报告期内车船总天数来表示。

$$车船完好率=\frac{报告期内运营车船完好总天数}{报告期内车船总天数}\times 100\%$$

（2）车船利用率。一般用报告期内运营车船总天数除以报告期内车船总天数来表示。

$$车船利用率=\frac{报告期内运营车船总天数}{报告期内车船总天数}\times 100\%$$

（3）车船重载率。一般用报告期内车船重载行驶里程除以报告期内车船总行驶里程来表示。

$$车船重载率=\frac{报告期内车船重载行驶里程}{报告期内车船总行驶里程}\times 100\%$$

（4）吨位产量。一般用报告期内完成的周转量除以报告期内总运力来表示。

$$吨位产量=\frac{报告期内完成的周转量}{报告期内总运力}$$

9. 运输质量评价指标

运输质量是运输企业提供服务的核心内容，因此对它的考核是很有必要的。常用的考核运输企业的运输质量的指标包括以下两个指标。

（1）准时运输率。一般用报告期内准时运送次数除以报告期运输总次数来表示。

$$准时运输率=\frac{报告期内准时运送次数}{报告期内运输总次数}\times 100\%$$

（2）车船满载率。一般用车船实际装载量除以车船装载能力来表示。

$$车船满载率=\frac{车船实际装载量}{车船装载能力}\times 100\%$$

10. 车辆绩效评估指标

（1）车辆绩效评估项目的基本数据资料包括行车里程（实际行驶里程、空载行驶里程），行车时间（实际行驶时间、空载行驶时间），装载量（重量、体积），车辆配置（载重量、车辆数、出勤比例），耗油量，工作天数，肇事车辆数，货物故障件数和营运状况（成本、利润）。

（2）车辆绩效评估指标见表 6.4。

表 6.4 车辆绩效评估指标

序号	指标名称	指标定义	指标计算结果	备注
1	车辆周转率	单位时间每辆车运输的次数		
2	车辆实际行驶里程率	车辆载货里程与行车总里程之比		
3	车辆装载比率	实际装载量与总装载能力之比		
4	车辆耗油率	耗油量乘以油量单价与行车里程之比		
5	用油效率	行车里程与耗油量之比		
6	轮胎耗用率	每一轮胎价格乘以车辆轮胎数与实际行驶里程之比		
7	人员贡献率	车辆营运收入与车辆配备人数之比		
8	平均车次收入	车辆营运收入与行车次数之比		
9	车辆平均每千米收入	车辆营运收入与行车里程之比		

第三节 运输企业经营绩效管理

一、运输企业财务评价体系

成本管理的最终目的是从物流系统的角度出发，控制物流成本支出，降低物流成本总额。在计算出物流成本后和实施物流成本管理前，要对计算出的物流成本数据进行评价，从而发现企业在物流成本管理中存在的优势和劣势，总结经验，改进不足，促进物流管理的良性循环。运输企业财务评价的主要方法有：趋势分析法、结构分析法、因素分析法、比率分析法等。

企业物流成本和服务质量的评价指标参见表 6.5。

表 6.5 物流成本控制能力的关键绩效指标（张旭凤，2010）

目标层	一级评价指标	二级评价指标	全体评价指标
财务能力评价	盈利能力	净资产收益率	净利润总额/平均所有者权益
		总资产报酬率	净利润总额/企业总资产平均值
		财务杠杆利益	资产息税前利润率-净资产收益率/(1－所得税税率)
	偿债能力	速动比率	速动资产/流动负债
		资产负债率	平均负债总额/平均资产总额
		财务杠杆系数	净资产收益率/总资产投资报酬率
	发展能力	物流收入增长率	(本期销售收入-上期销售收入)/上期销售收入×100%
		总资产增长率	(本期总资产-上期总资产)/上期总资产×100%
	营运能力	流动资产效用比率	主要业务收入净额/流动资产平均总额×100%
		固定资产效用比率	主营业务收入净额/固定资产平均净额×100%

续表

目标层	一级评价指标	二级评价指标	全体评价指标
内部业务过程评价	生产率	员工平均创利率	总利润/平均员工数
		单位成本报酬率	净利润/总成本
	资产利用	总资产周转率	主营业务收入净额/资产平均总额
		库存周转率	销货成本/存货平均余额
	管理有效性	管理失误引起的成本增长率	本期因管理失误增加的成本/上期的成本
		有效重大决策比率	有效决策数/重大决策数
运输活动绩效评价	货物运输能力	货物运输量	实物量（吨）或者运输总额
	运输效率	车（船）满载率	车（船）实际装载量/车（船）装载能力×100%
		车船完好率	报告期运营车船完好总天数/报告期运营车船总天数
		车船利用率	报告期运营车船利用总天数/报告期运营车船总天数
		准时运输率	准时运送次数/运输总次数×100%
	运输服务质量与安全	运输损失率	损失货物总价值/运输货物总价值×100%
		运输损失赔偿率	损失赔偿金额/运输业务收入金额×100%
		货损货差率	货损货差票数/办理发运货物总票数×100%
		事故频率	报告期内事故次数/报告期总运输千米数
	运输成本与效益	运输油料消耗率	报告期实际油耗/报告期运输吨千米数
		吨千米运输费用水平	报告期运输费用总额/报告期货物总周转量
配送管理绩效评价	人员负担	人均配送量	出货量总计/配送人员数
		人均配送距离	配送总距离/配送人员数
		人均配送重量	配送总重量/配送人员数
		人均配送车次	配送总车次/配送人员数
	车辆负荷	车均配送吨千米数	配送总距离×配送总重量/(自有车数量+外车数量)
		车均配送距离	配送总距离/(自有车数量+外车数量)
		车均配送重量	配送总重量/(自有车数量+外车数量)
		空车率	空车走行距离/配送总距离×100%
	配送时间效率	配送平均速度	配送总距离/配送总时间
		配送时间比率	配送总时间/(配送人员数×工作天数×正常班工作时数)
		单位时间配送量	出货量/配送总时间
		单位时间生产力	配送营业额/配送总时间
	配送成本	每吨重配送成本	(自车配送成本+外车配送成本)/配送总重量
		每容积货物配送成本	(自车配送成本+外车配送成本)/配送货物总容积
		每车次配送成本	(自车配送成本+外车配送成本)/配送总车次
		每千米配送成本	(自车配送成本+外车配送成本)/配送总距离
	配送服务质量	配送延迟率	配送延迟车次/配送总车次

续表

目标层	一级评价指标	二级评价指标	全体评价指标
顾客服务绩效评价	交货可靠性	准时交货率	准时交货次数/总交货次数
		正确交货率	正确数量交货次数/总交货次数
		准确交货比率	准时准量交货次数/总交货次数
		货物货损货差率	货损货差数量/货物运输总量
	柔性	时间柔性比率	所有工作的最小交货时间/所有工作的总松弛时间
		服务类型开发柔性比率	新服务类型的数量/服务类型的总数
	服务质量	顾客投诉率	顾客投诉次数/总交易次数
		顾客投诉解决率	满意解决次数/顾客的总投诉次数
学习与成长能力评价	员工能力	员工淘汰率	本期被淘汰的员工数/本期平均员工数
		员工平均培训费用率	本期企业支付总培训费用/本期平均员工数
		合理化建议数量率	本期新增合理化建议数量/上期合理化建议数量
	新服务品种和客户开发能力	新客户开发能力	本期开发的新客户数量/平均客户数
		新服务类型开发能力	本期开发并提供的新服务类型总数/平均服务类型总数
物流信息服务绩效评价	物流信息传递能力	信息正确性传递率	数据正确传递的次数/数据传递的总次数
		信息及时性传递率	及时传递的次数/数据传递的总次数
		信息有效性传递率	有用数据的传递次数/数据传递的总次数
	物流信息的客户服务	客户订单未及时收到和处理比率	客户订单未及时收到和处理数/客户订单数
		运输信息及时跟踪率	订单正确追踪查询次数/订单次数
		客户对财务结算系统的抱怨率	财务结算款项及时支付（次数）/财务结算款项（次数）

对于不同的企业来说，物流成本控制能力大小的判别的标准也并不相同。

设定物流成本评价指标的意义在于，在整个物流活动过程中采取相应控制措施，以持续的高绩效水平提供基本服务。物流系统必须明确每一个服务属性的水平。客户服务绩效的发展和维持是建立在对物流运作持续评价的基础上的。从经济学理论看，很容易计算出一个客户需要提供多少服务，服务产生收入，即如果服务适合或超过期望的话，客户需求将增加，在给定的一个正的服务需求弹性的情况下，所遵循的就是更好的服务会增加费用以改进物流绩效，直到达到这一点。在这一点上，提供最后一个服务单位的边际成本等于最后一个支出单位所产生的边际收益。

二、一般绩效考核方法

运输企业绩效评价的方法除了常见的排列法、等级法及因素比较法之外，还出现了“全方位绩效评价”的方法。

（一）常见方法

企业绩效评价的方法有很多种，各种方法都有它的适用范围及优缺点，以下几种方法可供运输企业在评价中选用。

1. 排列法

排列法也称为排比法，在企业绩效评价中，采用评价对象之间互相比较的方式，进行最优到最差的排列。这种方法是以评价对象的综合绩效为基础，按其总体效益和业绩进行排列比较，评出最好、次好、中等、较差和最差几个等级。这种方法简便并被广泛采用。但其缺点有以下几点。

（1）不是按评价对象的工作绩效与每项评价标准进行对照比较打分，而是根据总体的综合绩效进行比较，缺乏可信度和精确度。

（2）无法鉴别处在中间状态的评价对象之间的差别。

（3）在同一企业中的不同单位或部门之间无法进行排列比较。

2. 等级法

等级法是先制定具体的评价标准，在进行绩效评价时，以已制定的有关各项评价标准来评价每一个评价对象的业绩和效益。所谓等级评价法是首先明确并确定企业的评价项目及影响因素，然后对每个评价项目制定出具体的评价标准及要求。对每一项又设立评分等级数，一般分为五个等级：最优的为 5 分，次之为 4 分，以此类推。最后把各项得分汇总，总评分越高，工作绩效就越好。这种评价方法比排列法科学，但是对每个评价对象的有关方面都需要有相应的评价项目及评分标准，并按其重要程度设置权数，使评价工作量大而繁重，而且权数不易设置准确。

3. 因素比较法

因素比较法也称要素比较法，这种方法是将评价对象分为若干要素或项目，每一个要素的评分分为若干等级，一般分为三个或五个等级，三个等级为好、中、差，五个等级为优秀、良好、一般、较差、最差。使用因素比较法是评委们根据自己对被评价者的了解，在每一个等级中，选择一个最符合评价对象实际情况的答案，并在该等级中做标记。一般来说，人们在三个等级的评价中容易产生聚中趋势，也就是说易将等级评为中等。相对而言，五个等级更为科学一些，对评价对象的绩效评价更确切一些。但评价要素等级划分得过细，会对划分等级产生影响，如打分过宽，难以区分评价结果的差距。这种评价方法适用范围很广，既可用于企业绩效评价，也可用于职工工作绩效的评价。

（二）全方位绩效评价

全方位绩效评价所强调的是以完成企业整体目标为宗旨。由于各运输企业具有不同的市场状况、不同的整体目标、不同的发展战略、不同的竞争环境，因而需要不同的绩效评价内容。换言之绩效评价的内容需要因企业不同的环境和需求而进行弹性调整，并非一成不变。

1. 全方位绩效评价的层面

一般情况下，全方位绩效评价重视下列四个层面。

（1）财务层面。财务层面涵盖了传统的绩效评价方式，但是财务层面的评价指标并非唯一的或最重要的，它只是企业整体发展战略中不可忽视的要素中的一部分。例如，现代化企业的整体发展战略立足于长期发展和获利能力，并非只看重近期的利润，所以绩效评价的结果，并不是管理者不重视财务层面上的相关因素，而是追求长久效益和远期发展，财务层面上重视的是能否完成基本的要求。

（2）顾客层面。全方位绩效评价要求企业站在顾客的立场上，来评价企业经营活动中与顾客相关的要素与目标。为了满足顾客最基本的需求，企业绩效评价指标中的时间、成本、质量、服务等与顾客直接相关的指标，应该从与顾客直接接触的部门经理那里开始评起。必须引起注意的是：价格并不是争取顾客的唯一要素，订货、配送、检验、分拣等作业都应真正符合顾客的需求。

（3）内部层面。为了使顾客满意，企业还需要在内部作业流程决策与实施等问题上下工夫。换言之，内部层面就是将那些为增进企业整体目标的单位、部门或工作群体等作为绩效评价的重要部分，将其实际绩效与评价标准进行比较和分析。

（4）革新与学习层面。顾客层面与内部层面都是将评价重点放在企业现有竞争能力上，而革新与学习层面强调的是企业的不断创新，并保持其竞争能力与未来的发展势头，因此无论是管理阶层还是基层职员都必须不断地学习，不断地寻求知识，追求终身教育，不停地推出新的服务和产品，并且迅速有效地占领市场。新科技的学习与应用，会不断减少营运成本，找到新增附加值的机会。总之，面临多变的运营环境和市场需求，企业必须经常改变其目标及策略，以求不断地创新和成长。

2. 全方位绩效评价的实施步骤

各企业都有各自不同的市场状况、不同的经营策略与战略、不同的竞争环境，各自有其不同的绩效评价内容。全方位绩效评价通用的实施步骤如下。

（1）预备。首先将与实施绩效评价相关的顾客、销售渠道、配送、设备及财务等要素综合考虑，设计出适当的绩效看板。

（2）访问记录。向每一位高级管理人员了解公司内部情况及背景，作为规划公司发展战略的参考。同时还要找出影响公司成功的重要因素。

（3）研讨会。召集企业高级管理人员组成绩效评价小组，开会研究、讨论绩效评价的流程，并提出绩效评价标准。

（4）第二次访问记录。再次深入访问相关人员，根据研讨会的结论，结合访问意见，完成初步绩效评价的设计。

（5）第二次研讨会。召集企业高、中级管理人员及其部分下属一起研究讨论绩效评价的目标及策略，并完成试验性的绩效评价的设计。

（6）第三次研讨会。召集由企业高级管理人员组成的绩效评价小组会议，研究讨论目标及评价方法，并取得一致结果，确定初步行动及从计划到完成目标的程序。

（7）完成，在上述访问记录及研讨的基础上不断改进，完成经营效果和经营态势评价。

（三）经营比率直方图分析法

经营比率直方图分析法通过分析计算影响运输企业经营效果的各项比率，并与行业内先进企业和平均企业进行对比，将对比结果以直方图的形式，直观形象地展现被评价运输企业的经营状况和经营重心。与综合指数法相比，经营比率直方图分析法注重经营状况的分析评价，便于掌握运输企业经营发展的趋势。其方法和步骤如下。

1. 确定反映运输企业经营状况的经营比率

根据运输企业生产经营的特征，可按六个方面计算经营比率。

（1）经营收益性。反映经营收益效果的指标，用总资产报酬率、人均利润率表示。

（2）经营发展性。反映经营发展趋势的指标，用经营收入增长率、资本保值增值率来表示。

（3）经营效率性。反映经营效率的指标，用运输工具利用率、周转率和运输设施利用率表示。

（4）经营应变性。反映适应市场变化的指标，用经营业务置换率、人力资源应变率表示。

（5）经营安全性。反映经营安全程度的指标，用资产负债率、安全边际率表示。

（6）经营社会性。反映经营社会效益的指标，用社会贡献率、货物中转率表示。

2. 计算每项经营特性经营比率的相对值

用每项经营比率的实际值与运输行业先进值相比，得到该项比率的比较百分比。对同经营特性的经营比率比较百分比进行平均后，得到该项比率的综合比率值。

3. 用直方图显示各项经营比率值

画平面直角坐标，横坐标轴用以表示六项经营比率特性，纵坐标轴表示综合比较率值。沿横坐标轴依次排列经营效率性、经营发展性、经营收益性、经营应变性、经营安全性、经营社会性。各项特性的实际综合比较率值按对应的纵坐标轴高度画出直方图，各项经营比率的高度反映了该项经营特性与同行业的比较水平。达到或接近100％高度时，说明已达到同行业的先进水平；高度低于50％时，说明处于行业下游水平。

对照经营比率直方图，可比较评价运输企业经营态势和经营态势的变化。

（四）盈亏平衡分析法

盈亏平衡分析法是利用盈亏平衡的原理，分析运输企业在盈亏平衡情况下的经营业务量、费用及经营收入之间的关系，进而反映运输企业的经营效果和经营状态。

运输企业是基础性和社会性企业，运输经营的微利性甚至不营利性是一个主要特性，因而盈亏平衡分析对运输企业的经营效果评价有很强的适用性。

1. 盈亏平衡分析模型及计算

盈亏平衡分析模型是量本利数学分析模型的特殊型。量本利分析基本模型为

$$P=W\cdot X+(F+C_v\cdot X) \tag{6.1}$$

或

$$S=(F+P)/(1-C_v/W) \tag{6.2}$$

式中，P 为利润；W 为运输综合费率；X 为经营业务量；F 为固定资本；C_v 为单位变动成本；S 为经营收入。

2. 盈亏平衡分析模型

盈亏平衡分析模型，指此时 $P=0$，代入上式得

$$X_0=F/(W-C_v)S_0=F/(1-C_v/W) \tag{6.3}$$

式中，X_0 为盈亏平衡经营业务量；S_0 为盈亏平衡经营收入。

两个公式有如下三种可能结果：当 $X=X_0$ 或 $S=S_0$ 时，出现亏损，但当 $C_v<W$ 时，为不完全亏损，当 $C_v>W$ 时，为完全亏损；当 $X>X_0$ 或 $S>S_0$ 时，实现盈利。

【阅读资料】3Com公司的绩效管理

自从1979年3Com公司成立和创建以太网标准以来，3Com公司具有前瞻性的渗透性网络理念，受到了全世界的广泛认同和支持，在全球的渠道合作伙伴已超过五万多家。

2003 年，3Com 公司开始开发一套利用绩效管理帮助企业竞争战略执行的方法。公司将销售、市场、产品管理、研发和供应链运作集中在一起（图 6.2），支持所有产品线，3Com 公司希望开发出一个基础架构，让企业各职能部门领导者都能够协助组织活动和优先要务与整体企业目标相一致，监督关键绩效指标，及时提供信息，以更好地做出决策反应。

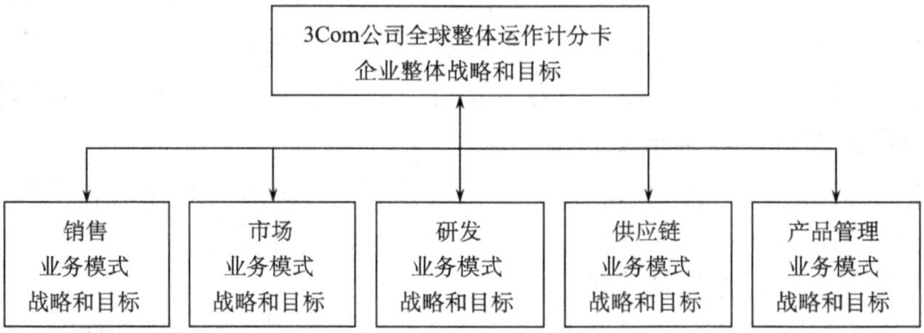

图 6.2　3Com 公司的绩效管理方式

公司利用平衡计分法的框架，要求各个职能部门依据财务、内部（运作）、客户、创新学习这四大构面，设立行动与绩效评价指标。各职能部门的目标与行动都必须以支持企业整体战略为前提，关键的提案也是从企业整体目标衍生而来的。每个职能部门的平衡计分卡汇总在一起，就形成了 3Com 公司的全球整体运作计分卡，如图 6.3 所示。

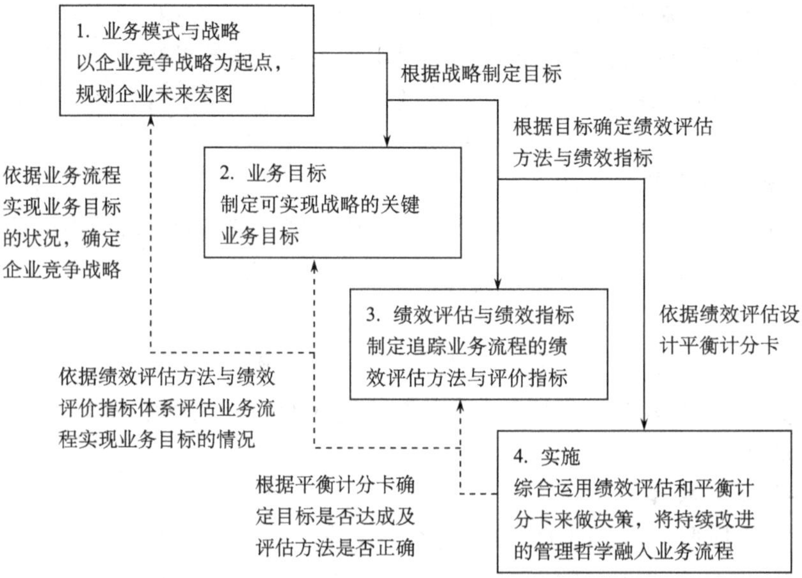

图 6.3　3Com 公司的平衡计分卡

图 6.4 是 3Com 公司在客户、财务、运作与人员四大方面的关键绩效指标体系。为了确定任何问题的根本原因，3Com 公司利用供应链计分卡逐层细化绩效指标诊断问题成因，如图 6.5 所示。

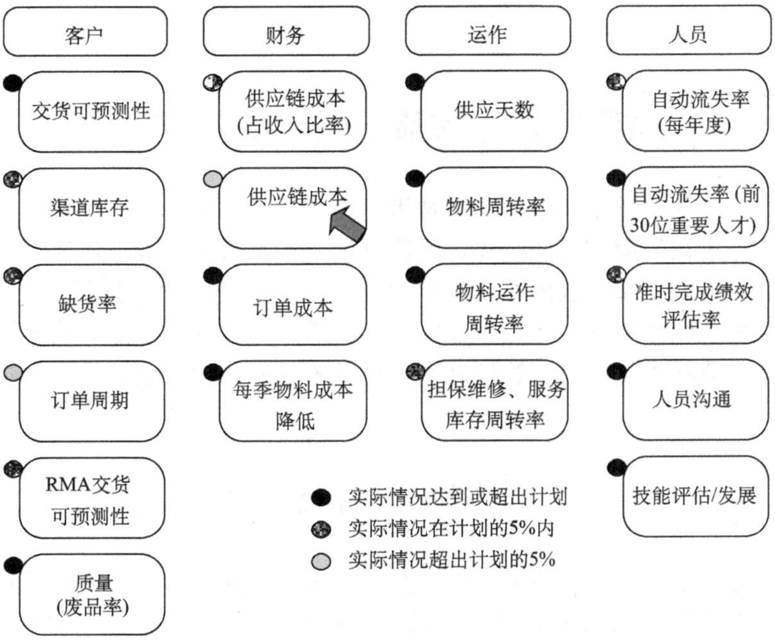

图 6.4　3Com 公司的供应链计分卡

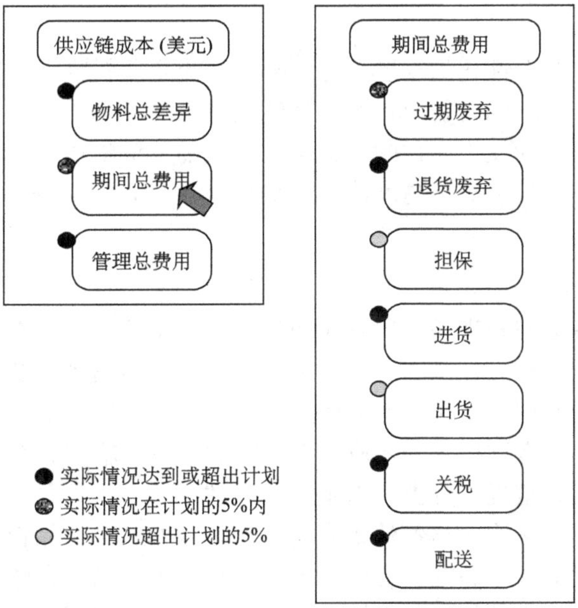

图 6.5　3Com 公司供应链计分卡的分解指标

第七章　物流运输信息管理

随着信息技术、网络技术和电子商务技术的发展，物流运输信息化管理已成为运输业发展的必然趋势。作为世界第二大经济体，我国已经基本具备了发展现代运输业的物质基础和技术手段，尤其是近几年来，我国在信息化建设方面取得了很大的进步。但从信息化管理上看，与世界一些发达国家相比，还有很大的差距，信息化技术还没能有效地服务于现代物流运输，企业对信息化技术的使用与管理基本上还处于初始阶段，这也是当前制约我国物流运输发展的瓶颈之一。

第一节　物流运输信息系统概述

物流运输信息化建设的目的是为了提高企业竞争力，而信息化建设的风险很大，这就要求企业要从战略上考察信息系统的建设，把握企业信息化的发展规律和信息系统的开发规律，对信息系统进行总体规划，并进行相应的可行性分析，从而有计划、有重点、有步骤、低风险地开发各相关信息系统，并使这些信息系统为提高企业竞争力提供内在的支持作用。

一、物流信息系统简介

社会需求的多样化和个性化的发展趋势，要求物流企业提供多频度、小批量、及时送达的高水准运输与配送服务，同时物流行业激烈的竞争也要求物流企业以适当的成本提供差别化的运输服务。为应对不断发生变化的社会需求，提高运输配送的效率，实行有效的运输管理，现代物流运输企业必须从战略高度建立运输信息系统，以此来更好地满足客户的需求，提高企业的竞争能力。

（一）物流信息系统的含义

物流信息系统的建立与管理是一项巨大而又复杂的系统工程，它的建立健全必须借助众多的信息技术支持，如全球定位系统、条码系统，强大的通信系统及社会各种物流基础设施的信息系统，如配送中心信息系统、海关信息管理系统等，以及适合企业实际情况的各种软件技术的开发与运用，只有这样才能形成一个完整的物流运输信息系统，并在这个系统的基础上，对信息进行收集、整理、分类，以供决策应用。

物流信息系统可以定义为：与各种物流业务活动（如运输、保管、包装、装卸、流通加工等）有关的信息组成的一个高效、有序、准确、及时的信息集合体，并直接服务于物流决策与管理。在实际物流运作的管理与决策中，如运输工具的选择、运输路线的确定、运输批量的确定、在途货物的选择、在途货物的追踪等，都需要详细和准确的物流信息支持。物流信息系统对运输管理、库存管理、订单管理、仓库作业管理等物流活动具有支持保证的功能。

（二）物流信息系统的分类和演化

1. 物流信息系统的分类

物流信息系统从本质上说起着把各种物流活动和某个整合过程连接在一起的作用。根据被整合过程在物流活动中的地位与作用，相应地将物流信息系统分成 4 个功能层次。这 4 个层次依次为：操作层、知识层、战术层和战略层（图 7.1）。

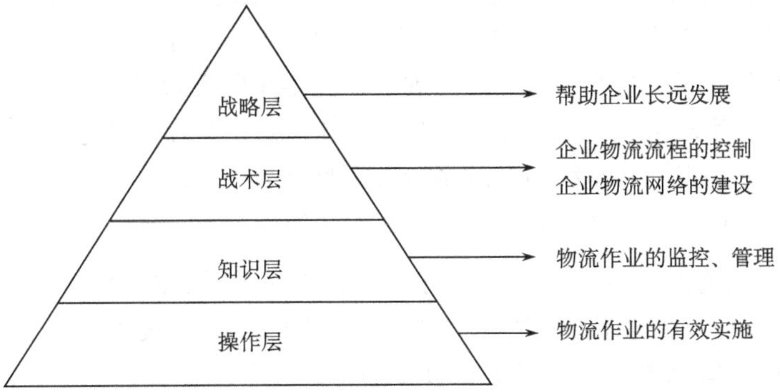

图 7.1　物流信息系统层次图（刘南，2006）

操作层针对的是结构化的问题，它面向的对象是物流活动中的基本操作，使用者一般为发货员、库存管理员等基层人员。因而操作层物流信息系统事实上是一种事务处理系统，处理的是日常的订货管理、运输管理、采购管理、库存管理等。该层次系统的主要特征是：操作的规范化、通信的网络化，以及事务的琐碎化。

知识层是对物流过程的管理控制，是对操作层产生的数据进行收集、分析和加工处理，最后要形成的是给高层管理人员的报告。该层次的目的主要在于：建立各种物流系统分析模型，辅助高层管理人员制定物流战略规划。

战术层是一种决策分析系统，主要应用在决策产生过程中。它协助管理人员鉴别、评估和比较物流战略和战略上的可选方案。与知识层不同的是，战术层的主要精力集中在评估未来战略上的可选方案，并且需要相对松散的结构和较高的灵活性，以便进行范围更广的选择。战术层强调的是有效性，像客户信息系统和计划管理系统属于该层。

战略层是物流管理中最重要的组成部分，是帮助企业形成核心竞争力的关键部分。物流供应链信息系统是该层的代表。

2. 物流信息系统的演化

物流信息系统伴随着物流业的出现而产生，也将随着现代物流的快速发展而不断改进，以适应物流发展的需要。物流信息系统的发展有利于加强对物流流程的管理与控制，推动物流业的现代化、高效化、战略化。所以说物流信息系统不是现在才出现的新事物。在物流业刚形成规模时就已经有物流信息系统的存在，不过跟现在我们所认识和接触的物流系统有很大的不同，因为早期物流业只是被企业作为一种成本手段，而信息技术还无法帮助企业实现收集信息的重任，只是作为物流业的辅助系统，无论在形式还是内容上，都非常简单。

在物流管理信息化的过程中，电子交换系统（EDI）可以看成是最早的物流信息系统，它属于操作层的系统。尽管这只是一种极为简单的系统，但在早期还是发挥了不小的作用。20 世纪 80 年代初，沃尔玛公司就是利用这一系统，加强了与供应商的联系，发挥成本优势。通过电子交换系统向供应商发出订货明细单和受理付款的通知，可以提高订货速度和准确性，并节约相关业务的作业成本。随后出现的物流信息系统已经不再是简单地对物流信息进行采集、存储和传递了，此时系统已经有了某些常用的数据处理功能，能够对操作层产生的数据进行简单的分析，可以看做是物流信息系统的知识层。物流决策支持系统是更先进的、地位更为重要的为管理层服务的系统，可以看做是物流管理信息系统的战术层，对大量货物运输路线和运输方式的确定，需要用到该系统。最新的物流供应链管理系统已经跳出了传统物流理念和模式，开创了一种全新的观点，可以看做是物流管理信息系统的战略层。当竞争已经不是在企业之间而是在供应链之间展开，需要信息成为有效物流的关键部分，这时就需要建立物流供应链管理系统。需要注意的是，物流信息系统在发展过程中，并不是将前一阶段的系统抛弃了，而是将原有系统与新的系统重新整合在一起。

（三）物流信息系统的作用

（1）物流信息系统能有效缩短从接受订货到发货的流程，减少时间占用。

（2）完整的信息系统有助于库存适量化，压缩库存并防止脱销。

（3）准确的物流信息有助于提高搬运作业效率。

（4）物流信息系统有助于运输效率的提高。

（5）信息系统有助于提高接受和发出订货的精度，减少和防止发货、配送中的差错。

（6）完整的物流信息系统能调整局部市场的供求关系，实现局部均衡。

（7）完整的信息系统具有信息咨询功能，并能及时或自动回应客户的一般性问题。

二、构建物流信息系统的要求与原则

物流信息系统与一般的信息系统有相似之处，有一般信息系统的相应特点。但是，作为物流行业的特定信息系统，又有其特别的行业要求和原则。

（一）构建物流信息系统的要求

1. 开放性

物流信息系统面向的对象不是物流公司自身，而是整个物流供应链中的任一环节，因而系统应该是开放的。

2. 可扩展性

物流行业是一个不断发展的新兴行业，有很多新的技术在不断涌现并被应用于物流中，如果物流信息系统不具有可扩展性，就很容易被淘汰。

3. 安全性

对任何系统来说，这都是至关重要的。如果没有安全性，就像安置了一枚“定时炸弹”，系统也就没有应用的必要。

4. 协同性

物流信息系统不是一家公司就能做成的，它需要合作伙伴的支持和帮助。例如，它要求有全球定位系统的支持，而这些支持并不是一家公司就能完成的。

5. 动态性

物流本身就是一种动态的行为，物流信息系统要为物流服务，反应物流活动，它的信息就不应该是不变的、静态的。

6. 快速反应

应用物流信息系统的目的是能对物流活动实时了解、实时控制，快速反应也就成为物流信息系统的内在要求。

7. 信息的集成性

对于物流信息系统来说，它收集与整理的并不是单一要素的数据，而是一组互相有关系的、整合在一起的数据。

8. 检测、预警、纠错能力

由于系统在操作过程中不可避免会出现某一环节的失误，系统应该设计有自检测功能，及时提出预警，并对错误进行纠正。

（二）构建物流信息系统的原则

构建物流信息系统要遵循以下基本原则。

1. 完整性原则

完整性原则包括两个方面。第一，系统本身的功能完整性要求，就是根据企业物流管理的实际需要，制定的系统能全面、完整覆盖物流管理的信息化要求。例如对于信息而言，要求包括信息的采集、分类、传输、存储、处理和输出等功能。第二，要保证系统开发的完整性，制订出相应的管理规范，例如开发文档的管理规范、数据格式规范、报表文件规范等。

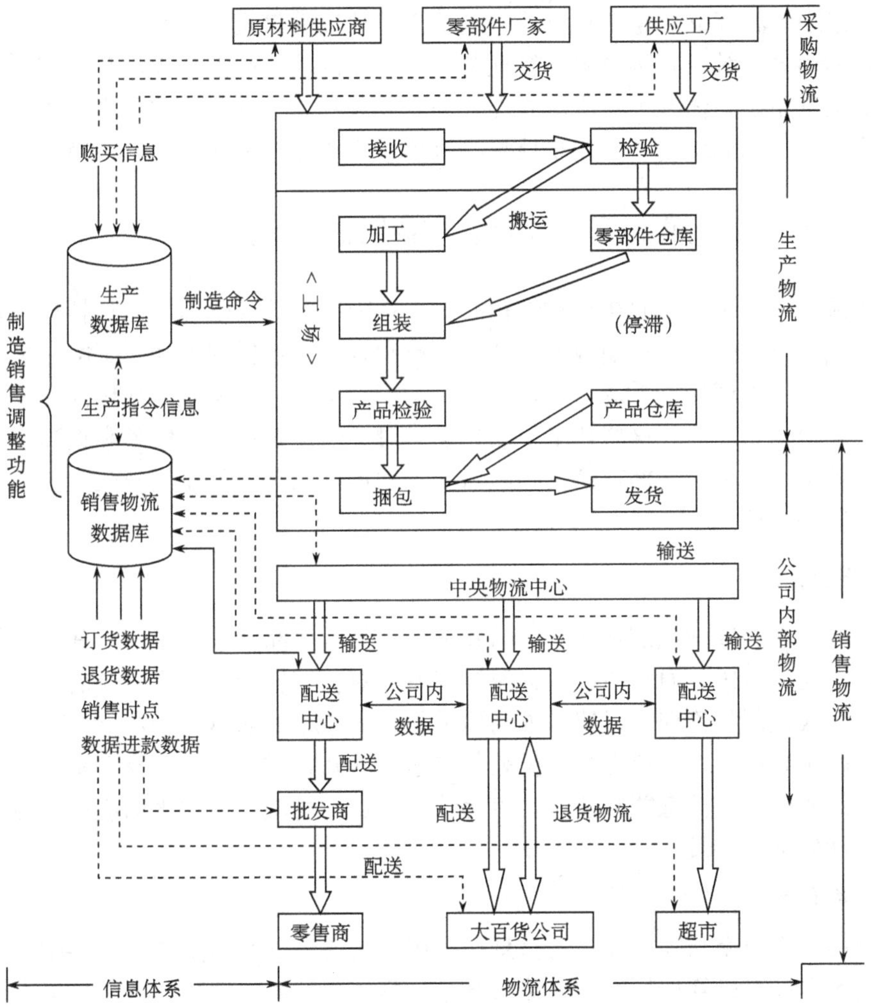

图 7.2　物流信息系统图（张理，2012）

2. 可靠性原则

可靠性原则包括系统的准确性和稳定性。准确性建立在物流信息的精准性和及时性上；而稳定性依赖于系统的准确性与信息的持久可得性，以及非正常情况下的处理。一个可靠的物流信息系统要能在正常情况下达到系统设计的预期精度要求，不管输入的数据多么复杂，只要是在系统设计要求的范围内，都能输出可靠的结果。

3. 经济性原则

该原则要求考虑系统的前期投入、运行成本、节约成本以及系统带来的企业核心竞争力的提高。因为企业毕竟是经济性组织，它的目的只有一个，就是通过有效利用资源实现效益的最大化。针对经济性原则，要避免误入"用最好的技术手段实施物流信息系统，当然能产生最高的效益"的误区。企业应该采用一种适合自己的物流信息系统。

三、物流信息系统的信息模型

物流信息系统是能支持整个物流活动（即支持从接受订货、库存、发货到运输等实际业务和作业）的信息系统。它不仅限于管理单一的物流活动，而是把生产和销售结合在一起形成整个经济信息系统，体现了供应链管理下的业务流程，也就是实现了支持整个生产和销售的信息化系统，图 7.2 就是一个完整反映物流信息系统与整体物流运行的简易模型。

第二节　物流运输信息支持系统

现代物流运输系统必须向客户提供物品处于运输状态的实时信息，包括提供货物的位置与状态。将这些信息提供给运输服务与销售人员和客户，以供他们随时了解运输的状态。现代运输、配送信息管理支持系统一般包括条码系统、全球定位系统、地理信息系统、智能运输系统及射频识别技术等，这些技术手段的运用对于改进企业运输服务和提高企业竞争优势具有明显的效果。它可以掌握在途货物的情况，把运输工具（如车辆）变成流动的仓库，有助于实现低库存管理。

一、条码技术

为了能够迅速、准确识别运输的商品和货物，每个商品必须有不同于其他商品的独立使用的标识，这就是条码。通常所说的物流标识就是对在运转中的商品进行的标识。为实现对运输商品的有效控制与管理，迅速、准确地采集运输商品的信息，物流标识主要采用了自动识别技术中的条码技术。其特点是数据采集快速、准确，成本低廉，易于实现，并有全球通用的标准，使所标识的信息能够适应物流运输的特点。物流标识技术的应用已经成为物流运输中商品管理的基本手段。

（一）条码的含义与应用

条码是用一组数字来表示商品的信息。条码系统是条码的编码技术、条码符号码技术、快速识别技术和计算机管理技术的系统组合。它是实现计算机管理和电子数据交换不可缺少的开端技术。条码按使用方式可分为直接印刷在商品包装上的条码和印刷在商品标签上的条码；按使用目的可分为商品条码和物流条码。

条码系统是物流自动化识别的重要因素之一，对运输与配送信息管理有强大的支持作用，是现代物流系统中基础信息系统的重要组成部分。它可以满足大量、快速采集信息的要求，能适应物流大量化和高速化要求，从而大幅度提高物流效率。在流通和物流活动中，为了能迅速、准确地识别商品，自动读取有关商品的信息，条码技术被广泛应用。条码系统的主要应用领域有以下几个方面。

1. 运输、储存管理

通过对条码的识别，可掌握运输和入库、出库商品的规格、数量、位置等信息，以支持运输、库存管理和运输、库内作业。

2. 实施分类管理

根据条码信息，可以通过相关软件自动生成商品分类，从而支持对重点商品和一般商品的分类管理。

3. 配送

在进行配送工作时，根据条码所提供信息进行拣货、选货或分货，可实现高效配货作业。

4. 电子数据交换

作为电子数据交换系统的基础数据，没有条码技术，一切有关商品的电子信息都无从开始。

5. 实现供应链全过程管理

通过条码识别，掌握货物在途情况，通过条码所传递的信息，可进行统计、结算、市场分析等经营管理活动。

（二）条码的构成

条码是按特定规则排列的条、空及其对应字符组成的表示一定信息的一组符号。目前较常用的条码制有 EAN 条码、UPC 条码、二五条码、交叉二五条码、库德巴条码、三九条码、128 条码等。条码由一组黑白相间、粗细不同的条状符号组成，其中隐含着数字信息、字母信息、标志信息、符号信息，主要用以表示对象（商店销售的商品、进入物流领域的货物）的名称、产地、价格、类别等。

条码系统是全世界通用的商品代码表示方法。条码的结构是由若干个黑色的“条”和白色的“空”所组合成的一个单元。在这个条码单元中，黑色条对光线的反射率低而白色空对光线的反射率高，再加上条与空格宽度不同，就能使扫描光线产生不同的反射接收效果，在光电转换设备上转换成不同的电脉冲，这些电脉冲就是信息，电脉冲通过网络就可以将其含有的信息进行传输。

（三）条码系统的作用

1. 条码是物流信息系统的基础

条码所包含的是信息数据，是系统中物流对象的一部简要说明书，通过条码单元将大量信息集合起来，就能使信息的采集和录入工作电子化。依靠条码系统，构筑了物流信息系统的开端。

2. 条码是在整个物流过程中的信息源

在整个营销系统中，不管对象处在什么位置都可以通过专用的条码读取设备，掌握它的运动节奏。在现代物流系统中，这是构筑 EDI 系统、供应链系统的一个重要组成部分，通过它可以随时掌握物流对象的位置状况和相关管理状况。

3. 条码沟通国际物流

条码系统的条码实际上是一种国际通用语言，通过对条码的识别，可以进行国际沟通。通过条码系统进行这种国际间的沟通省却了不同国家间语言文字的转换问题，有力地支持了物流的国际化和标准化。

（四）商品条码和物流条码

商品条码是用于识别国际通用的商品代码的一种模块组合型条码。分为标准版商品条码（13 位）和缩短版商品条码（8 位）。商品条码是以直接向消费者销售的商品为对象、以单个商品为单位使用的条码。我国的商品条码采用国际标准的条码为通用商品条码，它由 13 位数字组成，最前面的 2 位代码表示国家或地区，如中国的代码是 69；接着的 5 位代码表示生产厂家的代码；其后的 5 位代码表示商品品种的代码；最后 1 位代码用来防止机器发生误读错误。

物流条码是以物流过程中的商品为对象、以集合包装商品为单位使用的条码。标准物流条码由 14 位数字组成，除了第 1 位数字表示物流的识别代码之外，其余 13 位数字代表的含义与商品条码相同。此外物流条码还有另外一些类型，例如，交叉二五码及贸易单元 128 条码等。商品条码和物流条码的区别如表 7.1 所示。

表 7.1　商品条码和物流条码的区别

条码类别	应用对象	数字构成	包装形态	应用领域
商品条码	向消费者销售的商品	13 位数字	单个商品包装	POS 系统、补充订货管理
物流条码	物流过程中的商品	14 位数字	集合包装（如纸箱、集装箱等）	出入库管理、运输、保管、分拣管理

条码是有关生产厂家、批发商、零售商、运输业者等经济主体进行订货和接受订货、销售、运输、保管、出入库检验等活动的信息源。由于能在活动发生时即时自动读取信息，因此便于及时捕捉到消费者的需要，提高商品销售效果，也有利于提高物流系统效率。另外，条码与其他商品信息识别的方法如光学文字识别（optical character recognition，OCR）、光学记号读取（optical mark reader，OMR）比较，具有印刷成本低和读取精度高的优点。

（五）复合码

为了加强对物流商品的单品管理，提高物流管理中商品信息自动采集的效率，国际物品编码协会（International Article Numbering Association，EAN）和美国统一代码委员会（Uniform Code Council，UCC）于 1999 年初联合推出了一种全新的适于各个行业应用的物流条码标准——复合码。复合码是将一维条码与二维条码有机地叠加在一起，以实现在读取商品的单品识别信息的同时，还能够获取更多的描述商品物流特征的信息。复合码作为一种新的条码体制，很好地保持了国际物品编码体系（EAN/UCC 系统）的完整性和兼容性。

复合码主要用于物流及仓储管理，其作用在于：一是单品标识；二是作为二维条码的定位符，用于成像仪识别时的定位。复合码中的二维条码部分由 PDF417 条码构成，用于表示附加的应用标识符的数据，诸如产品的批号、保质期等商品的描述性信息。

在设计复合码时，要使一维条码数据内容与二维条码 PDF417 的数据内容相关联，以免扫描条码时造成张冠李戴的错误。在一维条码的数据与二维条码的数据之间建立一种绝对的联系是多年来编码工作者一直考虑的问题。因为用户有时既需要扫描一维条码，即录入商品或包装箱的单品标识信息，又需要扫描二维条码，即录入商品或包装箱的描述性信息。

由于复合码是由一维条码和二维条码叠加组成，其识读器必须能同时解读一维条码和二维条码。事实上，国际条码协会在选用线性层叠式的二维条码 PDF417 作为复合码的重要组成部分时，就已考虑了识读器的兼容性。从识读原理上，无论一维条码还是二维条码都为线性排列。因此，线性扫描器是识读复合码的最佳选择。

随着计算机技术在商业及物流领域的成功运用，人们已经认识到现有的商品条码（EAN/UCC条码，只有12位或13位数字信息）受其信息容量的限制，已无法满足商业及物流管理的需要。复合码的出现解决了人们标识微小物品及表述附加商品信息的问题。

目前，复合码的应用主要集中在标识散装商品（随机称重商品）、蔬菜水果、医疗保健品及非零售的小件物品及商品运输与物流管理中。在零售业中，复合码的应用首先解决了微小物品的条码标识问题。利用原有的EAN/UCC条码标识微小物品时，只能用8位的EAN/UCC缩短码，所表述的信息仅为商品唯一编号（8位数据）。这种缩短码由于信息量小，占用面积大，号码资源紧张等原因，给商业用户带来了诸多不便。采用复合码以后，有效地增大了单位面积条码的信息容量。其次，复合码的出现，为商店散装商品及蔬菜水果等的条码标识提供了理想的解决方案。借助于复合码，不但可以表示商品的单位编码，还可以将商品的包装日期、最佳食用日期等附加商品信息标识在商品上，既便于零售店采集，又可以对商品保质期实施有效的计算机管理和监控。

在物流系统中，物流管理所需要的信息可分为运输信息和货物信息。运输信息包括交易信息，诸如采购订单编号、装箱单及运输途径等。复合码中包含这些信息的好处在于供应链的各个环节都可以随时采集所需信息而无须依靠线式数据库。将货物本身信息编在二维条码中是为了给电子数据交换系统（EDI）提供可靠的备份，从而减少对网络的依赖性。这些信息包括包装箱及所装物品的数量及保质期等，掌握这些信息对混装托盘运输及管理尤其重要。采用复合码以后，这种以EAN/UCC128码及PDF417二维条码构成的复合码可将2300个字符编入条码中，从而解决了物流管理中条码信息容量不足的问题，极大地提高了物流及供应链管理系统的效率及质量。

（六）扫描仪

扫描仪从视觉上收集条码数据，并把它们转换成可用的信息。目前有两种类型的扫描仪：手提扫描仪和定位扫描仪。这两种类型的扫描仪都能使用接触和非接触技术。手提扫描仪既可以是激光枪（非接触式的），也可以是激光棒（接触式的）。定位扫描仪既可以是自动扫描仪（非接触式的），也可以是卡式阅读器（接触式的）。接触技术需要用阅读装置实际接触条码，这样可以减少扫描错误，但降低了灵活性。激光枪技术是当前最流行的条码扫描技术，扫描速度超过激光棒。

扫描仪技术在物流过程中有两大应用。第一种应用是零售商店的销售点（point of sale，POS）。除了在现金收入机上给顾客打印收据外，零售销售点应用扫描仪是在商店层次提供精确的存货控制。销售点可以精确地跟踪每一个库存单位（stock keeping unit，SKU）的出售数，有助于补充订货，因为实际的单位销售数能够迅速地传输到供应商处。实际销售跟踪可以减少不确定性，并可去除缓冲存货。除了提供精确的再供给和营销调查数据外，销售点还能向所有的渠道内成员提供更及时的信息，以帮助企业及时进行业务调整。

物流扫描仪的第二种应用是针对物流搬运和跟踪。通过扫描枪的使用，物流搬运人员能够跟踪产品的搬运、储存地点、装车（船）和入库。虽然这种信息能够用手工跟踪，但却要耗费大量的时间，并容易出错。在物流应用中广泛使用扫描仪，将会提高作业效率，减少差错。根据统计显示，扫描技术使商店补充订货自动化，提高了企业的营销能力，可减少8%左右的总存货量，减少企业资金占用。

（七）物流标识技术的应用

1. 分拣运输

铁路运输、航空运输、邮政通信等许多行业都存在货物分拣搬运作业，大批量的货物需要在很短的时间内准确无误地装到指定的车厢或航班上。一个生产厂家如果生产多个品种的产品，并需要将其分类、销售、发送到不同的目的地，那么就必须扩大场地，增加人员，还常常会出现人工分拣错误。解决这些问题的办法就是使用物流分拣技术，使包裹或产品自动分拣到不同的运输机上。人工所要做的只是将预先打印好的条码标签贴在需要发送的货物上，并在每个分拣点装一台条码扫描器。

配送中心促进了现代物流运输的发展，提高了货物的吞吐能力，自动分拣技术是提高配送中心作业效率的重要支持手段。例如，典型的配送中心作业是从收货开始，货物送达后，叉车司机在卸车的时候用手持式扫描器识别所卸的货物，条码信息通过无线数据通信技术传给计算机，计算机向叉车司机发出作业指令，显示在叉车的移动式终端上，指示作业人员把货物送到某个库位存放，或者直接把货物送到拣货区或出库站台。在收货站台和仓库之间一般都有输送机系统，叉车把货物放到输送机上后，输送机上的固定式扫描仪识别货物上的条码，计算机确定该货物的存放位置。输送机沿线的转载装置根据计算机的指令把货物转载到指定的巷道内。随即，巷道堆垛机把货物送到指定的库位。出库时，巷道堆垛机取出指定的托盘，由输送机系统送到出库台，叉车到出库台取货，并用手持扫描仪识别货物上的条码，计算机随即向叉车司机提出作业指令，或者把货物直接送到出库站台，或者为拣货区补充货源。

2. 仓储保管

有时通用商品代码不能满足仓储的需要，仓储管理除了商品的生产厂家和产品种类外，还需要产品的数量、保质期、重量、体积等很多信息，采用物流条码可以通过应用标识符分辨不同的信息，经过计算机处理后，更有利于对商品的采购、保管和销售。如对于食品，保质期一般都很短，如果食品过期，就会损害顾客利益，同时给销售者带来经济上的损失。物流标识技术可以标识出该产品的生产日期和保质期，计算机管理系统可以随时提醒销售者，哪些食品接近保质期，这时，对这些食品可以打折出售或采取其他方式及时处理，以免带来不必要的损失。物流标识技术给仓储现代化带来了很多方便，它不仅使保管人员提高了效率、减少了劳动，而且也为客户带来了间接的经济效益。

3. 机场通道

按规模经济的要求，当机场的规模达到一个终端要在2小时内处理10个以上的航班货物时，就应当实现自动化，否则可能会因为来不及处理商品或行李导致误机，当1个小时必须处理40个航班时，实现自动化就是必不可少的了。在自动化系统中，物流标识技术的优势充分体现出来。人们将条码标签按需要打印出来，系在每件行李上。根据国际航空运输协会标准的要求，条码应包含航班号和目的地等信息。当运输系统把商品或行李从登记处运到分拣系统时，一组通道式扫描仪（通常由8个扫描器组成）包围了运输机的各个侧面：上下、前后、左右。扫描仪对准每一个可能放标签的位置，甚至是行李的底部。为了提高首读率，通常会印制两个相同的条码，互相垂直粘贴。当扫描仪读到条码时，会将数据传输到分拣控制器中，然后根据对照表，行李被自动分拣到目的航班的传送带上。在大的机场，每小时可能要处理80～100个航班，这使得首读率特别重要。任何未被扫描仪读出的行李都将被分拣到人工编码点，由人工输入数据，速度是每分钟10～20件。对于印刷清晰、装载有序的自动分拣系统，首读率应该大于90%。

4. 货物通道

美国有三个大的邮包投递公司，即联邦快递、联合包裹服务和UPS，每天要处理大约1700万件包裹，其中700万件是要在1～3天内送达的快件。这些包裹的处理量之大难以置信，而且数量还在不断增长，运输机系统变得更复杂，工作速度比以往更快。

包裹运输公司不能像制造厂家那样决定条码位置，它可以指定一种码制，但不能规定条码的位置，因为包裹在传送带上的方向是随机的，且以3m/s的速度运动。为了保证快件及时送达，不可能采用降低处理速度的办法。因此邮包投递公司所面临的问题不是如何保持包裹的方向，使条码对着扫描仪，而是如何准确地阅读这些随机摆放的包裹上的条码。这个问题解决的办法就是货物通道。

几乎和机场的通道一样，货物通道也是由一组扫描仪组成。全方位扫描仪能够从所有方向上识读条码，包括上下、前后和左右。这些扫描仪可以识读任意方向、任意面上的条码，无论包裹有多大，无论运输机的速度有多快，无论包裹间的距离有多小，所有的扫描仪一起运作，同时对条码进行识读，然后把信息一一传送到主计算机或控制系统中。

货物扫描通道为进一步采集包裹数据提供了很好的机会。新一代的货物通道能够以很高的速度同时采集包裹上的条码标识符、实际的包裹尺寸和包裹的重量信息，且这个过程不需要人工干预。因为包裹投递服务是按尺寸和重量收费的，这些信息对计算营业额十分重要。现在可以准确高效地获取这些信息，以满足用户的需要。

5. 运动中称量

物流标识技术与其他自动化技术相结合，可以大大提高物流现代化水平。在运动中称量，就是把电子秤放在输送机上，通过与条码自动识别相结合，直接读取包裹的重量，而不需要中断运输作业或进行人工处理。

运动中称量使系统能保持很高的通过能力，同时实时提供重量信息，计算净重，检验重量误差，验证重量范围。在高效的物流搬运系统中，运动中称量可以与其他自动化过程，如条码扫描、标签打印及粘贴、包裹分拣、码托盘、库存管理、发运等集成在一起。就数据采集和信息管理而言，运动中称量系统所提供的数据可用于生产总结、效率报告、质量控制、发运单的生成，以及为UPS、联邦快递、联合包裹服务等美国邮政发运公司制定专用单。

作为自动化物流搬运和数据采集的组成部分，运动中称量系统已广泛应用于制造业、食品加工业及包裹配送和零售配送业中。

二、全球定位系统

（一）全球定位系统的含义

全球定位系统（global positioning system，GPS），是利用多颗通信卫星对地面目标的状况进行精确测定的系统。可以实现运行车辆、船舶及其他运输工具的全程跟踪、监视，通过相关数据的处理与分析，可以进行交通管理和运行指挥。

中华人民共和国国家标准《物流术语》（GB/T 18354—2006）将GPS定义为：“由一组卫星所组成的、24小时提供高精度的全球范围的定位和导航信息的系统。”

全球定位系统是通过卫星对地面上运行的车辆、船舶等进行测定并精确定位。在车辆、船舶或其他运输工具设备上配置信标装置，就可以接收卫星发射信号，从而确认自己精确的位置。

(二) GPS 的基本构成

GPS 是利用无线电传输特性来定位的。与传统的地面无线导航系统所不同的是，它是由卫星来发射定时信号、卫星位置和健康状况等信息，故具有发射信号能覆盖全球和高精度定位的优点。GPS 包括空间卫星系统、地面监控系统和用户接收系统三个部分。系统中所有卫星构成 GPS 的空间部分。卫星由地面站（地面监控部分）监测和控制，它监测卫星健康状况和空中定位精度，定时向卫星发送控制指令、轨道参数和时间改正数据。用户装有 GPS 接收机，用来接收卫星发来的信号。GPS 接收机中装有专用芯片，用来根据卫星信号计算出定位数据。用户并不需要给卫星发射任何信号，卫星也不理会用户的存在，所以系统中用户数量没有限制。具有 GPS 接收机的用户就构成系统的用户部分。

(三) GPS 在运输配送管理中的应用

1. 车辆导航

公路车辆导航将成为未来 GPS 应用的主要领域之一。在实际应用中，车辆导航系统具有以下功能。第一，查询功能。车辆导航系统能提供配送中心、停车场、主要旅游景点、宾馆等数据库，以供用户查询，并可在电子地图上显示其位置。第二，车辆位置跟踪功能。车辆导航系统可以跟踪移动目标，并使目标始终保持在屏幕上。电子地图可以显示车辆的实际位置。电子地图可任意缩小、放大、还原及换图等。第三，行车路线设计功能。系统可以自动生成连接起点、终点和途经点的最短行驶路线，并在电子地图上显示所设计的路线，同时显示汽车运行方向与运行路线。汽车运行路线可以记录保存，以便事后回放。在运行路线导航中，同时显示车辆所在位置的纬度和经度，以及到达下一站的剩余距离。

2. 船舶精确定位

用于内河及远洋船队最佳航程和安全航线的测定，航向的实时调度、监测及水上救援。

3. 航路导航和监视

空中交通管理需要精密的进场着陆、航路导航和监视系统，可以利用全球导航卫星系统实现飞机航路、终端和进场导航。

4. 铁路运输管理

通过 GPS 和计算机网络实时收集列车、机车、车辆、集装箱及所运货物的动态信息，可以实现列车、货物追踪管理。只要知道货车的车种、车型、车号，就可以立即从路网上流动着的几十万辆货车中找到该货车，还能得知这辆货车现在何处运行或停在何处，大大提高其路网及其运营的透明度，为货主提供更高质量的服务。

5. 用于安全、运营、调度管理

利用 GPS 还可实现运营过程中的整体系统化管理。GPS 系统可以使运营管理部门、安全保卫部门及时掌握运输工具的运行状况，便于对运输工具进行适时指挥或调度，同时为驾驶人员提供交通、公安和服务等信息。运营管理系统是由 GPS、地理信息系统、多媒体、遥测遥控集成为一体而形成的一种新型运营管理系统。

三、地理信息系统

(一) 地理信息系统的含义

地理信息系统（geographic information system，GIS）是用于输入、存储、查询、分析和显示地理参照数据的计算机系统。地理参照数据也被称为地理空间数据，是用于描述位置和空间要素属性的数据，如道路、土地利用类型、高程等。由于世界上大多数信息都与其产生、代表、包含的地点（地理位置）有关，因此，GIS的用途十分广泛。地理信息系统也可以轻松地处理交通运输领域中由人、车、路、环境等因素构成的复杂的动态交通系统问题。

中华人民共和国国家标准《物流术语》（GB/T 18354—2006）将GIS定义为："由计算机软硬件环境、地理空间数据、系统维护和使用人员四部分组成的空间信息系统，可对整个或部分地球表层（包括大气层）空间中有关地理分布数据进行采集、储存、管理、运算、分析显示和描述。"

（二）地理信息系统的应用

在物流运输方面，地理信息系统可应用于以下几个方面。

1. 定位管理

借助信息系统中管理的大数据量的电子地图，一方面便于确定位置，一般利用地名、邮政编码或地理坐标等，可以明确某个地方有什么；另一方面可以提供查询，通过输入条件，可以找到符合某些条件的实体在哪里。

2. 辅助规划

地理信息系统可以辅助仓库、站场等基础设施的规划。它可以用地理坐标、图标方式直观地反映这些基础设施的基本情况和布局情况，以进一步分析布局是否合理，从而对社会经济发展规划起到支持的作用。此外，地理信息系统还可以预测在某个地方发生的某个事件及其随时间的变化过程。

3. 运输交通管理

与GPS相结合，可以及时反映车辆运行情况、交通路段情况、交通设施运行情况等，从而有效地支持运输交通管理。

4. 军事应用

地理信息系统对于军事后勤仓库的分布、库存物资的分布、仓库物资的调用、储备的分布规划等领域的决策都有提供信息、进行分析和辅助决策的作用。

四、智能运输系统

（一）智能运输系统的含义

智能运输系统（intelligent transportation system，ITS）是各发达国家竞相研究的交通领域前沿科学之一。它是指利用先进的信息通信技术，形成"人-车-路"三位一体的信息管理系统，从而大大提高道路交通的安全性、运输效率、行车的舒适性及有利于环境保护的道路交通系统。

中华人民共和国国家标准《物流术语》（GB/T 18354—2006）将ITS定义为："综合利用信息技术、数据通信传输技术、电子控制技术及计算机处理技术对传统的运输系统进行改造而形成的新型运输系统。"

ITS智能的特点体现在信息技术的四个方面，包括智能感测技术、智能通信网、智能信息处理、智能控制等。每个方面的智能则集中表现为整个系统的智能化，此处的智能不仅是指具有学习、推理的能力，还指在特定的环境和适当的条件下，可快速有效地获取信息，准确地传输信息，高效地处理信息并具有成功地利用信息以达到目的的能力。在系统组成意义下，"智能"的特点体现在每一组成部分中，即车内系统、路边系统、信息管理中心、需求管理系统、交通管理控制系统都是智能化的系统，而且它们之间可以自动进行信息交换。

（二）智能运输系统的作用

交通系统的智能化作用主要表现在以下几个方面。

(1) 车辆在道路上可以安全自由地行驶，在陌生的地方不致迷失方向。

(2) 道路的交通运输流可以调整至最佳状态，从而缩短行车时间，减少阻塞，提高其通行能力，有助于整个社会运输效率的提高。

(3) 交通管理控制中心可以对道路和车辆的状态进行实时监控，及时处理事故，保障道路畅通。

(4) 智能运输系统可以为用户提供高质量、高水平的服务，从而促进能源消耗的降低，有利于节能减排，促进环保和可持续发展。

（三）智能运输系统的应用

事实表明，要从根本上解决交通拥挤和阻塞，单靠扩大基建投资、多建桥、多修路这样原始的发展模式是很不现实的。必须从大系统的观点出发，以先进的信息技术与设备为基础，结合强有力的交通管理法规，利用经济调节的杠杆作用，使路桥资源、出行车辆与道路使用者三者有机地综合成一个整体，使时间和空间两种资源均得到充分利用，科学地解决飞速发展的交通运输问题。ITS 就是为了解决这些问题而萌发的。一般 ITS 由以下几个系统组成。

1. 出行者信息系统

出行者信息系统（advanced traveler information system，ATIS）建立在完善的信息网络基础之上，通过装备在道路上、机动车上、换乘站上、停车场上以及气象中心的传感器和传输设备，向交通信息中心提供全面的交通信息。ATIS 对各类信息加以处理后，向社会提供实时的道路交通信息、公共交通信息、换乘信息、交通气象信息、停车场信息以及与出行相关的其他信息，出行者可以根据这些信息确定自己的出行方式和路线选择。

2. 交通管理系统

交通管理系统（advanced transportation management system，ATMS）即交通控制中心，该系统包括了城市道路信号实时控制、高速公路交通监控、交通事故自理、交通疏导等公路交通管理的各种功能，还包括用来研究和评价交通控制系统运行功能与效果的三维交通模拟系统。管理系统能实时、准确、全面地掌握公路网的交通运行情况，进行及时高效的事故处理。

3. 驾驶员信息系统

驾驶员信息系统（advanced driver information system，ADIS）可以向用户提供与道路通行情况及天气情况等有关的交通信息，提供电子地图及 GPS 服务，帮助出行者选择最佳路线、合理安排行程，提供行车限速信息，提示方位及道路诱导信息，使汽车绕开交通特别拥挤的区域或发生交通事故的区域。

驾驶员信息系统还可以向出行者提供气候、道路等行车环境信息；在能见度低或急转弯处向驾驶员发出警告；提供汽车半自动或全自动驾驶功能，这是电子导航系统所具备的功能。

4. 公共交通系统

公共交通系统（advanced public transportation system，APTS）是面向公共交通使用者的

交通信息系统，通过安装在公共服务区的信息查询装置、车辆自动定位设备或电子信息牌提供实时信息，包括公共交通拥挤程度、公交车辆到站时空信息、换乘信息及停车状况等。

5. 营运车辆调度管理系统

营运车辆调度管理系统（commercial vehicle operation system，CVOS）建立客货运输调度和管理中心，通过计算机和通信设备对所属车辆进行调度，对线路上的车辆实行监控；还设有旅客自动问询系统及计算机售票系统；还包括运输场站利用电子数据交换及车辆自动定位技术掌握客流、物流的配载、流向及换乘等实时信息，使客货运输流向合理，减少空载，充分提高运输效率。

6. 车辆控制管理系统

车辆控制管理系统（advanced vehicle control system，AVCS）中建立了一整套传感器、信号灯及信息显示系统，根据交通干线结构、操作程序、安全法规等，形成对事件的反应知识库，为系统操作员对发生某特定事件时，作出反应的控制策略与建议，提供便捷明晰的人机界面，用最简单的操作完成对事件的正确有效的反应。

7. 电子收费系统

电子收费系统（electronic toll collection，ETC）在 ITS 中具有特殊的地位，特别是在高速公路及桥梁收费系统中更显示出其重要性。常规的人工收费加计算机管理模式使停车收费时间较长，账目管理有漏洞，所以对全自动、不停车的收费系统的需求自然就提到了议事日程上。建立这样的系统能大大提高车辆的通行能力。

8. 紧急救援系统

紧急救援系统（emergency management system，EMS）是一个特殊的系统，它的基础是 ATIS、ATMS 和有关的救援机构和设施，通过 ATIS 和 ATMS 将交通监控中心与专业救援机构联成有机的整体，提供车辆故障现场紧急处置、拖车、现场救护、排除事故车辆等服务。

ITS 的应用实现了交通运输安全水平的提高、交通拥挤的减少、运输网络通行能力的改善、交通运输对环境污染程度的降低、交通运输生产效率和经济效益的提高。

五、射频识别技术

（一）射频识别技术的含义

射频识别（radio frequency identification，RFID）技术，是 20 世纪 90 年代兴起的一项自动识别技术，目前在我国流通领域和物流业中尚属实验性应用阶段，在技术领域，国内正处于研发阶段。在国际上，沃尔玛首倡 RFID 技术在流通领域和物流过程中的应用，掀起 RFID 技术的普及浪潮。

射频识别技术，是一种利用射频通信实现的非接触式自动识别技术（通称 RFID 技术）。RFID 标签具有体积小、容量大、寿命长、可重复使用等特点，可支持快速读写、非可视识别、移动识别、多目标识别、定位及长期跟踪管理。RFID 技术与互联网、通信等技术相结合，可实现全球范围内物品跟踪与信息共享。RFID 技术应用于物流、制造、公共信息服务等行业，可大幅提高管理与运作效率，降低成本。

中华人民共和国国家标准《物流术语》（GB/T 18354—2006）将 RFID 定义为："通过射频信号识别目标对象并获取相关数字信息的一种非接触式的自动识别技术。"

（二）RFID系统类型

根据RFID系统完成功能的不同，可以分为四种类型。

1. 电子物品监视系统

电子物品监视系统（electronic article surveillance，EAS）是一种设置在需要控制货物出入的通道口的RFID技术。在应用EAS技术时，首先需在货物上粘贴EAS标签，当货物被合法移出通道口时，在货物管理中心通过一定的装置使EAS标签失活，货物就可以被取走。货物经过装有EAS系统的通道口时，EAS装置能自动检测标签的活动性，发现活动性标签时，EAS系统会自动发出警告。EAS系统的应用可以有效防止货物的非法流动。

2. 便携式数据采集系统

这是使用带有RFID阅读器的手持式数据采集终端，采集RFID标签上的数据。这种系统具有较大的灵活性，适用于不适宜安装固定式RFID系统的应用环境。手持式阅读器（数据输入终端）可以在读取数据的同时，通过无线通信方式适时地向主计算机系统传输数据，也可以暂时将数据存储在阅读器中，向主计算机系统批量传输相关数据。

3. 固定网络系统

在固定网络中，固定布置的RFID阅读器分散布置在特定的区域内，并且阅读器直接与数据管理信息系统相连。信号发射机是移动的，一般安装在移动的物体或人员身上。当物体和人员经过阅读器时，阅读器会自动扫描标签上的信息，并把数据信息输入数据管理信息系统进行分析、处理。

4. 定位系统

用于制造业物流中对货品及原材料的定位，以及对车辆、轮船等进行运行定位支持的RFID系统。阅读器放置在移动的车辆、轮船或者自动化流水线中移动的物料、半成品、成品上，信号发射机嵌入到操作环境的地表下面。信号发射机上存储有位置识别信息，阅读器一般通过无线或有线的方式连接到主信息管理系统。

与射频技术对应的常用设备是IC卡。将两者结合起来可用于物流跟踪，运载工具和货架识别等要求非接触数据采集和交换的场合。

（三）RFID在物流中的应用

当今，RFID技术已经在许多领域得到应用，如带有可读和可写并能防范非授权访问的存储器的智能芯片已经可以在很多集装箱、货盘、产品包装、智能识别ID卡、书本或DVD中看到。在物流运输领域中，主要应用在以下几方面。

1. 高速公路的自动收费系统

高速公路上的人工收费站由于效率低下而成为交通瓶颈。将RFID技术应用在高速公路自动收费上，能够充分体现它非接触识别的优势，让车辆在高速通过收费站的同时自动完成收费。据测试，采用RFID自动收费方式，车辆通过自动收费卡时车速可保持在40km/h，与停车领卡交费相比，可节省时间30%～70%。

2. 交通督导和电子地图

利用RFID技术可以进行车辆的实时跟踪。通过交通控制中心的网络在各个路段向司机报告交通状况，指挥车辆绕开堵塞路段，并用电子地图实时显示交通状况，使交通流量均匀，提高道路利用率。通过实时跟踪，还可以自动查处违章车辆，记录违章情况。另外，公共汽车站实时跟踪显示公共汽车到站时间及自动显示乘客信息，可以带给乘客方便。

3. 停车场智能化管理系统

停车场智能化管理系统的应用可以实现系统自动识别车辆的合法性，完成放行（禁止）、记录等管理功能，以节约进出场的时间，提高工作效率，杜绝管理费的损失。

4. 铁路货运编组调度系统

火车按既定路线运行，读写器安装在铁路沿线，就可得到火车的实时信息及车厢内所装物品的信息。通过读到的数据，能够识别火车的身份并监控火车的完整性，以防止遗漏在铁轨上的车厢发生撞车事故，同时在车站能将车厢重新编组。

5. 集装箱识别系统

将记录有集装箱位置、物品类别、数量等数据的标签贴在集装箱上，借助 RFID 技术，就可以确定集装箱在货场内的确切位置，在移动时可以将更新的数据写入射频卡（电子标签）。系统还可以识别未被允许的集装箱移动，有利于货物管理和安全。

6. RFID 库存跟踪系统

将 RFID 标签贴在托盘、包装箱或元器件上，无需打开产品的外包装，系统就可以对其成箱成包地进行识别，实现商品从原料、半成品、成品、运输、仓储、配送、上架到最终销售，甚至退货处理等所有环节的实时监控，极大地提高了物流运输管理的自动化程度，大幅降低货品差错的发生，提高供应链的透明度和管理效率。

六、物联网

（一）物联网的含义

物联网（internet of things）概念最初于 1999 年提出，是指通过射频识别、红外感应器、全球定位系统、激光扫描器、气体感应器等信息传感设备，按约定的协议，把任何物品与互联网连接起来，进行信息交换和通信，以实现智能化识别、定位、跟踪、监控和管理的一种网络。简而言之，物联网就是“物物相连的互联网”。

中国物联网校企联盟将物联网定义为当下几乎所有技术与计算机、互联网技术的结合，实现物体与物体之间，环境以及状态信息的实时共享以及智能化的收集、传递、处理、执行。广义上说，当下涉及信息技术的应用，都可以纳入物联网的范畴。

（二）物联网的应用

物联网是新一代信息技术的重要组成部分，它包含两层意思：第一，物联网的核心和基础仍然是互联网，是在互联网基础上延伸和扩展的网络；第二，其用户端延伸和扩展到了任何物品与物品之间进行的信息交换和通信。物联网通过智能感知、识别技术与普适计算、泛在网络的融合应用，被称为继计算机、互联网之后世界信息产业发展的第三次浪潮。物联网是互联网的应用拓展，与其说物联网是网络，不如说物联网是业务和应用。因此，应用创新是物联网发展的核心，以用户体验为核心的创新是物联网发展的灵魂。

物联网把新一代 IT 技术充分运用在各行各业之中，具体地说，就是把感应器嵌入和装备到电网、铁路、桥梁、隧道、公路、建筑、供水系统、大坝、油气管道等各种物体中，然后将“物联网”与现有的互联网整合起来，实现人类社会与物理系统的整合。在这个整合的网络当中，存在能力超级强大的中心计算机群，能够对整合网络内的人员、机器、设备和基础设施实施实时的管理和控制，在此基础上，人类可以以更加精细和动态的方式管理生产和生活，达到“智慧”状态，提高资源利用率和生产力水平，改善人与自然间的关系。

第三节　物流运输信息管理系统

现代运输的发展离不开电子信息技术的支持，建立与物流运输发展相适应的运输信息系统，对运输信息进行科学的网络化管理，逐步形成和完善使客户满意的、能够支持物流运输合理化的现代运输信息管理系统，是经济发展的必然。物流运输信息管理系统的建设主要包括如下几种。

一、物流运输信息系统

现代运输技术不断发展、革新，使大量、高速运输成为可能。原来提出的迅速、准确、安全、经济的运输原则，在现代技术条件下得以实现，随之，对提高运输质量、降低运输成本的要求，也逐渐严格起来。准确掌握运输活动中产生的大量信息，满足客户多方面要求，达到客户满意等，成为现代运输的要求。

因此，将各种运输方式、设施与货物运输、保管等通过信息进行有效地衔接，是实现高质量运输服务的基础。另外，从运输的性质来说，运输业与社会其他产业有着广泛的联系，同时，为进行高效率的运输活动，也必须具备随时与客户进行信息交换的能力。建设物流运输信息系统，开发高质量的物流运输管理系统与革新运输技术、合理配备设施等，对实现物流运输管理信息化来说，是不可缺少的必要条件。

当今，与物流运输相关的信息系统，按不同业务类型划分，主要应包括以下几个部分。

（1）运行（航行）管理。以安全、高效地组织各种运输工具的运行（航行）为目的。

（2）设施、资料管理。管理为运输服务所提供的车辆、集装箱、终端等设施、资料。

（3）营业、销售管理。集装箱的预约和货物的跟踪管理等信息服务。

上述具体的信息系统应用的案例如表 7.2 表示。

表 7.2　运输业信息系统应用

区分	信息系统应用	
航运管理	航运控制	控制国内主要铁路干线，铁路调车场的自动化，公路交通管理，自动化仓库、船舶动态管理，航空管理及装卸自动化等
	运输力调整	要车要货、编制配送计划
设施、资材管理	设施管理	库内管理、港湾管理、集装箱货场管理 机场货物终端管理等
	资材、器材管理	车辆管理、集装箱动态管理 资材、器材库存管理等
营业、销售管理	预约系统	铁路区间快车信息系统、铁路集装箱信息系统等
	销售管理	卡车运输情报、货物跟踪管理 存货场库存配送 提供物流信息

如果从系统功能的角度看，物流运输信息系统应包括以下几个部分。

（1）管理系统。管理和控制陆、海、空交通运输的信息系统，是为完成运输活动所必需的经营管理（运行设施管理）信息系统和提供运输服务所必需的信息系统。

(2) 计划系统。是制订相关类型经营计划和支持所确定的目标的情报信息系统。

(3) 数据库。是对计划系统提供必要基础数据支持的情报信息系统，这些数据主要由管理系统提供。

二、货物跟踪系统

货物跟踪系统是指物流运输企业利用物流条码和 EDI 技术及时获取有关货物运输状态的信息（如货物品种、数量、货物在途情况、交货期间、发货地、到达地、货物的货主、送货责任车辆和人员等），提高物流运输服务的技术方法。具体说就是物流运输企业的工作人员在向货主取货时、在物流中心重新集装运输时、在向客户配送交货时，利用扫描仪自动读取货物包装或者货物发票上的物流条码等货物信息，再经过公共通信线路、专用通信线路或卫星通信线路等，把货物的信息传送到总部的计算机网络中心进行汇总、分类、整理，这样所有被发运的货物信息都集中在中心计算机的数据库中。货物跟踪系统可以提高物流运输企业的作业服务水平，其具体作用表现在以下四个方面。

(1) 当客户需要对货物的状态进行查询时，只要输入货物的发票号码，马上就可以知道有关货物状态（如在途、库存等）的信息，查询作业简便迅速，信息及时准确。

(2) 通过查询货物信息可以确认货物是否能在规定的时间内送到客户手中，能及时发现没有在规定的时间内把货物交付给客户的情况，便于马上查明原因并及时改正，从而提高运送货物的准确性和及时性，提高客户服务水平。

(3) 作为获得企业竞争优势的手段，可以提高物流运输效率，提供差别化、优质化的物流服务。

(4) 通过货物跟踪系统所得到的有关货物运送状态的信息，可以丰富供应链整个流程的信息分享。有关货物运送状态的信息分享有利于客户预先做好接货及后续工作的准备。

建立货物跟踪系统需要较大的投资，如购买设备、标准化工作、系统运行费用等。因此只有有实力的大型物流运输企业才能够应用货物跟踪系统。但是随着信息产品和通信费用的低价化及互联网的逐步普及，许多中小型物流运输企业也开始应用货物跟踪系统。在信息技术广泛应用的美国，物流运输企业大多建立了本企业的网页，客户能通过互联网与物流运输企业联系运输业务和查询运送货物的信息。在我国，许多物流运输企业也已开始建立本企业的网页，并通过互联网从事物流运输业务查询。

三、运输信息交流网络

物流运输企业的绝大多数是中小企业，而这些企业大多是以当地运输业务为主，属于地方企业。当运送范围超过了它通常的营业区域，在运送货物到达目的地之后回程时，往往找不到需要发往本地区的货物而空车返回，这种现象即“回空现象”。“回空现象”对运输企业来说，会增加成本，减少利润，对社会来说，会造成运力和人力资源、甚至是环境资源的浪费。而当运输业务集中出现时，又往往会超出（中小）企业的运输能力，这时它需要其他企业的支援，否则会由于难以及时送达而降低客户服务水平，造成机会损失。因此需要把零散的中小型物流运输企业组织起来，建立一个能向社会或企业提供和交流求车、求货的信息交流系统。

下面以日本为例，说明如何建立中小型物流运输企业的信息交流网络。

1991 年由全日本卡车协会和日本货物运送协会共同组成协同组合，以协同组合为中心建立了一个以确保回程货物为目的的求车和求货信息交换和撮合系统。该系统称为全国网络KIT。在日本全国各地，由各地货物运输企业建立了具有同样功能的系统，这些地区性的系统称为区域KIT。

全国网络KIT由于利用日本电话电报公司（NTT）提供的NTTPC电子交流显示板和通信网络，中小企业和个人的计算机都能方便地与之连接，实现了方便与低成本的信息交流。中小企业或者个人向个人计算机输入求车或求货信息，通过互联网传送到全国网络KIT，同时能通过互联网检索个人登记的求车和求货信息，寻找撮合机会，并且可以用电子邮件或电话传真进行通信。到1995年，已有150个协同组合、1500个物流运输企业加入全国网络KIT，每月求车、求货的信息登记数目都在2500件以上。日本的这一做法很值得我国物流运输行业有关部门和中小型物流运输企业借鉴。

四、通关信息管理系统

通关信息管理系统（customs intelligent database system，CIDS）就是在货物进出一国关境时进行的一站式服务，它包括商检、报关、关税等全部或大多数通关手续，这些手续可在计算机网络信息系统下，实现连续、快速、准确的通关作业，提高通关速度和客户服务水平。

国际贸易的发展促进了国际物流和国际运输的快速发展。在国际物流与国际运输过程中，通关活动是一个重要环节。仅就与物流运输相关的部分而言，提高通关速度是加快运输的重要一环，它对提高国际物流和运输效果有重要影响。可以说，商品的通关过程就是多种信息收集和处理的过程。由于通关过程涉及货物品种分类、商品价格、关税税率等许多信息，同时通关活动与货主、物流服务企业、银行保险企业、商品商检部门、报关部门、保税仓库等多个部门有密切联系，因此建立一个综合、高效、准确的通关信息管理系统是现代国际贸易和国际物流发展的必然趋势。

综合通关信息管理系统是通过在线连接，把运输企业（如海运企业、空运企业）、物流服务企业、货物装卸企业、保税仓库、通关代理企业、银行、保险、关税收缴部门等连接在一起构成的网络。

通过综合通关信息管理系统，货主可在系统网络终端完成关税申报手续，同时也能查询和检查关税申报进度和货物保管情况，并交纳关税和支付运输装卸及保管费用等。税务部门利用综合通关信息管理系统受理报关，自动计算申报商品的价格、适用税率、外汇汇率，确定纳税税款，通知纳税时间，同时进行报关审查。建立综合通关信息管理系统可以缩短通关时间，提高通关效率。

第八章　运输经营决策

不同的企业有不同的运输决策内容。生产企业和商业连锁企业的运输决策，首先是解决运输业务是否外包的问题，其次是运输商选择决策的问题，最后是与承运人设计具体的运输方案。对承运人来说，其运输决策主要是具体的运输方案制定。

第一节　运输自营与外包抉择

一、运输自营与外包比较

运输是生产过程在流通领域的继续，企业的生产过程应包括加工过程和运输过程。随着生产的发展和社会分工的细化，加工过程和运输过程的工作就不一定由一个企业来承担，可能会把运输业务全部或部分地交给别的部门承担。有三种可供选择的物流方案：运输自营、运输外包和两种的结合。

（一）物流运输外包

1. 物流运输外包的含义

外包是一个战略管理模式，在讲究专业分工的20世纪末，企业为维持竞争核心能力，摆脱因人力不足的困境，将企业的非核心业务委托给外部的专业公司，以降低营运成本，提高品质，集中人力资源，提高顾客满意度。

一般来说，生产企业的关键业务并不是物流业务，而且物流业务也不是它们的专长。将物流作为核心业务的物流企业，具有丰富的物流运作经验，管理水平也比较高。而且新兴的第三方物流企业由于从事多项物流项目的运作，可以整合各项物流资源，使得物流的运作成本相对较低，物流作业更加高效。生产企业将物流运输业务剥离出来交给物流企业，就可以集中精力开展主流业务，发展竞争优势，这就是所谓的物流运输外包。

2. 物流运输外包的优点

（1）业务优势。生产企业可以获得自己本身不能提供的物流服务。生产企业内部的物流系统有时并不能满足其所有的物流服务要求，在许多情况下，它们的顾客所需要的物流服务往往要求具有专业知识和技能，而这方面的要求如果由厂商内部组织来满足往往是十分不经济的，而专业化的第三方物流服务业恰好能提供上述服务。特别是对于中小企业来说，物流外包可以突破企业资源的限制。

（2）成本优势。物流外包可降低生产企业的运作成本。这是因为第三方物流服务企业在经营规模、经营范围上的经济性，使其提供的包括劳动力要素在内的物流运作成本降低。此外，由于企业使用外协物流作业，可以避免盲目的投资，并可将资金用于更急需的方面。

（3）客户服务优势。由于第三方物流企业在信息网络和配送节点上具有资源优势，这使得它们在提高顾客满意度上具有独到的优势。它们可以利用强大便捷的信息网络来加大订单的处理能力，缩短对客户需求的反应时间，并直接进行到户的点对点的配送，实现商品的快速交付，提高顾客的满意度。而且，第三方物流企业具有服务方面的专业能力和优势，可以为顾客提供更多、更周到的服务，增强企业的市场感召力。另外，设施先进的第三方物流企业具有对物流全程监控的能力，通过其先进的信息技术和通信技术加强对在途货物的监控，及时发现、处理配送过程中出现的意外事故，保证订货及时并安全送到目的地，这有助于保证货物的安全，同时也能尽量实现企业对顾客的安全、准时送货的承诺。

【阅读资料】科龙的物流外包实践

2002 年，中国知名家电生产企业科龙和小天鹅与中远联手组建了广州安泰达物流有限公司。科龙把物流业务交给安泰达来做，取得了较好的成绩。首先通过联合招标，将科龙旗下的冰箱、空调、冷柜及小家电四类产品的干线运输进行整合，与 2001 年同期相比，运输价格整体下降了 9.6%，仅此一项，每年就为科龙节省运输费用上千万元人民币。同时，安泰达合并各物流公司，人员由原来的 90 多人降到 60 人；简化工厂运作流程，减少了科龙公司物流运作的管理成本开支，每年节约 700 多万元人民币。其次，在三洋仓库建立这四类产品的配货中心，提高了发货速度和效率，进一步满足了科龙生产及销售的要求。此外，还制定了物流管理标准和仓库安全管理制度，以确保科龙产品的安全，满足物流运作要求。可见，科龙的物流外包实践是比较成功的，外包优势也得以充分体现。

（资料来源：秦明森 . 2006）

3. 运输外包的风险

虽然物流外包的机制是先进的，但是国内生产企业在使用这种模式时，仍然要承担一定的风险，这是由生产企业的内外环境决定的。

（1）物流企业素质问题。目前我国物流公司的数目不少，但是良莠不齐。许多物流公司的业务水平、人员素质和经营规模都不高。而就社会生产总体而言，实现供应链管理的生产企业为数不多，物流并没有渗入到社会生产中去。如果生产企业把运输完全外包给物流运输企业，不一定能达到预期的效果。

（2）企业物流资源处理问题。企业在退出某一行业时，会受到许多因素的阻碍，这些因素被称为退出障碍，沉没成本就是其中之一。所谓沉没成本，就是企业在退出某一行业时，其投资形成的固定资产不能被转卖或只能以低价转卖，造成的不可收回的资本损失。由于各企业都从自身角度出发经营物流活动，因此，从全社会物流资源优化配置的角度看，生产企业的物流设施存在着总量过剩、结构失调等问题，有的甚至具有极强的专用性，如企业专用铁路线。当生产企业打算退出物流领域而采取物流外包时，这些物流设施很难转让或只能以低价转让，给企业带来巨大的沉没成本，形成较高的退出障碍。此外，企业退出物流领域时，需要解雇相关的物流部门从业人员，在国有企业不景气的情况下，这笔费用也构成了许多生产企业退出物流领域的障碍。

（3）信用风险问题。新制度经济学派的交易成本理论认为，物流活动的外购属于服务贸易，形成市场交易成本的主要原因是信息不对称而导致的信用风险。第三方物流是通过契约形式来规范物流供应商和企业之间关系的，物流服务的行为实际上是一系列委托与被委托、代理与被代理的关系，是完全以信用体系为基础的。生产企业以合同方式将物流活动委托给第三方物流企业，第三方物流企业为能及时响应顾客要求，又以合同方式汇集了众多仓储、运输合作伙伴。交易和结算主体往往涉及多方面的物流参与者，其中任何一个物流提供者出现信用问题，都将会影响物流服务的效率。在美国，物流企业要对供应商、工厂提供银行出具的信誉程度评估报告，这样在物流委托方出货后，银行就会为其做信用担保，等于物流企业为货品购买了保险，这样厂家和零售商就对物流企业有信任感。而在我国，一方面，企业普遍存在信用问题；另一方面，缺少一个良好的信用保障体系。信用危机导致送货延迟、错误投递等行为的发生，以及生产企业控制物流企业的短期行为，增加了物流服务交易成本。这种成本的增加可能以两种形式表现出来，即物流外包支出增加和企业信誉度下降。

4. 企业运输外包的条件

企业是否将物流业务外包，关键是看物流业务对其核心能力的影响程度。如果企业物流业务对其整个核心业务的开展具有决定性的影响，那么即使从成本上在物流领域没有竞争优势，企业也不能把物流业务外包出去，如沃尔玛，该公司是为了控制物流业务而没有把物流业务外包。此外，企业规模的大小也是影响其是否实施第三方物流的因素。一般来说，企业规模（以销售额来衡量）与物流成本呈负相关关系。

（二）自营物流运输

1. 自营物流的含义

美国物流管理协会（CLM）1985 年对物流的定义就提出物流是以生产制造企业为对象的。物流是生产企业与生俱来的组织功能，要求企业通过自有物流设备或网络将原材料、产品、半成品送达相应的目的地。生产企业的自营物流有两个层次。

（1）传统的自营物流主要源于生产经营的纵向一体化，即生产企业自备仓库、车队等物流设施，内部设立综合管理部门统一管理企业物流运作或者是各部门各司其职、自行安排物流活动。在自我运输服务需求满足的情况下，生产企业会把闲置的物流资源提供给原材料供应商、其他生产企业或者消费者服务机构。这种自营物流服务还停留在简单的生产管理环节，对生产企业来说物流活动完全是一种附属产物，而且物流沟通产销、降低成本和改进服务的重要作用没有充分发挥出来。这种传统的自营物流不能带来产品增值效应。

（2）现代自营物流概念是基于生产企业供应链管理思想而提出的。它把企业的物流管理职能提升到战略地位，即通过科学、有效的物流管理实现产品增值，夺取竞争优势。一般是在企业内部设立物流运作的综合管理部门，通过资源和功能的整合，专设企业物流部或物流公司来统一管理企业的物流运作。

我国的生产企业基本上还处于第一种情况。但也有不少大型品牌的生产企业已经开始设立物流部，或将有关物流运作的职能部门通过整合，成立直属的物流公司，如美的公司和海尔集团。

2. 自营物流运输的优点

（1）掌握控制权。通过自营物流运输，企业可以对物流运输系统运作的全过程进行有效的控制。对于企业内部的采购、制造和销售活动的环节，原材料和产成品的性能、规格，供应商以及销售商的经营能力，企业自身掌握最详尽的资料。企业自营物流可以运用自身掌握的资料有效协调物流活动的各个环节，能以较快的速度解决物流活动管理过程中出现的任何问题，获得供应商、销售商以及最终顾客的第一手信息，以便随时调整自己的经营战略。

（2）盘活企业原有资产。我国目前生产企业中 73%的企业拥有汽车车队，73%的企业拥有仓库，33%的企业拥有机械化装卸设备，3%的企业拥有铁路专用线。企业选择自营物流的模式，可以在改造企业经营管理结构和机制的基础上盘活原有物流资源，带动资金流转，为企业创造利润空间。

（3）降低交易成本。选择物流外包时，由于信息的不对称性，企业无法完全掌握物流服务商完整、真实的资料。而企业通过内部行政权力控制原材料的采购和产成品的销售，可不必就相关的运输、仓储、配送和售后服务的佣金问题进行谈判，避免多次交易花费以及交易结果的不确定性，降低交易风险，减少交易费用。

（4）避免商业秘密的泄露。对于任何一个企业来说，其内部的运营情况都是处于相对封闭的环境下，这不仅是外界对于企业运营了解渠道匮乏的原因，更重要的是企业为了保持正常的运营，特别是对于某些特殊运营环节如原材料的构成、生产工艺等，不得不采取保密手段。当企业将运营中的物流要素外包，特别是引入第三方来经营其生产环节中的内部物流时，其基本的运营情况就不可避免地向第三方公开。而在某一行业专业化程度高、占有率较高的第三方会拥有该行业的诸多客户，它们正是企业的竞争对手，企业物流外包就可能会通过第三方将企业经营中的商业秘密泄露给竞争对手，动摇企业的竞争力。

（5）提高企业品牌价值。企业自建物流系统，就能够自主控制营销活动，一方面可以亲自为顾客服务到家，使顾客以最近的距离了解企业、熟悉产品，提高企业在顾客中的亲和力，提高企业形象，让顾客切身体会到企业的人文关怀。另一方面，企业可以掌握最新的顾客信息和市场信息，从而根据顾客需求和市场发展动向调整战略方案，提高企业的竞争力。

【阅读资料】物流打造海尔核心竞争力

海尔物流本部下设三个事业部，即采购事业部、配送事业部和储运事业部。采购事业部负责全球化采购，将原来分散于各个事业部的采购行为全部集中在一个事业部，形成规模化经营和全球化采购。

配送事业部就是把采购事业部采购回来的所有物资进行保管，配送到生产线。现在海尔的生产厂基本上遍布全球，所使用的零部件都是统一由采购事业部来采购，统一由配送事业部来配送。配送事业部要做的就是库存管理实行准时制管理。现在产品生产主要是多批次、少批量、个性化越来越强的生产，在这种情况下，采购、配送的难度越来越大。在实际操作时，对所有的库存物资进行分类，在分类的基础上，实施配送需求计划，并且利用先进的资源管理系统实施企业内部物资统一配送战略。

储运事业部是把生产线生产的成品统一仓储、统一配送到全国各地，甚至配送到用户手中。成品配送以往的方式是找一些运输单位，竞价、报信、发送。这种方式成本高，质量也得不到保证，不能将产品及时送到用户手中。储运事业部把各个事业部的小车队整合起来，按照物流一体化的策略进行构建。

储运事业部的运作效果比较明显。原来都是各个事业部各自送各自的产品，有可能送电脑、彩电放在车里的高度不够；而放一层冰箱的上面还有空间，放两层就超高了。整合起来以后，就可以把各种产品搭配，在一车允许范围内，能够比较合理地、保证质量地搭配起来，这也是一个降低成本的方面。

具体的，原来的广告事业部一年要委托中铁快运发送广告品，一年的费用就是1200万元。储运事业部建立起来后，现在的广告品随着运成品的车搭配出去就可以了，不需要再通过中铁快运运输。这样，海尔每年在这一方面就可以节省1200万元。

实际上，物流推进储运事业部基本上涵盖了海尔物流供应链的全过程。从采购开始，一直到成品配送到用户手中甚至不合格品的返回、废品回收物流，整个过程基本上是供应链的全过程。

（资料来源：周行，2000）

3. 自营物流运输的缺点

(1) 资源配置不合理。物流活动最主要的环节就是运输和仓储，因此，企业自营物流必须具备与生产能力相符的运输力量和仓储容量。由于市场的供需存在着不可预期的波动性，这为企业经营带来一系列的风险。同时，现代物流正在向标准化的方向发展，企业为了保证与供应链上下游的有效链接，必须要改进物流设备，这将加大企业固定资产的投入。如果处于销售旺季，由于企业运力不足，可能导致企业失去商机，不仅影响销售额的提高，而且还可能在下一波的销售淡季到来时由于产品未及时售出而造成产品积压。如果处于销售淡季，企业的运力和仓储空间就会出现闲置，导致企业资金无法有效利用，在计算固定成本的情况下没有收益。

(2) 管理机制约束。物流活动涉及企业生产的方方面面，由于各部门都存在着独立的利益，都追求自身效益的最大化，这给物流活动的有效开展带来了麻烦。在我国企业现有经营管理机制下，如何协调各方面的利益，甚至要求某些部门牺牲自身利益以达到企业整体效益的最大化是一件困难的事。如果将物流管理权力提高到各事业部门之上，可能导致原本分布于各环节的物流活动被互相推诿，责任承担不明确；如果把物流管理权力分散在各事业部门，则无法避免个体利益的最大化和整体利益的弱化；如果把物流管理权力放在与各事业部门平行的位置上，则可能导致物流管理要求无法得到有效的执行。

【阅读资料】安泰达物流公司和小天鹅的操作实践

安泰达物流公司小天鹅集团下属原有一个运输单位，一直掌握着集团的物流业务。2002年，小天鹅集团出资20%与其他企业合作共同成立安泰达物流公司，打算将企业的物流业务剥离出去，交给安泰达来做。但是，接管工作受到运输单位的阻挠，企业内部利益发生冲突，高层领导内部也有诸多分歧。最后经过协商，提出了解决办法：按照“老人老办法，新人新办法”的原则，将某些局部业务留给原下属运输单位继续经营，如原材料采购、省内短途运输和配送，同时允许对外承接物流活动；由安泰达公司接管所有产品的干线运输业务以及地方仓储和配送业务。2003年，小天鹅集团的直接运输成本就降低了2000多万元，这还不包括人力成本和效率提高带来的间接成本。这种做法实际上就是企业结合内外环境，采用外包物流和自营物流结合的混合模式，充分发挥各自的优势。随着市场运作不断完善，今后的发展趋势是自营物流会不断弱化，企业物流外包将走向成熟。

(资料来源：http：//www.attend-logistics.com.cn/index.php)

(三) 比较分析及运作

生产企业的物流活动很复杂，它由供应物流、生产物流、销售物流以及废弃物回收利用物流共同构成，是一个环环相扣、运行有序的链条，每个环节都有它自身的价值和特殊性。哪个环节可以自管，哪个环节需要外包完全取决于企业自身的物流处理能力和社会的物流服务能力。目前，中国的物流业还处于由传统物流向现代物流转型的初级阶段，全社会的物流仍以企业物流为主，企业物流以自我服务为主。因此，国内生产企业的物流活动在相当长的时间内还需要依靠自己的力量，改善其内部的物流状况，提高自我服务能力。企业物流自营或外包不是静止的，而是随着外部环境和内部资源条件的发展，物流地位、物流功能会发生变化，相应地，其策略也将发生相应的变化。

生产企业的物流管理方式可以有多种选择，这取决于企业的生产经营特点和规模。对于物流自理能力不足、规模经济不明显并且物流业务对其核心竞争力影响甚小的中小型生产企业，应该鼓励物流业务外包。在实际操作时，企业可以视自身的具体情况来采购第三方物流服务，既可以是逐步外包，也可以是彻底外包。

1. 彻底外包

对于物流资产不多，物流业务较少，物流部门人员少的生产企业，可以将物流业务完全外包，即彻底关闭自己的物流系统，将所有的物流职能转给第三方物流企业。也可以采用系统接管的方式，即第三方物流公司将企业的物流系统全部买下、接管并拥有企业的物流资产、人员。接管后物流系统依然为企业服务，也可与其他企业共享，以改进效率并分摊管理成本。此外，企业为了控制某些物流业务，可以在其被接管的物流系统中参股或控股这些业务或资产。

2. 逐步外包

对于物流资产较多、人员较多、物流业务较多的企业，宜采用逐步过渡的方式，按物流业务与产品或地理区域分步实施。例如，保留仓储将配送外包，或保留配送、仓储将运输外包；或者把企业物流的信息系统外包。此外，企业还可以保留物流资产、人员、业务，只把物流的管理职能外包给专业化的第三方物流公司。

从总体上讲，物流运输外包与自营的决策要考虑运输外包是否符合企业的发展战略，是否会影响企业核心竞争力和企业物流经济效益。在这三个因素之间的关系上，企业发展战略是企业业务活动的根本性指导方针，会在很长一段时间内对物流是否外包具有决定性的影响。同时，企业发展战略还决定着企业核心竞争力的培植和发展。企业核心竞争力是企业生存和发展的基础，物流必须服从、服务于企业的核心竞争力。物流经济效益目标则直接取决于企业内外部效率，有足够实力的物流企业，只要外部市场发育健康、成熟，在比较经济效益大小关系的基础上，就可以外包。企业发展战略、企业核心竞争力和企业物流经济效益目标，分别从可能性、服务性和可行性的角度制约企业物流运输外包。

二、自营与外包的定量分析

从微观角度考虑，可以对运输的自营与外包问题进行定量分析，以便为运输决策提供帮助。

（一）可量化因素

1. 企业生产规模

企业的生产规模是可以用数字表示的，如生产多少种产品，每种产品的产量是多少、都可以从生产计划或通过统计和预测的方法得到。

2. 自营运输成本

如果企业要进行自营运输，必须自备或购买运输设备，这就需要开支一笔固定成本；另外，自运还要付出相应的变动成本。设备购置费和这些变动成本数据都可以通过财务核算得到。

3. 专业运输公司的实力和运输价格

运输外包的对象是专业运输公司，专业运输公司的设备类型和数量、作业人员数量和运输报价，都可以通过调查研究得到。

（二）不确定因素

无论是商品市场，还是物流运输市场，都存在许多不确定因素。上述的定量因素都会随市场而发生变化，企业的生产规模、各项成本和运输价格都可能发生变化。

有些数据可以通过对历史资料的统计分析，求出它们的概率分布。但是，有些问题的存在有不确定性，因此需要采取应对措施。

第一，制定备选方案，使其成为偶然突发事件的基础，一旦运输出现问题，立即启动备选方案。

第二，注意收集、更新有关数据，如燃料价格、承运商的经营状况等，通过对这些数据的分析，提高对运输问题的预见性。

第三，选择承运商时，应进行全面严格的考核分析，不能仅仅基于价格进行选择。

（三）定量分析举例

1. 成本分析模型

运输的各项成本费用，也可以按变化方式划分为固定成本和变动成本。所谓固定成本，是指与业务量的多少无关的成本费用。如企业公务人员的薪金、厂房及设备的折旧、基本的动力及水费等，无论经营量是多少，这些成本开支往往是固定发生的。所谓变动成本，是指随业务量的多少而增减的成本开支。如汽车运输中油料费用与运输量的多少有关，属于变动成本。所有经营成本都是支出项，如果经营总收入大于总成本，则企业盈利；如果总收入小于总成本，则出现亏损；如果总收入等于总成本，则是保本经营。所谓利润，是指经营总收入减去总成本的差额。

总成本的计算公式为

$$C=F+V\times X \tag{8.1}$$

式中，C 为总成本；F 为固定成本；V 为单位变动成本；X 为经营数量。

2. 自运与外运问题

【案例】自运和外运决策

某工厂的产品要运往销售地。如果自己运输，需要添置运输装卸设备，每年将增加设备固定成本 12 万元，运输每件产品的直接成本为 40 元；如果外运，即委托社会专业运输公司运输，每件要支付 100 元。试分析两种方案的选择原则。

（1）选择原则。设每年产品运输量为 X，则

外运（方案 1）的总成本为：$C_1=100X$

自运（方案 2）的总成本为：$C_2=40X+120000$

求两者的平衡点：$X=120000\div(100-40)=2000$

当运输量 X 大于 2000 件时，宜采用方案 2；当运输量 X 小于 2000 件时，宜采用方案 1；当运输量 X 等于 2000 件时，方案 1 与方案 2 成本相等。

（2）方案选择。通过对历史资料和企业生产能力的分析预测，该产品运输量的分布如表 8.1 所示。试分析企业应选择何种运输方案。

表 8.1　产品运输量的概率分布

产品运输量（X）	1000	1500	2000	2500	3000
概率（%）	20	25	30	15	10

根据数理统计的原理，产品运输量的期望值为

$$\begin{aligned}\overline{X} &= 1000\times 0.2+1500\times 0.25+2000\times 0.3+2500\times 0.45+3000\times 0.1\\ &=1850\end{aligned}$$

根据上述选择原则，该企业应当采用运输方案1，即运输外包。

第二节 运输承运商选择

当企业运输物流业务决定外包后，企业所面临的问题是如何进行运输购买、选择什么样的承运商。在选择承运商的同时，企业还要思考如何根据与承运商的购买关系进行运输价格谈判和后续的运输成本降低等问题的谈判。

在不存在垄断的运输市场中，不同的运输方式以及同一运输方式中会有许多运输承运商，这些承运商可能各有特点、能力迥异，所以货主或托运人为了有效地实现货物运输的目的，需要对选择哪个运输承运人做出决策。

一、运输购买策略

运输业务对制造企业来讲，是一个附属业务，与专业经营运输的公司相比，自营运输可能由于运输规模的限制和运输经验的缺乏，造成运输成本的偏高。因此，许多制造企业都不会选择自营运输，而是购买运输服务。企业如何购买运输服务，才能使运输成本在一个合适的范围内，而且能够从承运商处得到高水平的服务，这是一个购买策略问题。企业的主要运输购买策略有以下几种。

（一）建立长期买卖关系

企业选择偶尔地购买运输服务时，无法寻到最优的运价，而且运输质量也很难得到保障。企业要从偶尔地购买运输服务，转换到与承运商建立长期合作关系上，这样企业可从长期的运输合作中获得规模效益和稳定的运输服务质量。

（二）重视运输价格谈判

与承运商建立合作关系后，要把策略转移到如何从承运商处获得优惠的运输价格。运输价格谈判是非常重要的环节，在价格谈判时，要综合考虑承运商拥有的运输资源和所能提供的运输服务，同时要考虑自己产品的特性和运输要求。

（三）减少承运商数目

减少承运商数目，能够实现货物更加集中化管理，有利于运输规模效益的实现。同时，承运商数目的减少，使企业有精力更好地维护与承运商的合作关系，有利于信息沟通与交流，防止供应链在物流过程中的失误。此外，有利于对承运商的集中管理，降低营运成本。

（四）规范性运作

通过签订运输合同，明确双方的责任与义务，明确紧急情况下的运输备选方案及运输费用，同时明确处罚条款。企业通过合同明确双方可接受的条件和承担的责任，使企业与承运商能够比较容易地解决运输中可能发生的问题。

（五）共同改进绩效

虽然在运输合同中，已规定了运输价格，但是这并不代表运输价格的一成不变。企业有

责任帮助承运商寻找降低运输成本的途径，与承运商一起提高运输绩效水平。在承运商绩效水平提高后，企业的运输成本也会随之降低。

在上述提及的企业运输购买策略中，选择合适的承运商并与承运商建立长期的战略合作伙伴关系是非常重要的。承运商的选择决定了企业的运输价格和能获得的运输服务质量，同时也决定了企业生产和服务战略方向的某项服务与价格的目标实现。

二、承运商选择的步骤

（一）确定运输承运商的原则

（1）根据运输业务的特性选择承运商。如考虑货物的性质、体积、运送频次等，将其归类为普通运输、大件运输、零担运输或危险品运输等，并以此选择具有某方面特长的运输承运商。

（2）综合成本最小原则。应考虑运输成本及其对其他因素的影响，使物流整体成本最小。

（3）适度原则。即所选的承运商规模、综合能力与企业运输业务要求相适应。

（4）根据运输业务发生的主要地理范围，选择本地或对该范围运输业务较为熟悉的承运商。

（5）树立全局的和战略的观念，长远考虑企业自身发展、承运商近期及未来发展以及双方的合作关系。

（二）承运商选择的基本步骤

1. 承运商选择的范围界定

首先要确定运输发生的地理范围，选择对这些区域运输比较熟悉的承运商；然后，根据自己企业物品运输的要求，如货物属性、运送批量和体积、运输频率、运送时间等，确定合适运输企业物品的承运商范围。

2. 确定承运商选择指标

企业选择的承运商在一定程度上与企业之间的关系是战略伙伴关系，承运商的好坏不仅会影响企业战略目标的实现，而且在一定程度上会影响企业的竞争力。因此，选择承运商要慎重，并要事先确定企业选择承运商的标准。一般情况下，企业选择承运商可在长期项目和短期项目上分别制定选择的标准。

企业在选择承运商时，在长期项目上关注的指标有：①承运商的经营状况，有否成功运作的经验；②考察承运商的运输能力，重点在承运商的运输网络构建上；③整体服务水平，对突发事件的处理能力；④履行合约的承诺能力，看重承运商的道德和社会责任。

在短期项目上，企业更关注运输成本、运输周期、运送时间的变化率和货物安全等指标。

3. 发布承运商选择信息

信息发布的面越广，越有利于选择合适的承运商。优秀的承运商能够帮助企业降低成本，提高市场竞争力。因此，企业可选择在互联网、报纸等媒体上发布信息。信息要明确说明需要运输货物的属性、运送的体积大小、运送的频次、运送的数量等，并要求向承担运输任务的承运商提交企业的经营状况、运输资源等信息。

4. 邀请承运商竞标

对有响应的承运商进行筛选，初选规模考虑为实际需要数量的 3 倍左右。对初选上的承运商，发出竞标邀请。

5. 与承运商进行洽谈

与出价比较合理，并有意向结成伙伴关系的承运商进行洽谈。洽谈内容主要涉及短期评审项目内容。

6. 承运商谈判

根据长短期项目评审内容，对承运商进行评判、打分。

7. 确定承运商并签订运输合同

确定承运商后，与之进行价格谈判，最后签订运输合同。运输合同也可以不马上签，先让其试运行，考察其短期运作水平，3～6 个月之后再考虑是否签订合同。

三、承运商选择的方法

（一）服务质量比较法

客户在付出同等运费的情况下，总是希望得到更好的服务，因此，服务质量往往成为客户选择运输承运商的首要标准。

1. 运输质量

运输所体现的价值是把货物从一个地方运送到另一个地方，完成空间上的转移，而无需对货物本身进行任何加工。但如果运输保管不当，就会对货物的质量产生影响。因此，客户在选择运输承运商时会将其运输质量作为一个重要的因素来考虑。客户通常从以下几个方面来考虑。

（1）该运输公司提供运输工具的完好程度，如车辆的车龄、集装箱新旧程度等。

（2）该公司所雇佣的装卸公司的服务质量。货物在装卸过程中容易造成货损、货差，因此装卸工人的服务质量会直接影响到货物的运输质量。

（3）该公司所雇佣的从业人员的经验及工作责任心。从业人员丰富的经验及高超的技艺是保证货物安全运输的首要条件。

（4）该公司的货物运输控制流程。良好的运输控制流程将保证货物及时准确地发运、转运和卸载，减少货物的灭失、错卸、短卸、溢卸和错误交付等，从而保证运输质量。

2. 服务理念

随着各承运商运输质量的提高，客户对服务的要求也越来越高，客户在选择运输承运商时还会考虑他们的服务理念。

（1）运输的准班率。较高的准班率可以方便客户对货物的库存和发运进行控制，当然也为安排接运等提供了便利。

（2）航班的时间间隔、船舶的发船密度、铁路运输的发车间隔等。合理的间隔同样也将方便客户选择托运的时间及发货的密度等。

（3）单证的准确率。减少单证失误的发生。

（4）信息查询的方便程度。不同的承运商除了提供运输以外，还在附加服务上进行投入，如价格查询、航班查询以及货物跟踪等服务。

（5）货运纠纷的处理。无论承运商如何提高运输质量，改进服务水平，但货运纠纷难免发生，发生后如何及时圆满地处理纠纷是客户所关心的。

（二）运输价格谈判

运输服务价格谈判是在选择承运商运输服务时企业谈判的重要环节。在谈判之前，一定要有充分的准备，设定合理的目标价格，以此作为与承运商价格谈判的基础。除此之外，价格谈判还需注意以下几点。

1. 运输产品的特性、运输频率、数量、运送地点

对小批量、高运输频率的货物，其谈判的核心是交货期，要求其提供快速反应能力；对流水线、连续生产的大批量货物，谈判的核心是运输价格；对长距离、附加值低的货物运输，要考虑铁路运输、水路运输的可能性，谈判的核心仍是运输价格。

2. 运输市场状况和国家运输政策

运输市场的供求状况决定运输的价格。当市场运力紧张时，企业要提供较高的运输价格，才能谈判成功；相反，当运输市场处于买方市场时，企业可在谈判过程中获得较优的价格。此外，国家运输政策也是谈判要考虑的因素，如汽车运输谈判要以正常的装运水平进行，而不能以超载运输的成本进行考虑。

3. 全面考虑可能发生的运输费用

在运输过程中，除了发生的可预见费用如运输费用和附加运输费用外，还会发生一些不可预见费用，如货物突然散落所发生的费用等。这些费用可按总费用的15%折算，在谈判过程中承运商会考虑这一方面的费用。

4. 谈判双方“双赢”

一般来说，企业谈判都是在承运商在满足服务的要求下，尽量压价。但是，一定要保证承运商有合理的利润空间，否则承运商没有积极性来保证运输服务的质量。一旦货物在运输过程中出现问题，交货期延长，企业的损失将不是谈判争得的价格能够补偿的。

5. 注重长期效用

价格谈判是一个持续的过程，每个承运商都有其对应的学习曲线，在提供运输服务一段时间后，其运输成本会持续下降。那么，企业在谈判时，从长期合作的角度出发，可要求承运商不断降低运输成本，促进其改进运输方案，企业也可从中获益。

（三）综合评价选择法

在实际选择运输承运商时，客户会同时考虑许多对运输业务有影响的因素，如承运商的服务质量、运输价格、承运商的品牌、承运商的经济实力以及承运商的运输网点数量等。如果将这些因素综合考虑，则可以用公式表示为

$$S=\frac{k_1Q}{k_2P}+k_3B+k_4C+k_5N+\cdots+k_nO \tag{8.2}$$

式中，S 为综合因素评价值；k_n 为不同因素的权数，$n=1$，2，3，…；Q 为服务质量；P 为运输价格；B 为运输承运商的品牌；C 为运输承运商的总资产状况；N 为运输承运商的网点数；O 为其他因素。

客户可以根据自己的需要，调整不同因素的权数，对不同承运商进行评价，比较它们的得分，然后做出决策。当然也可以组织专家小组对承运商进行评价，汇总各个承运商的得分，选择最终的承运商。

（四）层次分析法

层次分析法（analytic hierarchy process，AHP）是美国运筹学家 T. L. Saaty 于 1973 年提出的一种层次权重评价决策分析方法。它的特点是可以处理定性与定量相结合的问题，可以将决策者的主观判断与政策经验倒入模型，并加以量化处理。这种方法通过分析复杂问题

所包含的因素及相关关系，将问题分解为不同的要素，并将这些要素归结为不同层次，从而形成层次结构。

层次结构一般包括目标层、准则层和方案层。目标层一般只有一个要素，是分析问题的预定目标或理想结果；准则层包括为实现目标所涉及的中间环节，它可以由若干层次组成，包括所需要考虑的准则、子准则；方案层是整个层次结构中的最底层，表示为实现目标可供选择的各种措施、决策方案等。

第三节　物流运输的合理化管理

运输是物流系统中最重要的功能之一，物流合理化在很大程度上依赖于运输合理化。因此，在进行运输管理以及物流系统设计和组织物流活动时，实现合理化运输是一项最基本的任务。

一、物流运输合理化的含义及作用

所谓物流运输合理化，就是在保证货物运量、运距、流向和中转环节合理的前提下，在整个运输过程中确保运输质量，以适宜的运输工具、最少的运输环节、最佳的运输路线、最低的运输成本，将货物从始发地运送至目的地。其作用体现在以下两个方面。

（一）合理分工，提高效率

物流运输合理化可以充分利用现有的运输能力，促进各种运输方式的合理分工，并以最小的社会劳动消耗，提高运输效率，及时满足国民经济发展的运输需求。

（二）降低成本，增加效益

运输合理化能充分发挥运输工具的效能，节约运力和劳力，减少运输环节、选择最佳的运输路线，降低库存物品数量和运输总成本，在确保运输质量的前提下，以最快的速度实现运输的目的，从而获得最大的社会效益和经济效益。

二、不合理运输的含义及表现形式

不合理运输是指在组织货物运输过程中，违反货物流通规律，不按经济区域和货物自然流向组织货物调运，忽视运输工具的充分利用和合理分工，装载量低，流转环节多，运输时间长，从而浪费运力和增加运输成本的运输现象。

在实际运输活动中，不合理运输表现为以下五种形式。

（一）与运输方向有关的不合理运输

1. 对流运输

对流运输又称为相向运输或交错运输，凡属同类的或可以互相代替的货物，在同一线路或不同运输方式的平行线路上的相向运输，而与对方运程的全部或一部分发生重叠交错的运输，即称对流运输。对流运输是不合理运输中最突出、最普遍的一种，它有两种表现形式：明显对流，指同类的（或可以互相代替的）货物沿着同一线路相向运输；隐蔽对流，指同类的（或可以互相代替的）货物以不同运输方式在平行路线上或不同时间内进行相反方向的运输。

如图 8.1 所示，一批货物从甲地经过乙地运至丙地，同时另一批同类货物从丁地经过丙地运至乙地，这样在乙地与丙地之间便产生了对流运输，且属于明显对流的情况。

如图 8.2 所示，从丁地发货 2t 给丙地；从甲地发货 2t 给乙地，这种运输路线也是不合理的，属于隐蔽对流的情况。其主要原因是：正确的运输路线应该是丁地发给乙地，甲地发给丙地，其货物周转量为 2×10＋2×30＝80（t·km）；而图中运输路线的货物周转量为2×40＋2×20＝120（t·km），这样就浪费了 40t·km 的运力。

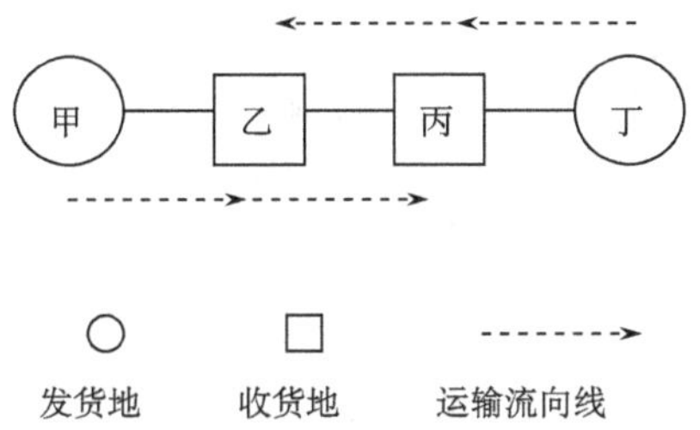

图 8.1　货物对流运输（明显对流）示意图

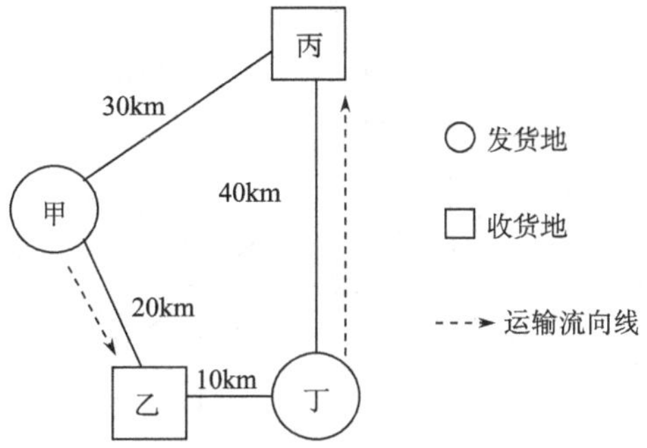

图 8.2　货物对流运输（隐蔽对流）示意图

2. 倒流运输

倒流运输是指同一批货物或同批货物中的一部分货物，由发运站至目的站后，又从目的站向发运站方向倒运。在实际运输工作中，倒流有两种情况：一种是同一种货物从甲地（供应地）运达乙地（销地）后，又从乙地（销地）运回甲地（供应地），或者中途的丁地（销地）；另一种情况是货物从丙地（销地）运往甲地（供应地），如图 8.3 所示。

倒流运输的不合理程度要超过对流运输，因为其往返的运输都是不必要的，形成了双程浪费。倒流运输也可以看成是隐蔽对流的一种特殊形式。

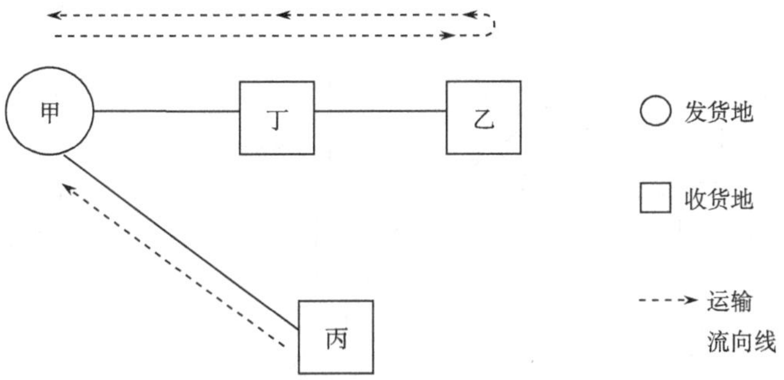

图 8.3　货物倒流运输示意图

（二）与运输距离有关的不合理运输

1. 迂回运输

迂回运输是指货物绕道而行的运输现象。这是本可以选取短距离的路线进行运输，却选择路程较长路线进行运输的一种不合理方式。如图 8.4 所示，货物由甲地发运经过乙地、丙地至丁地，那么在甲、乙、丙、丁各地之间便发生了迂回运输。正确的运输路线应该是甲地经过戊地至丁地。

迂回运输有一定的复杂性，不能简单处理，只有当计划不周、地理不熟、组织不当而发生的迂回才属于不合理运输。如果最短距离有交通阻塞、路况不好或有特殊交通限制时所发生的迂回不能称为不合理运输。

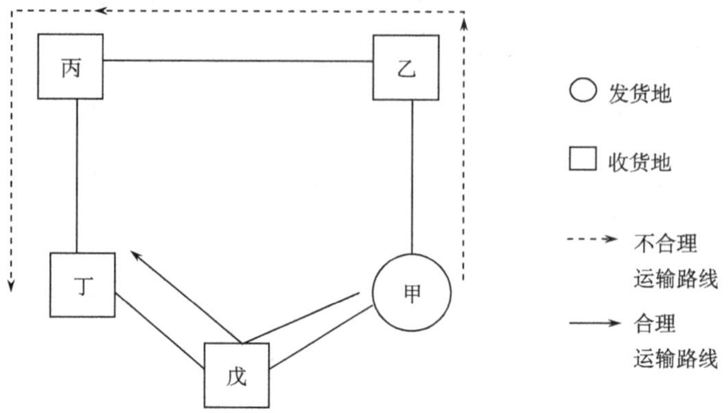

图 8.4　货物迂回运输示意图

2. 过远运输

过远运输是一种舍近求远的商品运输。即销地完全有可能由距离较近的供应地购进所需要的相同质量的物美价廉的货物，却超出货物合理流向的范围，从远距离的地区运进来；或两个生产地生产同一种货物，它们不是就近供应邻近的消费地，却调给较远的其他消费地。过远运输会造成占用时间长、运输工具周转慢、物资占压资金时间长等不合理现象，而且也易出现货损，增加费用开支。如图 8.5 所示，如果甲地供应乙地，丙地供应丁地，是不合理的；合理的运输路线应为甲地供应丁地，丙地供应乙地。

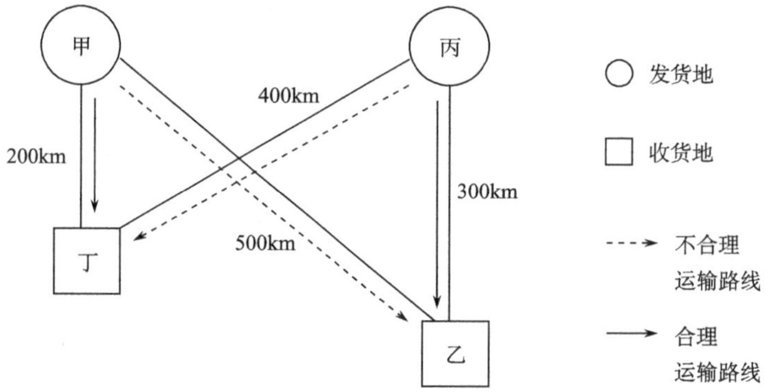

图 8.5　货物过远运输示意图

（三）与运量有关的不合理运输

1. 重复运输

重复运输是指同一批货物由产地运抵目的地，不需经过任何加工和必要的作业处理，也不是为联运及中转需要，而在途中停卸重复装运的现象。重复运输虽未延长运输里程，但增加了多余的中间装卸环节，延长了货物的在途时间，增加了装卸、搬运费用，增大了货损，而且降低了运输工具的使用效率，延缓了流通速度。

2. 无效运输

无效运输是指被运输的货物杂质较多，使运输能力浪费于不必要的物资运输。如煤炭运输中的矸石、原油运输中的水分、矿石运输中的泥土和沙石，都属于无效运输量。

3. 返程或起程空驶

空车或无货载行驶可以说是不合理运输最严重的形式。在实际运输组织中，有时候必须调运空车，从管理上不能将其看成不合理运输。但是，因调运不当，货源计划不周密而形成的空驶，是不合理运输的主要表现。空驶主要原因有：依靠自备车送货提货，往往出现单程重车、单程空驶的不合理运输；由于工作失误或计划不周，造成货源不实，车辆空去空回，形成双程空驶；由于车辆过分专用，无法搭运回程货，只能单程回空周转。

（四）与运力有关的不合理运输

1. 弃水走陆的运输

指在可以同时利用水运及陆运时，放弃成本费用较低的水运或水陆联运，而选择成本费用较高的铁路或公路进行的运输，使水运优势不能发挥。

2. 运距与运输工具的经济里程不匹配的运输

它是指运距不在铁路、水路大型船舶的经济运行里程之内，却选择利用这些运力来组织运输的现象。这种运输的不合理之处在于：与小型运输工具相比，由于火车及大型船舶装卸难度大、装卸时间长、手续复杂，且需要专用的装卸设备，故在过近距离运输中，发挥不了其运速快的优势，相反，由于机动灵活性不足，会延长运输时间，使费用提高、效率降低。

3. 货运量与运力不相匹配的运输

它是指不根据货物数量或重量要求，使用不相匹配的运输工具所进行的运输。此种运输不合理之处在于“小马拉大车”、“大马拉小车”。前者可能会因为超载、超时运输而造成运输工具的损坏或交通事故的发生；后者则会因载运量不足而浪费运力，同时也使单位运输成本增加。

（五）托运方式不当的不合理运输

对于货主而言，在可以选择最好托运方式而未选择，造成运力浪费及费用支出加大的一种不合理运输。例如，本应选择整车运输而未选择，反而采用零担托运；应当选择直达运输而选择了中转运输；应当选择中转运输而选择了直达运输等，都属于这一类型的不合理运输。

三、影响物流运输合理化的因素

（一）影响物流运输合理化的外部因素

1. 政府

由于运输对国民经济的发展有至关重要的作用，所以世界上各国政府一般都采用规章制度或经济政策等形式，对运输活动进行不同程度的干预和调节。如通过限制承运人所能服务的市场或确定他们所能收取的价格来规范他们的行为；通过支持研究开发或提供诸如公路或航空交通控制系统之类的通行权来促进承运人开展业务活动等，这些都直接或间接地影响着物流运输组织的合理化。

2. 资源分布状况

资源分布不平衡也是运输布局合理性的重要影响因素。如我国能源工业中的煤炭和石油，基本上都集中于北部和西部地区，东南部地区的储量很小，但东南部地区经济发达，工业产值较大，这样就形成了我国煤炭、石油运输的总流向是“北煤南运”、“西煤东运”、“北油南运”、“西油东运”的格局。

3. 产业结构的变化

运输是生产过程的继续。因此，不仅工农业产品的增长速度影响着货运量及其增长速度，而且工农业生产结构的变动也会引起货物运输结构及其增长速度的变化。如当前中国面临产业的转型升级，内陆由于加快了工业发展，运输需求量大增，对外联系也加大，因此在一些物流集聚区发展了无水港。

4. 运输决策的参与者

运输决策的参与者主要有托运人、承运人、收货人。托运人和收货人有共同的目的，就是要在规定的时间内以最低的成本将货物从起始地转移到目的地。承运人作为中间人，期望以最低的成本完成所需的运输任务，同时获得最大的运输收入，并期望在提取和交付时间上有灵活性，以便于能够使个别的装运整合成经济的批量运输。

（二）影响物流运输合理化的内部因素

1. 运输距离

在运输过程中，运输时间、货损、运费、车辆或船舶周转等运输的若干技术经济指标，都与运输距离有一定的比例关系。因此，运距长短是运输是否合理的一个最基本因素。

2. 运输环节

每增加一个运输环节，如装卸、搬卸、包装等，必然会增加一些时间和费用，也会增加货损、货差的可能性，所以，减少运输环节或二次运输，可以促进运输的合理化。

3. 运输工具

各种运输工具都有其使用的优势领域，对运输工具进行优化选择，按运输工具特点进行装卸运输作业，是运输合理化的重要内容。

4. 运输时间

运输是物流过程中需要花费较多时间的环节，尤其是远程运输，在全部物流时间中，运输时间占绝大部分，因而缩短运输时间对整个物流时间缩短有决定性的作用，不但利于交通工具周转、货物资金周转，而且对运输合理化也有很大贡献。

5. 运输费用

运费在全部物流成本中占很大比例，运费高低很大程度上决定了整个物流系统的竞争能力。实际上，降低运输费用无论对货主企业来讲还是对物流经营企业来讲，都是运输合理化的一个重要目标。运费的多少也是各种合理化事实是否行之有效的最终判断依据之一。

四、运输合理化的有效途径

为了克服不合理运输现象，在物流运输管理过程中需要采取一些措施来组织合理的运输。组织合理运输的主要形式有以下几种。

（一）分区产销平衡合理运输

分区产销平衡合理运输就是在组织物流活动时，对某种货物，使其一定的生产区固定于一定的消费区。根据产销分布情况和交通运输条件，在产销平衡的基础上，按照近产近销原则，使货物运输线路最短，实现合理运输。

分区产销平衡合理运输适用的范围主要对品种单一、规格简单、生产集中、消费分散或消费集中、生产分散，以及调运量大的物品，如煤炭、木材、水泥、粮食、生猪、建材等。实行这一方法，对于加强产、供、运、销一体化，消除过远运输、迂回运输、对流运输等不合理运输，充分利用地方资源，促进生产力合理布局，降低物流费用，节约运力，都有十分重要的意义。

（二）合理配置运输网络

在规划运输网络时，应合理配置仓库、物流中心、配送中心以及中转站、货运站、港口、空港等物流节点，例如，企业为了确保市场占有率，就需要考虑利用多少个仓库、配送中心；配送中心、仓库如何布局，密度多大，相距多远；运输业务是全部外包，或是自己承担一部分等。企业对这些问题都需要整体规划，统一考虑，做到既满足销售的需要，又能减少交叉、迂回和空载运输，降低运输成本，提高运输效率。

在设计和利用运输线路时，要进行运输线路优化。在条件允许的情况下，考虑采用集运、直达运输、“四就”直拨运输等运输策略与方法，尽量减少运输中间环节，使运输网络中总的运输线路最短。

（三）选择最佳的运输方式

由于铁路、公路、水路、航空、管道等运输方式各具特点，所以在货物运输中要根据实际情况选用适宜的运输方式。例如，长距离、大批量的货物运输宜采用铁路或水路运输；小批量、多品种、近距离的货物运输宜采用公路运输；体积小、价值高的货物运输和紧急救灾、抢险物资的运输适合航空运输方式；在中短距离运输中，可以实施铁路公路分流和“以公代铁”运输。

此外，运输方式的选择还有合装整车问题。合装整车运输也称零担拼整车中转分运，它主要适用于杂货运输。合装整车运输是在组织铁路货运时，由同一发货人将不同品种但发往同一车站、同一收货人的零担托运货物由物流企业自己组配在一个车皮内，以整车运输的方式托运到目的地；或把同一方向不同到站的零担货物集中组配在一个车皮内，运到一个适当的车站，然后再中转分运。合装整车运输的具体做法有四种：零担货物拼整车直达运输；零担货物拼整车接力直达或中转分运；整车分卸；整装零担。由于采用合装整车的办法可以减少一部分运输费用，所以可以取得较好的经济效果，而且会提高运输工具的利用率。

（四）提高车辆运行效率

努力提高车辆的运行率、实载率，减少车辆空载、迂回运输、对流运输、重复运输、倒流运输等现象，缩短等待时间或装运时间，提高有效工作时间，从而可以有效地促进运输的合理化。

提高运输工具实载率是运输合理化的一种有效方式。运输工具实载率包括两方面含义：一是单车实际载重与运距之乘积和标定载重与行驶里程之乘积的比率；二是车船的统计指标，即一定时期内车船实际完成的货物周转量（t·km）占车船载重吨位与行驶千米乘积的百分比。物流系统的配送和车辆配载就是提高车辆实载率的有效方式。

在实际运输工作中，在一定基础设施条件下，提高运输效率、增加运输能力的具体做法还有以下几种。

1. 铁路运输的“满载超轴”法

“满载”就是为了充分利用货车的容积和载重量，多载货，不空驶。“超轴”就是在机车能力允许情况下，多加挂车皮，增加运输量。如我国在客运紧张时，采取加长列车、多挂车皮的办法，可在不增加机车情况下增加运输量。

2. 水路运输的“拖排拖带”法

这种方法指在竹、木等物品的运输中，不用运输工具载运，而是利用竹、木本身浮力，采取拖带法运输，从而节省运输工具本身的动力消耗，或者将无动力驳船编成一定队形（一般是纵列），用拖轮拖带行驶，加大船舶的运载能力。

3. 内河运输的顶推法

该法就是将内河驳船编成一定队形，由机动船顶推前进。其优点是航行阻力小，顶推量大，速度较快，运输成本低。这是我国内河货运采取的一种有效方法。

4. 公路运输的挂车法

这种方法的原理与船舶拖带、火车加挂基本相同，都是在充分利用动力的基础上，增加运输能力。

（五）采用先进的运输技术装备

不断开发特殊运输技术和采用先进的运输工具是实现运输合理化的重要途径。提高技术装载量不仅可以最大限度地利用车船载重吨位，而且可以充分利用车船装载容积。具体做法有以下几种。

1. 组织轻重装配

它是把实重货物和轻泡货物组装在一起，即可以充分利用车船装载容积，又能达到最佳装载重量，以提高运输工具的综合利用率。

2. 实行解体运输

它是针对一些体积大且笨重、不易装卸又容易碰撞致伤的货物所采取的一种装载技术。例如，大型机电产品、科学仪器、自行车等，可将其拆卸装车，分别包装，以缩小其所占用的空间位置，达到便利装卸搬运和提高运输装卸效率的目的。

3. 堆码技术的运用

应根据车船的货位情况及不同货物的包装状态、形状，采取有效的堆码技术，如多层装载、骑缝装载、紧密装载等，以达到提高运输效率的目的。与此同时，改进包装技术，逐步实行单元化、托盘化运输，对提高车船技术装载量也有重要意义。

（六）采用合理的运输策略和模式

要实现运输合理化，还必须采用合理的运输，尽量采用直达运输、“四就”直拨运输、共同运输、集运等策略。直达运输是追求运输合理化的重要形式，它可以通过减少中转、过载和换装，提高运输速度，节省装卸费用，降低中转货损。直达运输的优势尤其是在一次运输批量和客户一次需求量达到了一整车时最为突出。此外，在生产资料、生活资料运输中，通过直达运输可以建立稳定的产销关系和运输系统，也有利于提高运输的计划水平。

“四就”直拨运输是指就厂、就站（码头）、就库、就车（船）将物品直接分送给客户。这也是减少中转运输环节的一种形式。它和直达运输是两种不同的合理运输形式，它们既有联系又有区别。直达运输一般是货物运输里程较远、批量较大；而“四就”直拨运输一般是货物运输里程较近、批量较小，一般在大中城市批发站所在地办理直拨运输业务。在运输过程中将“四就”直拨运输与直达运输结合起来会收到更好的效果。

随着运输业以及物流技术的发展，应大力推广一些先进的运输模式与方法，如多式联运、一贯托盘化运输、集装箱运输、散装化运输、智能化运输、门到门运输等。

第九章　干线运输决策

物流运输的费用占整个物流活动费用的30%～50%，因此，物流运输成本的高低将直接影响企业物流的成本，而决定物流成本的关键是物流运输方案设计。按照有关的货物流转计划、调拨计划、购销合同、协议和承运部门的有关规定等，结合历史资料，运用科学的方法编制物流运输方案，防止不合理运输现象发生，合理选择与优化运输线路，合理选择运输方式，合理选择配备运力，能大大提高物流运输的经济效益。

第一节　运输方式的选择

现代化的综合运输体系由铁路、公路、水路、航空及管道五种运输方式和多式联运以及各种相应的配套设施组成。这些运输方式虽然都能帮助企业完成货物运输，但提供的服务性能有所差异，对企业运输合理化、运输成本降低起着不同的作用。一般应根据物流系统要求的服务水平和允许的物流成本来决定运输方式的选择，既可以使用一种运输方式也可以使用成组运输或联运方式来完成货物的运输工作。

一、运输方式选择的影响因素

企业选择运输方式时，需要考虑的因素很多，基本上可归纳为四个方面。

（一）运输方式的服务性能

运输方式的服务性能主要包括与运输方式有关的服务性能指标，如运输服务费用、运达时间、服务可靠性、运载能力、灵活性和可获得性等。企业按不同性能指标选择的运输方式是不一样的，一般会综合考虑这些性能指标进行决策。

（二）货主需求特性

一般情况下，货主会根据要运送货物的性质、种类、运距、时间、运输频率和批量等选择运输方式，如按货物种类、批量选择运输方式时，如果是整车或大批量的原材料运输，可考虑铁路、公路和水路运输方式，也可考虑采用多式联运；如果是小批量向客户配送时，在城市范围内，考虑采用公路运输方式，城间运输考虑公路或航空运输方式。

（三）市场变化情况

企业经常需要根据市场的销售情况，调节销售计划和运输计划。销售情况好，企业需要有大量商品投放到市场，因此需要选择运送时间短的运输方式，如卡车运输等。企业运输方式选择时，需要考虑运输成本增加与销售利润提高之间的平衡。

（四）库存成本

运输频率影响货物存储水平，不同运输方式的运输频率不同，对库存成本的影响也就不同。运输频率高，货主可以保持较低的存储水平；运输频率低，货主要保持较高的存储水平。决策者可通过考虑运输频率这个指标，进行运输方式选择。

二、各种运输方式比较

（一）服务要素比较

评价一种运输方式是否适应企业运输需求，需要同时考虑五大服务要素，即速度、可用性、可靠性、运载能力和灵活性。速度是指货物的运送时间；可用性是指在顾客需要时，服务能够容易获得；可靠性是指服务质量和时间的确定；运载能力是指运输方式具有运输不同种类、形状、规格和重量的货物的能力；灵活性是指能够到达用户指定的任何地点。各种运输方式的服务要素比较如表 9.1 所示。

表 9.1　各种运输方式的相对服务特征（徐丽群，2007）

服务要素＼运输方式	铁路	卡车	水路	航空	管道
速度	3	2	4	1	5
可用性	2	1	3	4	5
可靠性	3	2	4	5	1
运载能力	2	3	1	4	5
灵活性	3	1	4	2	5

注：1 为最好，5 为最差。

从表 9.1 中可以看出，五大运输方式各有其优缺点，如航空速度最快，但是运载能力和可靠性却很差；水路的运载能力高，但速度慢。相比之下，铁路运输与公路运输的服务要素居中，而且公路运输的整体服务性能优于铁路运输。

（二）成本比较

不同的运输方式具有不同的固定成本和变动成本，其相对成本的比较如表 9.2 所示。

表 9.2　各种运输方式的相对成本（徐丽群，2007）

运输方式＼成本	固定成本	变动成本	货物适用范围
铁路	高	低	散装食物、矿产品、笨重货物
公路	低	中	生活消费品、中等或轻货物
水路	中	低	散装食物、矿产品、化工产品
航空	低	高	高附加值货物、紧急货物
管道	高	低	气体、液体或浆状产品

表 9.2 表示了不同运输方式的相对成本，从中可以看出，铁路运输与管道运输的固定成本很高，说明这两种运输方式的固定投资大，建设费用高。从变动成本看，铁路运输、水路运输和管道运输成本低，大宗货物运输采用这些运输方式，能够降低运输成本。但从总体来看，公路和水路运输总成本居中，无论是投资还是选择运输方式，这两种运输方式都可以考虑。

三、运输方式选择评价模型

（一）综合评价模型

任何一种运输方式，在提供的诸多服务性能指标中，有最佳的（如水路运输成本低），也有中等的和很差的（如水路运输时间长），而企业在选择运输方式时，往往选择综合性能指标最优的运输方式。因此，在选择运输方式时，可通过计算每一种运输方式的每一个性能指标相对于最好的性能指标的值，并对性能指标的相对值进行加权平均，最后得出每一种运输方式的综合得分值。按照得分值的大小，企业可对运输方式进行选择。这种方法称为服务性能指标的综合评价法，其所用模型为

$$P_c = \max\{P_k\} \tag{9.1}$$

$$P_k = a_1 R_{dk} + a_2 C_{dk} + a_3 T_{dk} + a_4 F_{dk} + \cdots \tag{9.2}$$

式中，P_c 表示选择的运输方式；P_k 表示第 k 种运输方式的综合评价值，$k=1, 2, 3, \cdots, n$；R_{dk} 表示运输方式 k 的相对服务可靠性，可采用等级评分法，如 1 表示差，2 表示中，3 表示好；C_{dk} 表示运输方式 k 的相对运输服务费用，$C_{dk}=\frac{C_{\min}}{C_k}$；$T_{dk}$ 表示运输方式 k 的相对运达时间，$T_{dk}=\frac{T_{\min}}{T_k}$；$F_{dk}$ 表示运输方式 k 的相对服务频率，$F_{dk}=\frac{F_k}{F_{\max}}$；$a$ 表示各种服务性能的权重 $\sum_{i=1}^{n} a_i = 1$。

这个模型主要考虑每一种运输方式的服务性能指标（如服务可靠性、运输费用、运达时间和服务效率等）的综合评价值，通过给定不同的权重值，反映企业对服务性能的要求程度。这个模型简单且实用。

【案例】卡利箱包公司的运输方式选择

卡利箱包公司将东海岸工厂生产的箱包运往西海岸销售点。公司拟在铁路运输、驮背运输、卡车运输和航空运输方式之间进行选择，决策资料如表 9.3 所示。假设采购成本和运输时间的变化忽略不计，问如何决策？

表 9.3　运输成本比较决策案例

运输服务方式	运输费率（美元/件）	运送时间（天）	每年运输的批次（次）	每个存储点的存货量（件）
铁路运输	0.10	24	10	100000
驮背运输	0.15	14	20	50000
卡车运输	0.20	5	20	50000
航空运输	1.40	2	40	25000

根据已知条件和服务性能指标的综合评价模型，并参照表 9.1 的各种运输方式的相对服务特征，计算的各种运输方式的综合评价值（假设 $a_1=a_2=a_3=a_4=0.25$）如表 9.4 所示。

表 9.4　各运输方式性能指标的综合评价值

运输服务方式	R_{dk}	C_{dk}	T_{dk}	F_{dk}	P_k
铁路运输	2	1	0.08	0.25	0.8325
驮背运输	2.5	0.67	0.14	0.50	0.9525
卡车运输	3	0.50	0.40	0.50	1.1
航空运输	1	0.07	1	1	0.7675

从表 9.4 中可以看到，虽然采用铁路运输运费最低，但综合评价值却不是最高的；采用航空运输运送时间最短、库存成本最低，但由于运输费用过高，综合评价值最低。公路运输虽然运输费用较高，但从综合指标评价值来看，公路运输是比较理想的运输方式。因此，决策结果为卡车运输。

（二）成本比较决策模型

运输成本比较决策实际上就是运载工具决策的量化分析。如果不将运输服务作为竞争手段，那么能使该运输服务的成本与该运输服务水平导致的相关间接库存成本之间达到平衡的运输服务就是最佳服务方案，即运输的速度和可靠性会影响托运人和买方的库存水平以及他们之间的在途库存水平。如果选择速度慢、可靠性差的运输服务，物流渠道中就需要有更多的库存。这样，就需要考虑库存持有成本可能升高，以此来抵消运输服务成本降低的情况。因此各种备选方案中，最合理的应该是：既能满足客户需求，又使总成本最低的服务。

成本比较决策把总成本最低作为决策的选择。一般物流的总成本由运输成本、在途存货成本、工厂存货成本和仓库存货成本构成，其模型为

$$C = C_{运输} + C_{在途} + C_{工厂} + C_{仓库} \tag{9.3}$$

$$\begin{cases} C_{运输} = R \times D \\ C_{在途} = I \times P \times D \times T/365 \\ C_{工厂} = I \times P \times Q/2 \\ C_{仓库} = I \times P \times Q/2 \end{cases}$$

式中，C 为总成本；R 为运输费率；D 为年运输量；I 为年存货成本率；P 为产品单价；T 为运达时间；Q 为每个存储点存货量。

【案例】继续“卡利箱包公司”的案例

若西海岸销售点每年销售 D=700000 件箱包，箱包的平均价值 C=30 美元，每年的存货成本率 I 为商品价格的 30%，各种运输方式的总成本为多少？

表 9.5 是根据成本比较决策模型计算的过程。考虑到随着年发运批量的增加，运输服务会有所改进，会使工厂成本和仓库成本有所降低，即随着发运批量的增加，成本系数会降低，因此会出现表 9.6 的结果。

由表 9.6 的计算可知，在四种运输服务方案中，卡车运输的总成本最低，因此应选择卡车运输。

表 9.5　运输服务方案对比表 1

成本类型	运输服务方案	
	铁路运输	驮背运输
运输	0.1×700000=70000	0.15×700000=105000
在途存货	(0.3×30×700000×24)/365=414247	(0.3×30×700000×14)/365=241644
工厂存货	(0.3×30×100000)/2=450000	(0.3×30×50000)/2=225000
仓库存货	(0.3×30.1×100000)/2=451500	(0.3×30.15×50000)/2=226125
总成本	1385747	797769
成本类型	运输服务方案	
	卡车运输	航空运输
运输	0.20×700000=140000	1.4×700000=980000
在途存货	(0.3×30×700000×5)/365=86301	(0.3×30×700000×2)/365=34521
工厂存货	(0.3×30×50000)/2=225000	(0.3×30×25000)/2=112500
仓库存货	(0.3×30.2×50000)/2=226500	(0.3×31.4×25000)/2=117750
总成本	677801	1244771

表 9.6　运输服务方案对比表 2

成本类型	运输服务方案	
	铁路运输	驮背运输
运输	0.1×700000=70000	0.15×700000=105000
在途存货	(0.3×30×700000×24)/365=414247	(0.3×30×700000×14)/365=241644
工厂存货	(0.3×30×100000)/2=450000	(0.3×30×50000×**0.93**)/2=209250
仓库存货	(0.3×30.1×100000)/2=451500	(0.3×30.15×50000×**0.93**)/2=210296
总成本	1385747	766190
成本类型	运输服务方案	
	卡车运输	航空运输
运输	0.20×700000=140000	1.4×700000=980000
在途存货	(0.3×30×700000×5)/365=86301	(0.3×30×700000×2)/365=34521
工厂存货	(0.3×30×50000×**0.84**)/2=189000	(0.3×30×25000×**0.80**)/2=90000
仓库存货	(0.3×30.2×50000×**0.84**)/2=190260	(0.3×31.4×25000×**0.80**)/2=94200
总成本	605561	1198721

注：黑体数字表示考虑了随年发运批量的增加，带来运输服务改进导致的成本系数降低。

（三）预期利润模型

企业在销售过程中，经常会遇到市场需求旺盛时期，这时企业运输方式决策主要考虑的是如何将商品快速从生产地运到销售地，通过销售利润的增加补偿一部分运输费用。在这种情况下，企业可选择运送速度较快的运输方式，选择模型为

$$P_c = \max\{S_k\} \tag{9.4}$$

$$S_k = (\omega_i - \gamma_{ik}) \times X \tag{9.5}$$

式中，P_c 表示选择的运输方式；S_k 表示第 k 种运输方式的预期利润，$k=1, 2, 3, \cdots, n$；ω_i 表示第 i 种货物的单位产品销售利润；γ_{ik} 表示第 i 种货物的第 k 种运输方式的运输费率；X 表示一次运输的货运量。

这个模型将销售策略与运输方式的选择结合在一起，使企业能够系统地考虑销售、库存和运输三者之间的相互关系。

【案例】供应商的运输方式选择

位于匹兹堡的一家设备制造商需要从两个供应商那里购买 3000 箱塑料配件，每箱配件的价格是 100 美元。目前，从两个供应商采购的数量是一样的。两个供应商都采用铁路运输，平均运送时间也相同。但如果其中一个供应商能将平均交付时间缩短，那么每缩短一天，制造商会将采购订单的 5%（即 150 箱）转给这个供应商。如果不考虑运输成本，供应商每卖出一箱配件可以获得 20%的利润。供应商 A 正在考虑如果将铁路运输改为航空或公路运输，是否可以获得更多的收益。各种运输方式下每箱配件的运输费率和平均运送时间如表 9.7 所示。试问供应商 A 将选择何种运输方式？

表 9.7　运输费率和平均运送时间

运输方式	运输费率（美元/箱）	运送时间（天）
铁路运输	2.50	7
公路运输	6.00	4
航空运输	10.35	2

根据预期利润模型计算的供应商 A 采用不同运输方式可获得的预期利润，如表 9.8 所示。

表 9.8　供应商 A 采用不同运输方式获得的预期利润

运输方式	销售量（箱）	毛利（美元）	运输成本（美元）	纯利（美元）
铁路运输	3000/2=1500	1500×100×20%=30000.00	1500×2.5=3750.00	30000−3750=26250.00
公路运输	1500+150×(7−4)=1950	1950×100×20%=39000.00	1950×6.0=11700.00	39000−11700=27300.00
航空运输	1500+150×(7−2)=2250	2250×100×20%=45000.00	2250×10.35=23287.50	45000−23287.5=21712.50

从表 9.8 中可以看出，虽然公路运输费率高于铁路运输，但由于其运送时间短，使增加的运输量产生的收益能够弥补运输费率的升高，预期利润超过铁路和航空运输。如果该制造商能够恪守诺言，供应商 A 应该转而采用公路运输。

本案例是假设供应商 B 没有作出反应，仍旧采用铁路运输。实际上，在激烈的市场竞争中，供应商 B 也会考虑改变运输方式。供应商之间激烈竞争的结果，将导致供应商获取的利润降低。

上述讨论的两种运输方式选择模型，在企业物流实践中得到广泛应用。此外，由于一些企业运送的货物，如冷冻食品、保鲜食品等，对运输过程有特殊要求，因此运输方式的选择首先应该考虑货物的特性，然后再使用上述模型进行选择。

这种竞争的方法，还要注意以下几点。

第一，如果客户和企业是相互独立的法律实体，二者之间应注意信息的交流。彼此了解对方的成本，将有利于促进双方有效的合作。

第二，在竞争激烈的环境中，客户和企业都应该采取合理的行动来平衡运输成本和运输服务质量，以获得最佳收益。

第三，注意价格影响。假如企业提供的运输服务质量优于竞争对方，它可能会提高产品的价格来补偿增加的成本。所以，客户在决定是否购买时应同时考虑产品价格和运输绩效。

第四，运输费率、产品种类、库存成本的变化和竞争对手的反应增加了问题的难度，涉及多方博弈。

竞争因素法更接近实际情况，适用性更强；但与成本法相比，操作性差。在竞争激烈的环境中最好用竞争因素法；反之，则用成本法。

第二节　运输线路的选择

在铁路运输、公路运输、水运等运输业使用的托运单、货票等运输凭证中，需要填明托运货物的发站和到站。运输企业在受理托运货物以后负有取行程最短、货运量最少的线路将货物从发站运输到指定到站的责任。

在实际工作中，运输线路选择有很多方法。

一、图上作业法

图上作业法就是利用商品产地和销地的地理分布和交通路线示意图，采用科学的规划方法，制定商品合理运输方案，以求得商品运输最小吨千米的方法。图上作业法适用于交通路线为线状、圈状，而且对产销地点的数量没有严格限制的情况。

图上作业法的原则可以归纳为："流向划右方，对流不应当；里圈、外圈分别算，要求不过半圈长；如若超过半圈长，应甩运量最小段；反复求算最优方案。"

交通运输以及类似的线性规划问题，都可以首先画出流向图，然后根据有关规则进行必要调整，直至求出最小运输费用或最大运输效率的解。这种求解方法，就是图上作业法。

（一）线状交通线路图上作业法

线状交通线路图上作业法是在分区产销平衡所确定的供销区域内，按照生产地与消费地的地理分布，根据有利于生产、有利于市场供给、近产近销的原则，应用交通路线示意图和商品产销平衡找出产销之间经济合理的商品运输线路。由于它一般结合图表进行分析，也被称为图表分析法。

【案例】线状交通线路图上作业

有一种商品从A地运出40t，从B地运出70t，从C地运出30t，从D地运出60t，供给a、b、c三地的数量分别为70t、80t、50t，应用图上作业法分析该商品的合理运输路线。

1. 编制商品产销平衡表

列出货物发运地、到达地、供应量、需求量，并保持供应量与需求量平衡，如表9.9所示。

表 9.9　商品产销平衡表

供应商＼销地	A	B	C	D	供应量（t）
a					70
b					80
c					50
需求量（t）	40	70	30	60	200

2. 绘制交通示意图

绘制货物发运地与到达地的交通线路图，如图 9.1 所示。

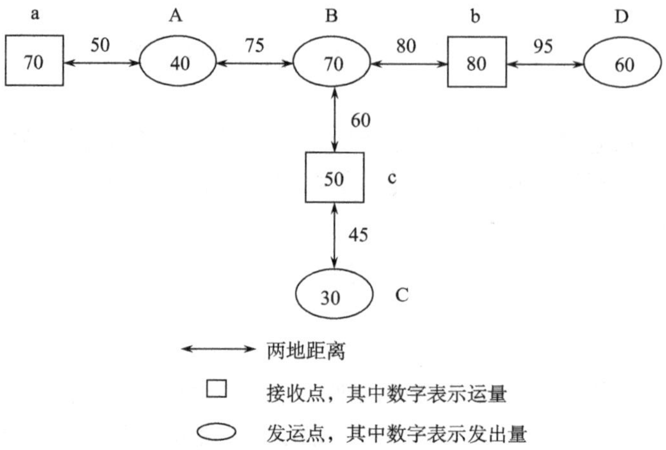

图 9.1　交通线路示意图

3. 制定商品运输方案

在图中标出调运情况，从各端点开始，按各端供需归邻站的原则进行调配，得出一个没有对流的调运作业图为最佳流向图，如图 9.2 所示。

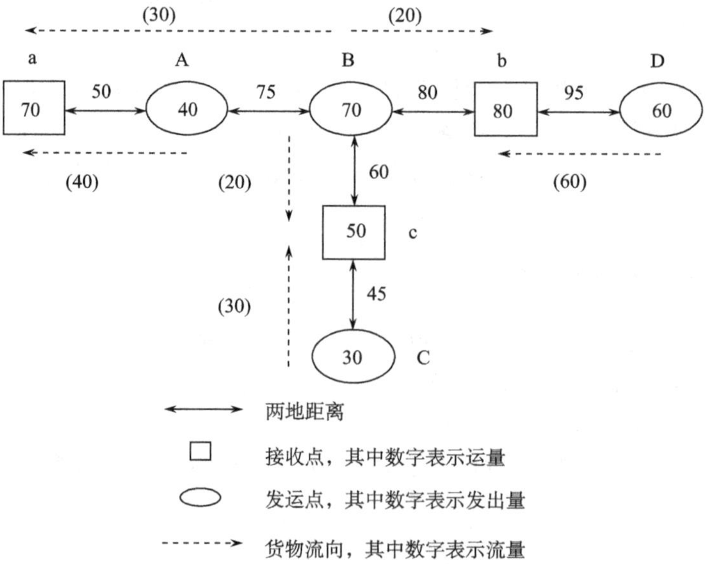

图 9.2　商品的运输方案

4. 结果填入平衡表

将图 9.2 上各调运量填入表 9.10，则为最优调运方案。

表 9.10　物流运输最优调运方案

销地 供应商	A	B	C	D	供应量（t）
a	40	30	—	—	70
b	—	20	—	60	80
c	—	20	30	—	50
需求量（t）	40	70	30	60	200

图表分析法简单易行，不必计算里程，适用于产销区域较小、产销点小、产销关系比较简单的情况。

（二）圈状交通线路图上作业法

适用于调运线路成圈状，并且需要考虑运输距离的情况。

【案例】圈状交通线路图上作业

设有某商品发运点 A、B、C、D 四处，接收点 a、b、c、d 位置成圈状，其距离及供需量如表 9.11 所示，试求最优运输路线。

表 9.11　物流运输调运平衡表

接收点 距离（km） 发运点	a	b	c	d	供应量（t）
A	65	—	—	80	80
B	180	220	—	—	150
C	—	90	75	—	170
D	—	—	60	70	100
需求量（t）	130	100	160	110	500

1. 绘制交通线路图

根据题目，绘制的交通线路图如图 9.3 所示。

2. 做初始流向图

假定里程最长的一段没有货流通过，使圈状线路变成非圈线状，即甩去 B 到 b 产生的运输。在交通线路图上按自然流向，在保证调运平衡的前提下，可随意调运构成初始流向图。凡调运方向为顺时针的调运量画在圈内，逆时针的画在圈外，如图 9.4 所示。

3. 检查初始流向图

以内圈、外圈流向弧总长分别等于或小于全圈弧长的一半为合理流向的标准进行检查。

1/2 全圈弧长 L＝（220＋180＋65＋80＋70＋60＋75＋90）/2＝420（km）

内圈流向弧总长 $L_{内}$＝180＋65＋80＋60＋90＝475（km）＞L/2

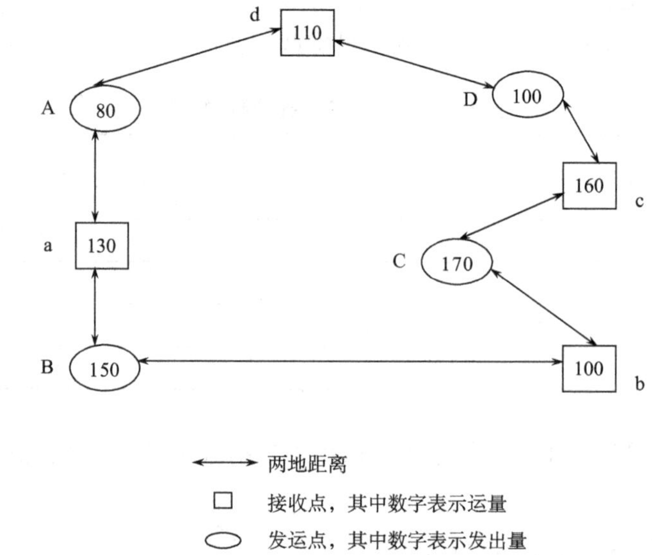

图 9.3　货物运输交通线路图

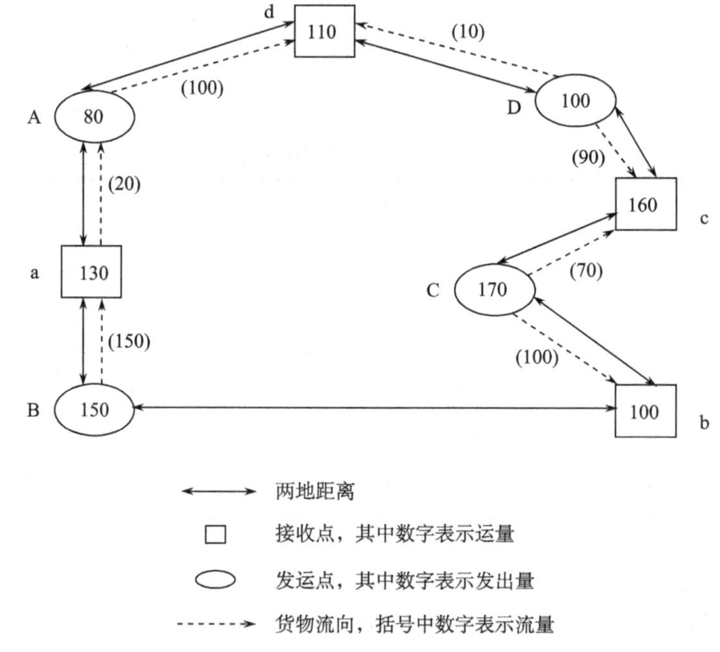

图 9.4　货物运输初始流向图

外圈流向弧总长 $L_{外}=75+70=145$（km）$<L/2$

$L_{内}$ 大于全圈长的一半，不是最优方案，应重新甩段破圈，寻找最优方案。

4. 调整初始流向图

采用缩圈法，即外圈不合理缩外圈，内圈不合理缩内圈的方向调整初始流向图。缩圈是选择不合理流向中最小的流量为调整量，使该圈中每段流量减去这一调整量，而相应的合理流向中每段流量均加上此调整量，而未安排流量的弧段则标上合理流向，也加上这一调整量，即成新的流向图。

案例中内圈是不合理圈，其运量最小区段为 a 到 A，因此，重新甩段破圈时，应甩 a 到 A 段，补上原来无货流通过的 B 到 b 区段，重新作出流向图，如图 9.5 所示。

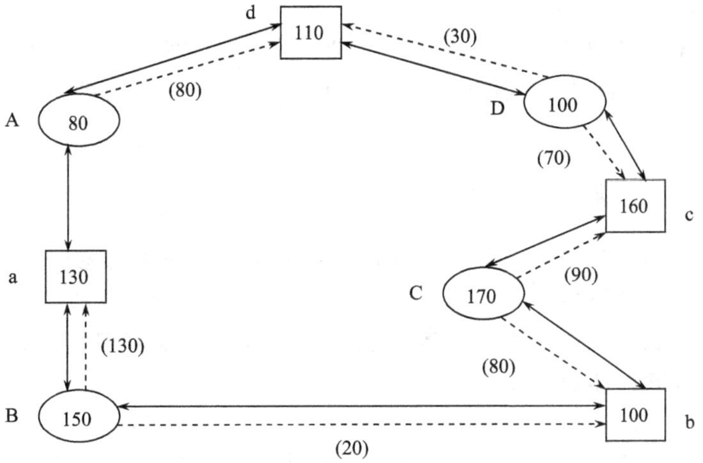

两地距离

接收点，其中数字表示运量

发运点，其中数字表示发出量

货物流向，其中数字表示流量

图 9.5　调整后的货物运输流向图

5. 重新计算内外圈长

$L_{内}=180+80+60+90=410$（km）$<L/2$

$L_{外}=70+75+220=365$（km）$<L/2$

6. 编制货物调运方案表

根据上述规划的合理流向图，以货物调运平衡表 9.11 为依据，编制货物调运方案表，如表 9.12 所示。

表 9.12　货物调运方案表

接收点 / 距离（km） / 发运点	a	b	c	d	供应量（t）
A	—	—	—	80	80
B	130	20	—	—	150
C	—	80	90	—	170
D	—	—	70	30	100
需求量（t）	130	100	160	110	500

一般来说，利用图上作业法寻求商品最优运输方案，可以按运输吨千米最小原则，也可以从运送时间最短或运费最省等角度来分别计算，只要商品没有出现对流，内外圈长都不大于半圈长，则该运输方案就是最优运输方案。

（三）圈线结合交通线路图上作业法

这种情况在进行图上作业时应先对线状交通线路进行调整，然后再对余下的圈状交通线路进行调整。若是交通线路的圈不止一个，则图中一切可能的圈均要逐一检查、调整，直至合理为止。

【案例】圈线结合交通线路图上作业

某制造企业有专门为产品生产提供零部件和半成品的零部件制造厂 S_1、S_2、S_3、S_4、S_5、S_6、S_7 7 个零部件制造厂和 D_1、D_2、D_3、D_4、D_5、D_6、D_7 7 个生产工厂。各零部件制造厂的产量、各生产工厂的零部件需求量以及它们的位置和相互间距离如图 9.6 所示。利用图上作业法确定该企业最佳的零部件调运方案。

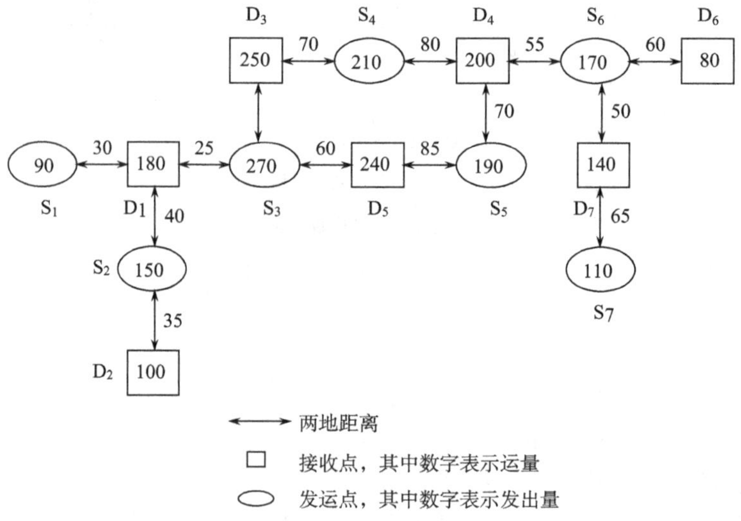

图 9.6 交通线路图

（1）编制零部件调运平衡表如表 9.13 所示。

表 9.13 零部件调运平衡表

生产工厂 / 制造厂	D_1	D_2	D_3	D_4	D_5	D_6	D_7	产量（t）
S_1								90
S_2								150
S_3								270
S_4								210
S_5								190
S_6								170
S_7								110
需求量（t）	180	100	250	200	240	80	140	1190

（2）按就近供应原则，对线状部分编制零部件调运作业图，如图 9.7 所示。

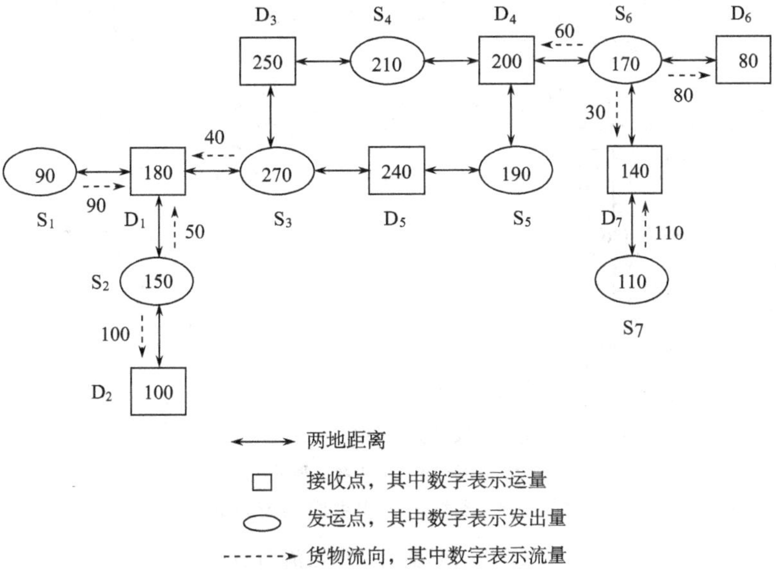

图 9.7　线状调运作业图

（3）在保证调运平衡的前提下，对圈装部分编制初始流向图，如图 9.8 所示。

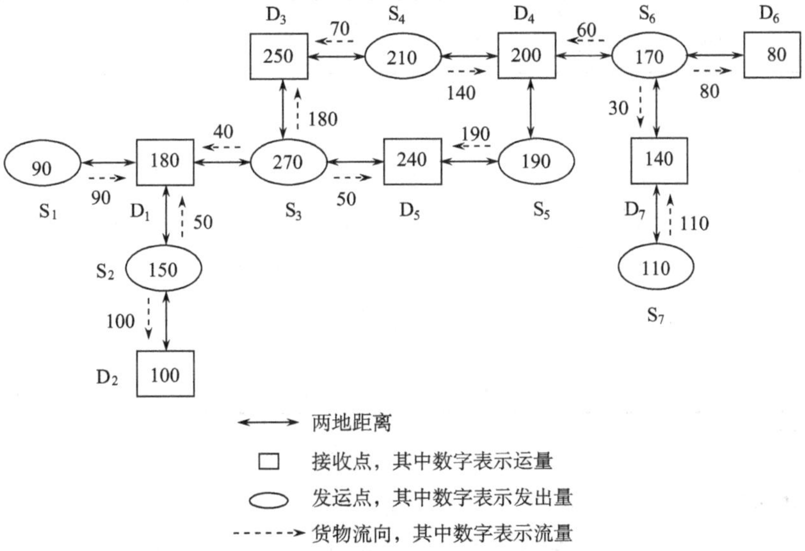

图 9.8　圈状调运初始流向图

（4）检查初始流向图。全圈长度的一半为 220，内圈总长度为 240，外圈总长度为 130。因为内圈总长度大于全圈长度的一半，故需要调整。

（5）调整初始流向图。不合理的内圈的最小调运量为 140，以此作为调整量。

（6）对调整后的调运流向图（图 9.9）进行检查，内圈总长度为 160，外圈总长度为 200，均小于全圈长度的一半，所以图 9.9 已是最优流向图。

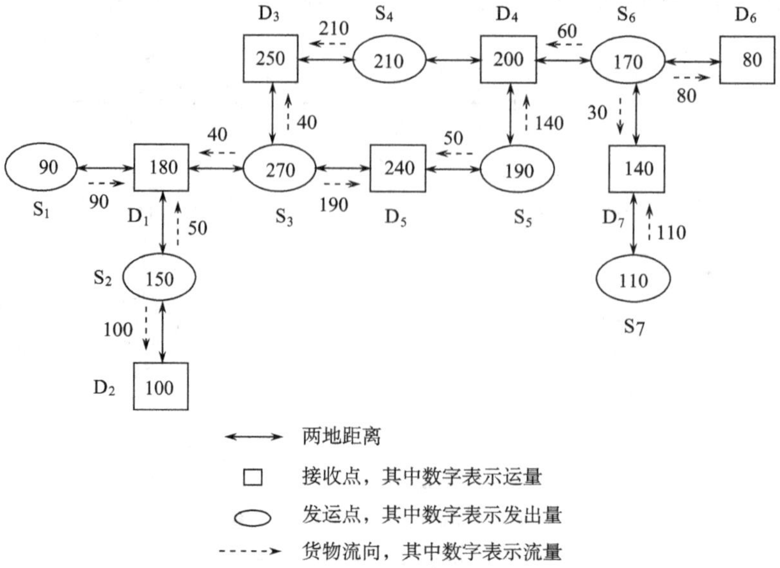

图 9.9　调整后的调运流向图

（7）根据最优流向图，编制零部件最优调运方案，如表 9.14 所示。

表 9.14　零部件最优调运方案

生产工厂 / 制造厂	D_1	D_2	D_3	D_4	D_5	D_6	D_7	产量（t）
S_1	90	—	—	—	—	—	—	90
S_2	50	100	—	—	—	—	—	150
S_3	40	—	40	—	190	—	—	270
S_4	—	—	210	—	—	—	—	210
S_5	—	—	—	140	50	—	—	190
S_6	—	—	—	60	—	80	30	170
S_7	—	—	—	—	—	—	110	110
需求量（t）	180	100	250	200	240	80	140	1190

二、表上作业法

表上作业法在寻求运输网络系统的优化方案时有两种方法：最小费用法和左上角法。

（一）最小费用法

最小费用法就是直接以商品运输费用最小作为目标函数来求得最优运输方案。一般是利用单位运价表和产销平衡表等表格，运用霍撒克法则进行表上作业，通过编制初始运输方案，制定、调整求出运费最省的优化方案。

【案例】最小费用法

编制被运输商品的产销平衡和单位运输价格如表 9.15 和 9.16 所示，试用最小费用法求出运输的最优方案。

表 9.15 商品产销平衡表

销地 / 产地	A	B	C	D	E	供应量（t）
甲						100
乙						300
丙						600
丁						800
需求量（t）	250	300	350	400	500	1800

表 9.16 单位运价表

销地 / 运价 / 产地	A	B	C	D	E
甲	3	2	3	5	3
乙	3	3	1	3	4
丙	7	8	4	2	2
丁	5	4	7	7	8

1. 用最小元素法安排初始方案

所谓最小元素法，就是运费最小的元素尽可能地优先供应。我们把单位运价列为 C_{ij}（$i=1, 2, \cdots, m$，$j=1, 2, \cdots, n$），其中 i 为产地数，j 为销售地的数目。在一般情况下，初始方案在产销平衡表方格中填上数字的格子数目是"产地数＋销地数－1"。但在按最小元素法制订初始运输方案时，有时会遇到不需要或不能供给的情况，则在本应填数的表格内加"0"，仍然计算，如表 9.17 所示。

如例，根据优先考虑最小元素的先后顺序，在表 9.17 中用①、②、…、⑧表示出来。

表 9.17 商品产销安排初始方案

销地 / 产地	A	B	C	D	E	供应量（t）
甲	3	2/50（③）	3/50（②）	5	3	100
乙	3	3	1/300（①）	3	4	300
丙	7	8	4	2/400（⑤）	2/200（⑥）	600
丁	5/250（⑦）	4/250（④）	7	7	8/300（⑧）	800
需求量（t）	250	300	350	400	500	1800

2. 用矩阵对角法进行初步调整

用任意两个成矩形对角的有运量的运价之和和该矩形另外两个对角的运价之和相比较，如果前者小于后者，不需调整；如果前者大于后者，做相反调整。

在此例中，矩形 1：2/50　　3/50

3/0　　　1/300

矩形对角 $2+1<3+3$，不需要做调整。

矩形 2：　　2/400　　2/200

7/0　　　8/300

矩形对角 $2+8>2+7$，需要进行调整，调整如下：

2/400　　2/200

↓(300)　　↑(300)

7/0　　　8/300

从而变成：　2/100　　2/500

7/300　　8/0

这样，原始方案变为如表 9.18 所示。

表 9.18　商品产销安排调整方案

产地 \ 销地	A	B	C	D	E	供应量（t）
甲	3	2/50	3/50	5	3	100
乙	3	3	1/300	3	4	300
丙	7	8	4	2/100	2/500	600
丁	5/250	4/250	7	7/300	8	800
需求量（t）	250	300	350	400	500	1800

3. 用霍撒克法则检验

$$\begin{cases} d_{ij}=V_i+U_j & ① \\ A_{ij}=C_{ij}-(V_i+U_j) & ② \end{cases} \qquad (9.6)$$

上述公式（9.6）的含义是：①式表示有运量的运价等于相应的行位势和列位势之和；②式表示空格里检验数等于原表相应格的运价减去相应格行位势与列位势之和。

在本案例中，按霍撒克法则的计算公式进行具体的计算。

第一步，与原方案中分配有运量的格相对应，取出单位运价表中的数列成位势表。

第二步，先在带圆圈的个数较多的行或列加“0”，依据公式 $d_{ij}=V_i+U_j$ 依次求出各行、列的位势。如表 9.19 所示。

表 9.19　霍撒克法则应用一

产地 \ 销地	A	B	C	D	E	V_i
甲		②	③			−2
乙			①			−4
丙				②	②	−5
丁	⑤	④		⑥		0
U_j	5	4	5	7	7	

第三步，根据公式 $A_{ij}=C_{ij}-(V_i+U_j)$，用空格价减所在行、列位势之和得不带圈方格的检验数。如表 9.20 所示。

表 9.20　霍撒克法则应用二

产地＼销地	A	B	C	D	E	V_i
甲	0	②（－）	③	0	－2（＋）	－2
乙	2	3	①	0	1	－4
丙	7	9	4	②（＋）	②（－）	－5
丁	⑤	④（＋）	2	⑥（－）		0
U_j	5	4	5	7	7	

此矩阵出现负值－2，需要按封闭回路调整。

封闭回路调整的做法是从出现负值的方格出发，沿水平或垂直方向，遇有运量格转 90 度，形成一个封闭的回路，依次标上（＋）、（－）号，并将所有标有负号的转角格中的最小运量作为调整数。各正号加上基数，各负号减去基数。数学上可以证明，对应于运输表上的每个空格都可以找到一条闭回路，这条闭回路除了这个空格以外，其余的顶端都是数字格，而且对闭回路上任何一个空格来说，这样的空格是唯一的。如表 9.21 所示。

表 9.21　霍撒克法则应用三

产地＼销地	A	B	C	D	E	发运量（t）
甲			50		50	100
乙			300			300
丙				150	450	600
丁	250	300		250		800
需求量（t）	250	300	350	400	500	1800

再用霍撒克法则检验，如表 9.22 所示。

表 9.22　霍撒克法则应用四

产地＼销地	A	B	C	D	E	V_i
甲	2	2	③	2	③	－4
乙	4	5	①	2	3	－6
丙	7	9	6	②	②	－5
丁	⑤	④	0	⑥	1	0
U_j	5	4	5	7	7	

以上各元素的检验数都不小于 0，证明调整后的方案为最优。

4. 比较初始方案与最优方案的运费

初始方案运费为

$$2\times50+3\times50+1\times30+2\times400+2\times200+5\times250+4\times250+8\times300=6130\text{（元）}$$

而最优方案为

$$3\times50+3\times50+1\times300+2\times150+2\times450+5\times250+4\times300+7\times250=6000\text{（元）}$$

优化后的运输方案可以节省运费：

$$6130-6000=130\text{（元）}$$

（二）左上角法

除了最小费用法外，左上角法也是求得运输初始方案的一种途径，并通过霍撒克法则最终得出最优运输方案。

【案例】左上角法

现有三个生产地 A、B、C 供应某种商品；有四个销售地 1、2、3、4，各自供应量和需求量如表 9.23 所示，试用左上角法求出最优运输方案。

表 9.23　单位运价表

销地 费用 产地	1	2	3	4	供应量（t）
A	15	18	19	13	50
B	20	14	15	17	30
C	25	12	17	22	70
需求量（t）	30	60	20	40	150

（1）以运输表左上角的格子作为开端。

（2）对这一格子可用的供应量与需求量进行比较，安排两个值中较小的一个作为运量，然后把这个数字圈起来。这一格可用的供应量（或需求量）减去安排的运量就是剩余的供应量（或需求量）。表 9.23 中有 50t 的供应量和 30t 的需求量。因此，可以安排 30t 的运量到 A1 格。

（3）如果安排运量的格子正好是在运输表的右下角，则停止安排。这时，初始方案已找到。如果这一格不在最右下角，则进入到第四步。

（4）根据以下规划，移到下一格：①如果已安排的这一格行和列比较，供应量超过需求量，下一格移到同一行相邻的格子；②如果需求量超过供应量，下一格移到同一列相邻的格子；③如果需求量等于供应量，下一格是对角线上相邻的格子；④回到第二步。

本例中，首先从 A1 格开始，供大于求（50＞30），所以，A1 格安排运量 30。销地 1 已满足，产地 A 尚余 50－30＝20。然后，从 A1 格移到同一行的 A2 格，用需求量 60 与供应量 20 作比较，在 A2 格安排运量 20，然后移到同一列的 B2 格。因为供应量 30 小于需求量 40，所以 B2 格安排运量 30 后，以同样的方式移到 C2 格，安排运量 10。然后，分别移到 C3 和 C4，安排运量 20 和 40。C4 格安排好后，因为是表的最右下角，所以结束安排，这就是一个基本解，作为初始可行方案。分别如表 9.24～表 9.30 所示。

表 9.24　左上角法一

销地 产地	1	2	3	4	供应量（t）
A	15/(30)	18	19	13	[50] 20
B	20	14	15	17	30
C	25	12	17	22	70
需求量（t）	[30] 0	60	20	40	150

表 9.25　左上角法二

销地 产地	1	2	3	4	供应量（t）
A	15/(30)	18/[20]	19	13	[50] [20] 0
B	20	14	15	17	30
C	25	12	17	22	70
需求量（t）	[30] 0	[60] 40	20	40	150

表 9.26　左上角法三

销地 产地	1	2	3	4	供应量（t）
A	15/(30)	18/[20]	19	13	[50] [20] 0
B	20	14/[30]	15	17	[30] 0
C	25	12	17	22	70
需求量（t）	[30] 0	[60] [40] 10	20	40	150

表 9.27　左上角法四

销地 产地	1	2	3	4	供应量（t）
A	15/(30)	18/[20]	19	13	[50] [20] 0
B	20	14/[30]	15	17	[30] 0
C	25	12/(10)	17	22	[70] 60
需求量（t）	[30] 0	[60] [40] [10]	20	40	150

表 9.28　左上角法五

销地 产地	1	2	3	4	供应量（t）
A	15/(30)	18/[20]	19	13	[50] [20] 0
B	20	14/[30]	15	17	[30] 0
C	25	12/(10)	17/(20)	22	[70] [60] 40
需求量（t）	[30] 0	[60] [40] [10]	20	40	150

表 9.29　左上角法六

产地＼销地	1	2	3	4	供应量（t）
A	15/(30)	18/[20]	19	13	[50] [20] 0
B	20	14/[30]	15	17	[30] 0
C	25	12/(10)	17/(20)	22/(40)	[70] [60] [40]
需求量（t）	[30] 0	[60] [40] [10]	[20] 0	[40]	150

表 9.30　左上角法运输初始方案

产地＼运量＼销地	1	2	3	4	供应量（t）
A	30	20			50
B		30			30
C		10	20	40	70
需求量（t）	30	60	20	40	150

根据左上角法求出运输初始方案后，为了进一步算出最优方案，仍需要运用霍撒克法则进行优化，检验方法与最小费用法中阐述的方法一致，在此不再赘述。

三、最短线路法

将货物由起运地运送到目的地，往往有多条线路可供选择，沿不同线路运送货物，其运距、运费或运时往往不同，因此选择运距最近、运费最低或运时最短的线路是运输规划中经常需要解决的问题。线路选择问题种类繁多，但基本可以归纳为以下几个基本类型。

（一）起讫点不同的问题

最短线路问题一般描述为：在一个网络中，给定一个始点 O_i 和一个终点 D_j，求 O_i 到 D_j 的一条路，使路长最短。在网络中，任何一个节点都可以作为网络的始发点或终到点，即 i，$j=1$，2，…，n，其中 n 为网络中节点的数量。

对中间点相同、单个始发点和单个终点的网络运输路线选择问题，在不考虑其他运输因素的情况下，最简单和直观的解决方法是最短线路法（shortest route method）。最短线路的求解方法主要有迭代法和标号法两种。

1. 迭代法

在运输网络模型中，网络是由节点和线组成的。节点表示起讫点和中间点的位置；点与点之间由线连接；线上的数字代表的是点与点之间的成本，可以是运费、距离、时间或是它们的加权组合等。最初，除始发点外，所有节点都被认为是未解的，即均未确定是否在选定的运输线路上。计算从始发点开始，然后从已解点出发寻找与已解点最近未解点进行求解，直到所有节点都标上“已解点”为止。“已解点”表示从起点到已知点的最短距离。具体步骤如下。

（1）第 n 次迭代的目标。找出第 n 个距始发点最近的节点（$n=1$，2，…），重复此过程，直到所找出的最近节点是终点为止。

（2）第 n 次迭代的输入值。在前面的迭代过程中，找出 $n-1$ 个距始发点最近的节点，以及其距起点最短的路径和距离。这些节点和起点通称为已解的节点，其余的称为未解的节点。

（3）第 n 个最近节点的候选点，每个已解的节点直接和一个或多个未解的节点相连接，这些未解的节点中以最短线路连接的即是候选点。

（4）第 n 个最近节点的计算，将每个已解节点及其候选点之间的距离和从始发点到该已解点之间的距离加起来，总距离最短的候选点即是第 n 个最近的节点，也就是始发点到达该点最短距离的路径。

最后，画出最短路径的行驶线路。

【案例】求最短运输线路

图 9.10 是一张道路网示意图，其中 A 是起点，J 是终点，B、C、D、E 是网络中的节点，节点与节点之间以线路连接，线路上标明了两个节点之间的距离，以运行时间（min）表示。要求确定一条从起点 A 到终点 J 的最短运输路线。

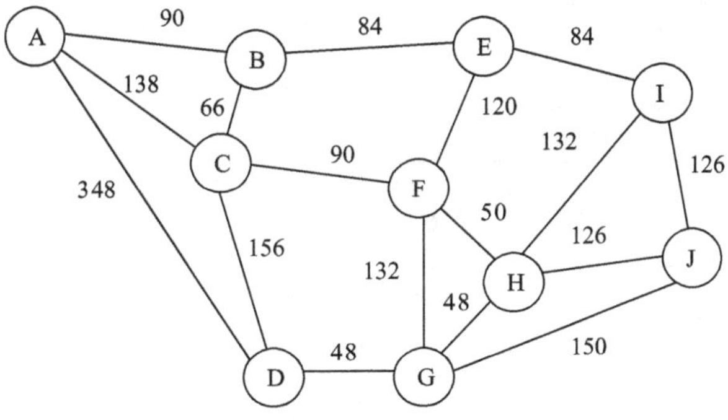

图 9.10　道路网示意图

首先列表（表 9.31），第一个已解的节点是起点 A。与 A 点直接连接的未解点有 B、C 和 D 点。

第一步，由图可知，B 是距 A 最近的点，线路记为 AB。由于 B 点是唯一选择，所以它成为已解的节点。

第二步，找出距 A 点和 B 点最近的未解节点，并在表中列出距各个已解节点最近的连接点，这时有 AC、BC 两条线路。注意从起点通过已解点到某一节点所需的时间应该等于到达这个已解点的最短时间加上已解点与未解点之间的时间，即从 A 点经过 B 点到达 C 点的时间为 AB＋BC＝90＋66＝156（min）；而从 A 点直达 C 点的时间为 138min。现在 C 点也成了已解的节点。

第三步，继续寻找已解节点的最近未解点。已解点 A、B、C 的最近未解点分别为 D、E、F，相应时间分别为 348min、174min 和 228min，可见连接 BE 的时间最短。因此，E 点就是第三次迭代的结果。

重复上述过程直到到达终点 J，即第八步。最小的线路时间是 384min，其路径倒推为：

IJ—EI—BE—AB，在表中用＊表示，也可以在图中用箭头标注出来，如图 9.11 所示。即最优路线求解结果为：A—B—E—I—J。

表 9.31　最短路线计算表

步骤	已解点	最近的未解点	总距离（min）	第 n 个最近节点	最短距离（min）	路径
1	A	B	90	B	90	AB＊
2	A	C	138	C	138	AC
	B	C	90＋66＝156			
3	A	D	348	E	174	BE＊
	B	E	90＋84＝174			
	C	F	138＋90＝228			
4	A	D	348	F	228	CF
	C	F	138＋90＝228			
	E	I	174＋84＝258			
5	A	D	348	I	258	EI＊
	C	D	138＋156＝294			
	E	I	174＋84＝258			
	F	H	228＋50＝278			
6	A	D	348	H	278	FH
	C	D	138＋156＝294			
	F	H	228＋50＝278			
	I	J	258＋126＝384			
7	A	D	348	D	294	CD
	C	D	138＋156＝294			
	F	G	228＋132＝360			
	H	G	278＋48＝326			
	I	J	258＋126＝384			
8	H	J	278＋126＝404	J	384	IJ＊
	I	J	258＋126＝384			

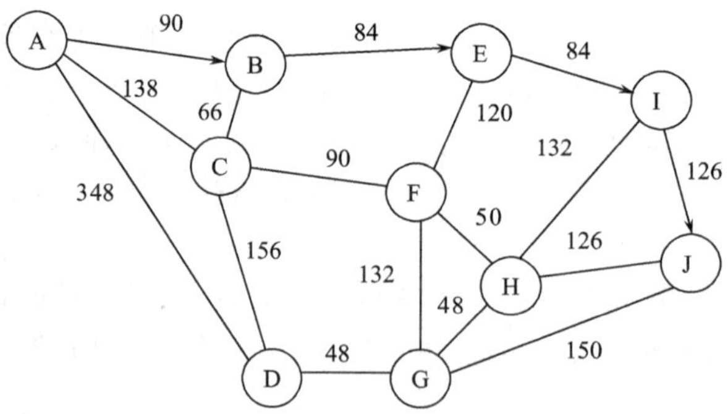

图 9.11　网络的最短线路

不过，在节点很多时用手工计算会比较复杂。如果把网络的节点和连线有关的数据存入数据库中，就可以借助计算机来求解最短路径，这一点用地理信息系统（GIS）可以轻易解决。

实际上绝对的最短距离路径仅靠穿越网络的最短时间是不能完全说明问题的，因为该方法没有考虑各条线路的运行质量。因此，对运行时间和距离都设定权数，就可以得出比较具有实际意义的线路。

2. 标号法

求指定两点间最短线路的一个比较好的方法是 1959 年 Dijkstra 提出的标号算法。它既可以用来求指定两点 v_s 和 v_t 之间的最短路，也可以用来求从指定点 v_s 到网络中的其他各点之间的最短路。Dijkstra 标号算法的基本思路是：假如路线（$v_s v_1 v_2$，…，$v_{n-1} v_n$）是从 v_s 到 v_t 的最短路，则其子路（$v_s v_1 v_2$，…，v_{n-1}）必是从 v_s 到 v_{n-1}的最短线路。

Dijkstra 标号算法的基本过程是采用标号法。在操作过程中有两种标号：暂时性标号 T（tentative label）和永久性标号 P（permanent label）。给顶点 v_i 一个 P 标号 P（v_i）时表示从指定点 v_s 到 v_i 的最短路的长度为 P（v_i），且 v_i 的标号不再改变。给顶点 v_i 一个 T 标号 T（v_i）时表示从指定点 v_s 到 v_i 的估计最短路长的上界为 T（v_i），是一个临时标号。凡没有得到 P 标号的顶点都有 T 标号。算法的第一步把某一点或几个点的 T 标号改为 P 标号；当指定点 v_t 得到 P 标号时全部计算结束。对于有 n 个顶点的网络，最多经过 $n-1$ 步运算就可以得到从指定点 v_s 到指定点 v_t 的最短路和最短路的长度。它同时适合解决连通网络和有向网络的问题。

（1）连通网络的最短路问题。连通网络也称无向网络，其最短路问题的操作步骤如下。

第一步，给 v_s 以 P 标号 0，即 P（v_s）=0，其他各顶点 v_i 均给 T 标号∞，即 T（v_i）=∞。

第二步，若 v_i 是刚得到 P 标号的顶点，则考虑与 v_i 相邻的有 T 标号的所有顶点 v_j，把这些顶点 v_j 的 T 标号修改为

$$T(v_j) \Rightarrow \min\{T(v_j),\ P(v_i)+w_{ij}\}$$

式中，w_{ij} 表示 i，j 两点之间的距离。

第三步：比较所有具有 T 标号的顶点的标号，把最小者 T（$\overline{v_i}$）改为 P 标号，即 P（$\overline{v_i}$）=min｛T（$\overline{v_j}$）｝；当存在两个或两个以上最小 T 标号时，可以同时把它们都改为 P 标号。当全部顶点均为 P 标号时，或当 v_t 得到 P 标号时，停止运算；否则用$\overline{v_i}$代替 v_i 转回第二步。

【案例】连通网络最短线路问题

设某物流公司要把一批货物从图 9.12 的公路网络中的城市 v_1 城运送到城市 v_6。网络中各边旁的数字表示相应两城之间的公路里程（km）。试问：汽车应走哪条线路才能使所行驶的里程最少？

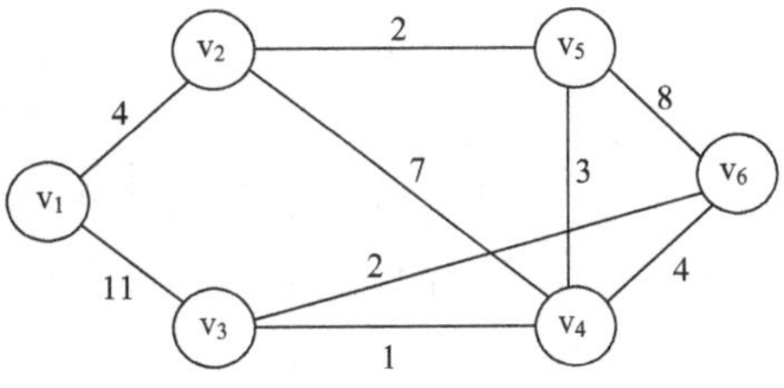

图 9.12　一个公路网络

用 Dijkstra 算法求解步骤如下。

第一步，给始点 v_1 以 P 标号 0，即 P（v_1）=0，以△0表示在顶点 v_i 旁边，给其他各顶点 v_i（i=2，3，4，5，6）以 T 标号∞，即：T（v_i）=∞，i=2，3，4，5，6，分别以∞表示在相应各顶点旁边，如图 9.13（a）所示。

第二步：由于在图 9.13（a）中，顶点 v_2 和 v_3 是与刚得到 P 标号的顶点 v_1 相邻的具有

T 标号的点，所以修改点 v_2 和 v_3 的 T 标号。

v_2 的 T 标号应改为

$$T(v_2) \Rightarrow \min\{T(v_2), P(v_1)+w_{12}\}=\min\{\infty, 0+4\}=4$$

v_3的 T 标号应改为

$$T(v_3) \Rightarrow \min\{T(v_3), P(v_1)+w_{13}\}=\min\{\infty, 0+11\}=11$$

比较所有的 T 标号，$T(v_2)=4$ 最小，所以把 v_2 的 T 标号改为 P 标号，即 $P(v_2)=4$，并以△4表示在 v_2 旁边，同时以粗线表示边 (v_1, v_2)，如图 9.13（b）所示。

第三步，由于在图 9.13（b）中，顶点 v_4 和 v_5 是与刚得到 P 标号的顶点 v_2 相邻的具有 T 标号的点，所以修改点 v_4 和 v_5 的 T 标号。

v_4 的 T 标号应改为

$$T(v_4) \Rightarrow \min\{T(v_4), P(v_2)+w_{24}\}=\min\{\infty, 4+7\}=11$$

v_5 的 T 标号应改为

$$T(v_5) \Rightarrow \min\{T(v_5), P(v_2)+w_{25}\}=\min\{\infty, 4+2\}=6$$

比较所有的 T 标号，$T(v_5)=6$ 最小，所以把 v_5 的 T 标号改为 P 标号，即 $P(v_5)=6$，并以△6表示在 v_5 旁边，同时以粗线表示边 (v_2, v_5)，如图 9.13（c）所示。

第四步，由于在图 9.13（c）中，顶点 v_4 和 v_6 是与刚得到 P 标号的顶点 v_5 相邻的具有 T 标号的点，所以修改点 v_4 和 v_6 的 T 标号。

v_4 的 T 标号应改为

$$T(v_4) \Rightarrow \min\{T(v_4), P(v_5)+w_{45}\}=\min\{11, 6+3\}=9$$

v_6 的 T 标号应改为

$$T(v_6) \Rightarrow \min\{T(v_6), P(v_5)+w_{56}\}=\min\{\infty, 6+8\}=14$$

比较所有的 T 标号，$T(v_4)=9$ 最小，所以把 v_4 的 T 标号改为 P 标号，即 $P(v_4)=9$，并以△9表示在 v_4 旁边，同时以粗线表示边 (v_4, v_5)，如图 9.13（d）所示。

第五步，由于在图 9.13（d）中，顶点 v_3 和 v_5 是与刚得到 P 标号的顶点 v_4 相邻的具有 T 标号的点，所以修改点 v_3 和 v_5 的 T 标号。

v_3 的 T 标号应改为

$$T(v_3) \Rightarrow \min\{T(v_3), P(v_4)+w_{34}\}=\min\{11, 9+1\}=10$$

v_6 的 T 标号应改为

$$T(v_6) \Rightarrow \min\{T(v_6), P(v_4)+w_{46}\}=\min\{14, 9+4\}=13$$

比较所有的 T 标号，$T(v_3)=10$ 最小，所以把 v_3 的 T 标号改为 P 标号，即$P(v_3)=10$，并以△10表示在 v_3 旁边，同时以粗线表示边 (v_3, v_4)，如图 9.13（e）所示。

第六步，由于在图 9.13（e）中，顶点 v_6 是与刚得到 P 标号的顶点 v_3 相邻的具有 T 标号的点，所以修改点 v_6 的 T 标号。

$$T(v_6) \Rightarrow \min\{T(v_6), P(v_3)+w_{36}\}=\min\{13, 10+2\}=12$$

由于 $T(v_6)=12$ 是唯一的一个 T 标号，所以把 v_6 的 T 标号改为 P 标号，即$P(v_6)=12$，并以△12表示在 v_6 旁边，同时以粗线表示边 (v_3, v_6)，如图 9.13（f）所示。

从图 9.13（f）中的粗线可以看出，从 v_1 到 v_6 的最短路 μ_6 为

$$\mu_6=(v_1 v_2 v_5 v_4 v_3 v_6),$$

其路长就是 $P(v_6)=12$，即 $w(\mu_6)=P(v_6)=12$。

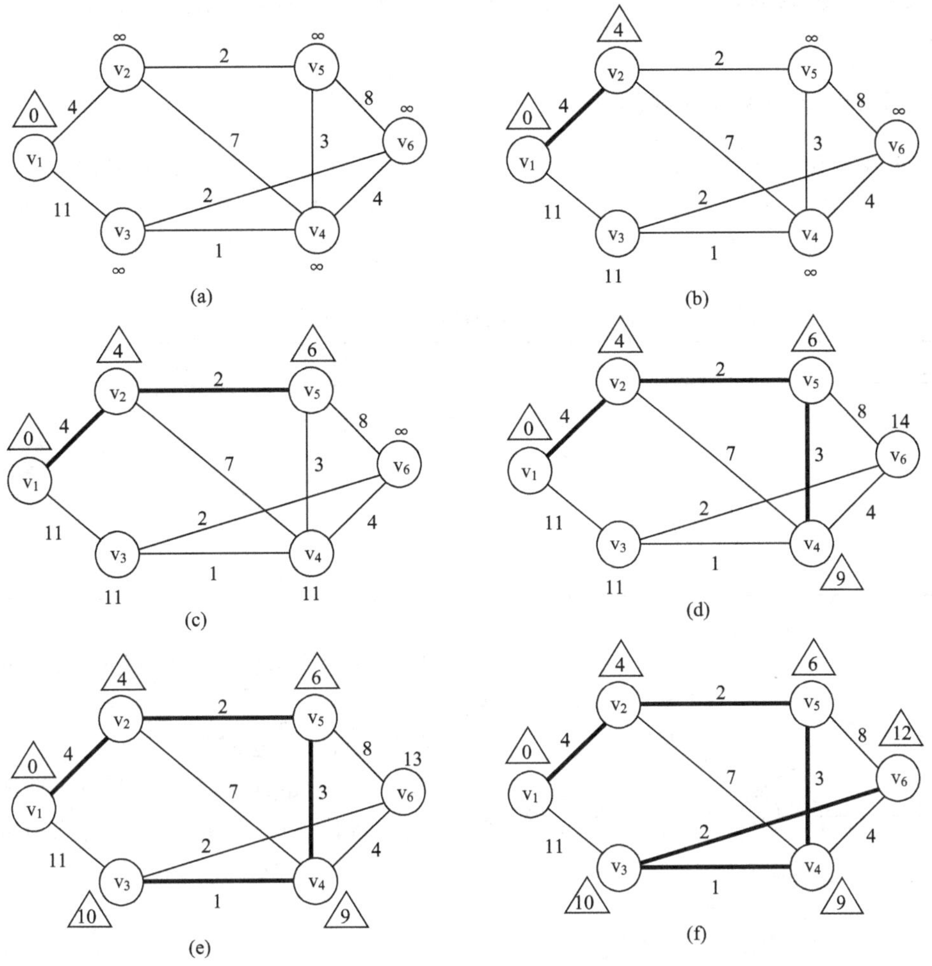

图 9.13　Dijkstra 标号算法求最短路

从图 9.13 中还可以看出，从 v_1 到 v_2 的最短路 μ_2 为：$\mu_2=(v_1v_2)$，其长度 $w(\mu_2)=P(v_2)=4$；从 v_1 到 v_3 的最短路 μ_3 为：$\mu_3=(v_1v_2v_5v_4v_3)$；其长度 $w(\mu_3)=P(v_3)=10$；从 v_1 到 v_4 的最短路 μ_4 为：$\mu_4=(v_1v_2v_5v_4)$；其长度 $w(\mu_4)=P(v_4)=9$；从 v_1 到 v_5 的最短路 μ_5 为：$\mu_5=(v_1v_2v_5)$；其长度 $w(\mu_5)=P(v_5)=6$。

（2）有向网络的最短路问题。有向网络顾名思义，网络的流动有一定的方向性。其最短路问题的操作步骤如下。

第一步，给始点 v_s 以 P 标号 0，即 $P(v_s)=0$，其他各顶点 v_i 均给 T 标号∞，即 $T(v_i)=\infty$。

第二步，若 v_i 是刚得到 P 标号的顶点，则考虑以 v_i 为始点的、终点 v_j 有 T 标号的所有弧 $(\overrightarrow{v_i, v_j})$，把这些弧的终点 v_j 的 T 标号修改为

$$T(v_j) \Rightarrow \min\{T(v_j),\ P(v_i)+w_{ij}\}$$

其中 w_{ij} 是弧 $(\overrightarrow{v_i, v_j})$ 的权。

第三步，比较所有具有 T 标号的顶点的标号，把最小者 $T(\overline{v_i})$ 改为 P 标号，即 $P(\overline{v_i})=\min\{T(\overline{v_j})\}$；当存在两个或两个以上最小 T 标号时，可以同时把它们都改为

P 标号。当全部顶点均为 P 标号时，或当终点 v_t 得到 P 标号时，停止运算；否则用$\overline{v_i}$代替 v_i 转回第二步。

【案例】有向网络最短路线问题

有一个原油输送系统，油库为 v_s，码头为 v_t，v_1、v_2、v_3 是三个中间阀门点。管道长度如表 9.32 所示（单位：km）。原油由 v_s 经过中间阀门点流向码头 v_t。为了使原油尽快输送到码头，应该沿哪一条线路输送？

表 9.32　输油系统最短线路选择

	v_s	v_1	v_2	v_3	v_t
v_s	—	12	19	33	49
v_1	—	—	14	23	38
v_2	—	—	—	16	26
v_3	—	—	—	—	13
v_t	—	—	—	—	—

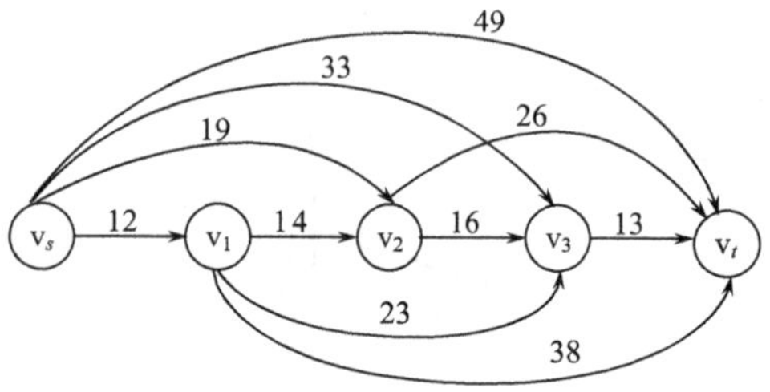

图 9.14　一个输油系统网络

先把表 9.32 改用图 9.14 中的有向网络来表示。

用 Dijkstra 算法求解。

第一步，给始点 v_s 以 P 标号 0，即 $P(v_s)=0$，给其他各顶点以 T 标号∞，即：$T(v_1)=\infty$，$T(v_2)=\infty$，$T(v_3)=\infty$，$T(v_t)=\infty$，如图 9.15（a）所示。

第二步，在图 9.15（a）中，由于 v_1、v_2、v_3、v_t 都是以刚得到 P 标号的顶点 v_s 为始点的有向弧的终点，且都有 T 标号，所以修改 v_1、v_2、v_3、v_t 的 T 标号：

$$T(v_1)\Rightarrow\min\{T(v_1),\ P(v_s)+w_{s1}\}=\min\{\infty,\ 0+12\}=12$$
$$T(v_2)\Rightarrow\min\{T(v_2),\ P(v_s)+w_{s2}\}=\min\{\infty,\ 0+19\}=19$$
$$T(v_3)\Rightarrow\min\{T(v_3),\ P(v_s)+w_{s3}\}=\min\{\infty,\ 0+23\}=23$$
$$T(v_t)\Rightarrow\min\{T(v_t),\ P(v_s)+w_{st}\}=\min\{\infty,\ 0+49\}=49$$

比较所有的 T 标号，$T(v_1)=12$ 最小，所以把 v_1 的 T 标号改为 P 标号，即 $P(v_1)=12$，并以粗线表示弧 $(\overrightarrow{v_s,\ v_1})$，如图 9.15（b）所示。

第三步，在图 9.15（b）中，由于 v_2、v_3、v_t 都是以刚得到 P 标号的顶点 v_1 为始点的有向弧的终点，且都有 T 标号，所以修改 v_2、v_3、v_t 的 T 标号：

$$T(v_2)\Rightarrow\min\{T(v_2),\ P(v_1)+w_{12}\}=\min\{19,\ 12+14\}=19$$
$$T(v_3)\Rightarrow\min\{T(v_3),\ P(v_1)+w_{13}\}=\min\{33,\ 12+23\}=33$$
$$T(v_t)\Rightarrow\min\{T(v_t),\ P(v_1)+w_{1t}\}=\min\{49,\ 12+38\}=49$$

比较所有的 T 标号，$T(v_2)=19$ 最小，所以把 v_2 的 T 标号改为 P 标号，即 $P(v_2)=19$，并以粗线表示弧 $(\overrightarrow{v_s,\ v_2})$，如图 9.15（c）所示。

第四步，在图 9.15（c）中，由于 v_3、v_t 都是以刚得到 P 标号的顶点 v_2 为始点的有向

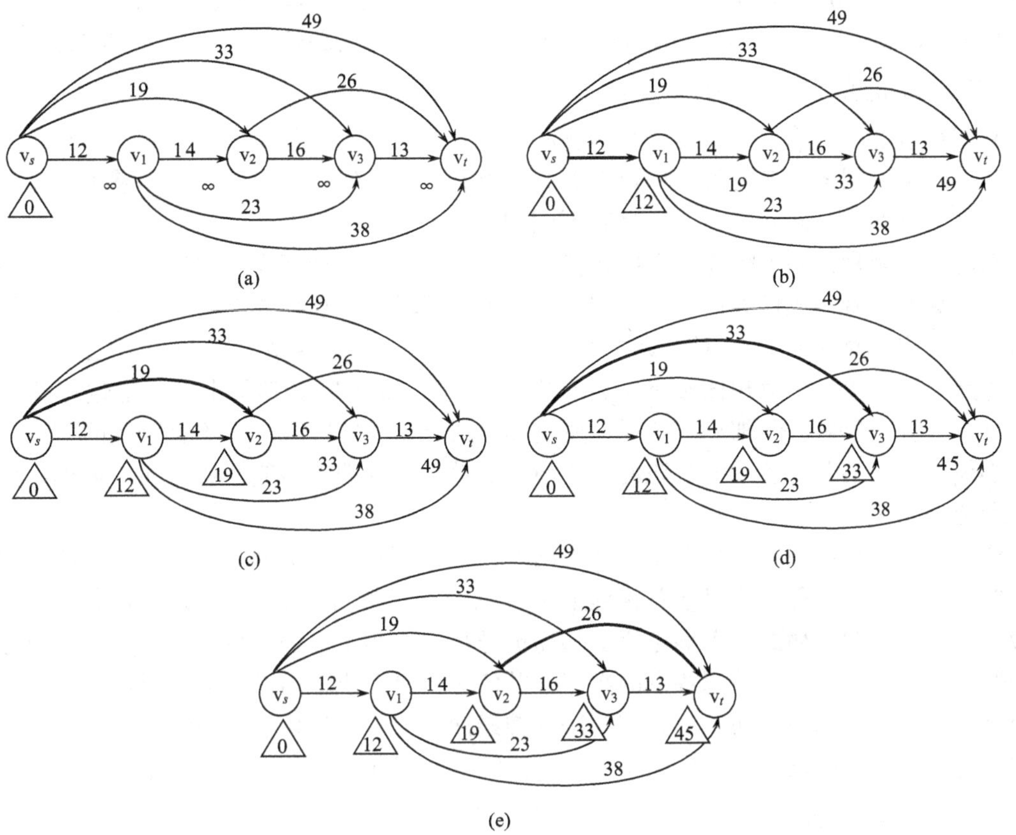

图 9.15 Dijkstra 算法求最短有向路线

弧的终点，且都有 T 标号，所以修改 v_3、v_t 的 T 标号：

$$T(v_3) \Rightarrow \min\{T(v_3),\ P(v_2)+w_{23}\} = \min\{33,\ 19+16\} = 33$$

$$T(v_t) \Rightarrow \min\{T(v_t),\ P(v_2)+w_{2t}\} = \min\{49,\ 19+26\} = 45$$

比较所有的 T 标号，T（v_3）=33 最小，所以把 v_3 的 T 标号改为 P 标号，即 P（v_3）=33，并以粗线表示弧（$\overrightarrow{v_s,\ v_3}$），如图 9.15（d）所示。

第五步，在图 9.15（d）中，由于 v_t 是以刚得到 P 标号的顶点 v_3 为始点的有向弧的终点，且都有 T 标号，所以修改 v_t 的 T 标号：

$$T(v_t) \Rightarrow \min\{T(v_t),\ P(v_3)+w_{3t}\} = \min\{45,\ 33+13\} = 45$$

由于 T（v_t）=45 是唯一的 T 标号，所以把 v_t 的 T 标号改为 P 标号，即 P（v_t）=45，并以粗线表示弧（$\overrightarrow{v_2,\ v_t}$），如图 9.15（e）所示。

从图 9.15（e）中的粗线可以看出，从 v_s 到 v_t 的最短路 μ_t 为

$$\mu_t = (v_s v_2 v_t)$$

其路长就是 P（v_t）=45，即 w（μ_t）=P（v_t）=45。这个结果表明：使原油从油库 v_s 输送到 v_2 后再继续输送到码头 v_t，所经过的路程最短，为 45km。

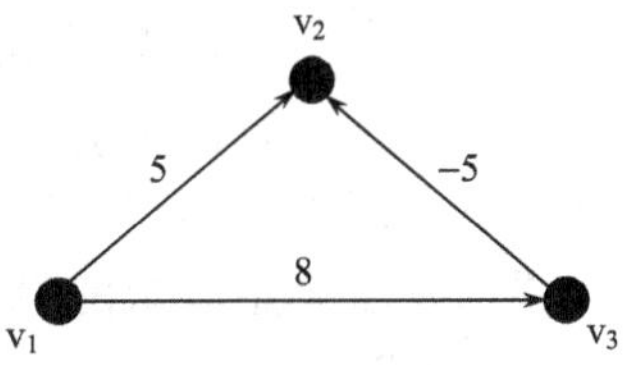

图 9.16 有负权的一个网络

需要指出的是，Dijkstra 算法只适用于全部权均为非负实数的情况。若有某个权是负数，则 Dijkstra 算法就可能失效。

如图 9.16 中的网络，用 Dijkstra 算法求出的从顶点 v_1 到顶点 v_2 的最短有向路是 v_1 到 v_2，其路长为 5。显然这是错误的，因为有向路 v_1 到 v_3 到 v_2 的路长更短，只有 3km。

（二）起讫点重合的问题

起讫点重合的运输问题，是指车辆从起始点出发访问一定数量的顾客后又回到原来的出发点的线路确定问题。在运筹学中，有关起讫点相同的运输问题可以归结为基本运输问题中的邮递员问题和旅行商问题，二者具有不同的求解思路。

邮递员问题是：一个邮递员每次送信，从邮局出发，必须至少依次经过他负责投递范围的每一条街道，待完成任务后仍然回到邮局，他需要做的是选择投递路线使自己所走的路程最短（或费用、时间最少）。该问题的基本求解思路是：如果某邮递员所负责范围的街道中没有奇点（即奇数条街道相连接所形成的端点），那么他可以从邮局出发，走过每条街道一次，且仅一次，最后回到邮局，这样他所走的路线就是最短路线；对于有奇点的街道，邮递员就必须重复走某条街道，但应该使重复街道的总权数（即总的路程或时间）最小，从而保证他所走的路线最短。

旅行商问题是：一个旅行者从某城市出发，经过所有要到达的城市后，返回到出发地，他需要做的是选择行程路线以使总路程最短（或费用、时间最少）。现实生活中存在着许多类似的旅行商问题，如配送车辆送货、邮递员送报、送奶工送奶、垃圾车辆收集垃圾等。这类问题求解的目标是寻求访问各点的次序，并使运行时间或距离最小化。对这类问题的解答目前有多种算法，如最近插入法、节约法、神经网络法、遗传算法、免疫算法等。由于具有这种问题特征的路线设计多发生在城市配送决策中，因此在下一章中再做论述。

（三）多个起点问题

如果有多个货源地可以服务于多个目的地时，要解决的问题是：要指定为各目的地服务的供货地，同时要找到供货地、目的地之间的最佳路径。该问题常发生在多个供应商、工厂或仓库服务于多个客户的情况下。如果供货地能够满足需求的数量有限，则问题会变得更复杂。解决这类问题常用线性规划方法计算，如下一节要介绍的 LP 式运输模型。

第三节　最佳运输量确定

实际运输中常碰到有多个供应商供应多个工厂的问题，或者把不同工厂生产的同一产品分配到不同客户的问题。在这些问题中，起点和终点都不是单一的，即多起点、多终点问题。在这类问题中，需要确定满足需求的最小总成本的发货模式。

一、最佳运输量确定方法

（一）问题定义

一般情况下，这类多起点、多终点的运输问题（图 9.17）给定如下条件：①有 m 个供应商；②有 n 个需求商；③每一个起点的供应量；④每一个终点的需求量；⑤从每一个起点到每一个终点的运输费用。

要求确定满足需求的每一个供应点的最佳运输量。解决这类运输问题可采用运筹学中的 LP 式运输模型。

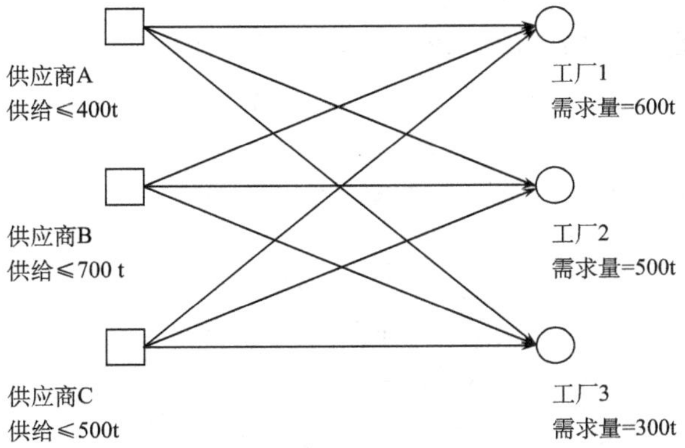

图 9.17　多起点、多终点的运输问题

（二）LP 式运输模型

$$\min Z = \sum_{i=1}^{m} \sum_{j=1}^{n} c_{ij} x_{ij} \tag{9.7}$$

$$\text{s.t} \begin{cases} \sum_{j=1}^{n} x_{ij} \leqslant a_i (i=1, 2, \cdots, m) \\ \sum_{i=1}^{m} x_{ij} = b_j (j=1, 2, \cdots, n) \\ x_{ij} \geqslant 0 \end{cases} \tag{9.8}$$

式中，Z 表示总运费；c_{ij} 表示供应商 i 到工厂 j 的运输费用；x_{ij} 表示供应商 i 到工厂 j 的运输量；a_i 表示供应商 i 的供应量；b_j 表示工厂 j 的需求量。

（三）案例分析

【案例】最佳运输量确定

已知条件如图 9.17 和表 9.33，用 LP 式运输模型求解最佳运量组织。

表 9.33　运输问题资料

运费　工厂 供应商	1	2	3	供应量（t）
A	4	7	6	≤400
B	5	5	5	≤700
C	9	5	8	≤500
需求量（t）	600	500	300	

对于运输问题，一般采用单纯型法求解。

已知各起运站到目的地的单位运费分别为：$C_{11}=4$，$C_{12}=7$，$C_{13}=6$，$C_{21}=5$，$C_{22}=5$，$C_{23}=5$，$C_{31}=9$，$C_{32}=5$，$C_{33}=8$。

所以，

$\min Z=4X_{11}+7X_{12}+6X_{13}+5X_{21}+5X_{22}+5X_{23}+9X_{31}+5X_{32}+8X_{33}$

满足：

$$\begin{cases} X_{11}+X_{12}+X_{13}\leqslant 400 \\ X_{21}+X_{22}+X_{23}\leqslant 700 \\ X_{31}+X_{32}+X_{33}\leqslant 500 \\ X_{11}+X_{21}+X_{31}=600 \\ X_{12}+X_{22}+X_{32}=500 \\ X_{13}+X_{23}+X_{33}=300 \\ X_{ij}\geqslant 0 \end{cases}$$

用单纯形法解得

$$X_{11}=400，X_{21}=200，X_{22}=200，X_{23}=300，X_{32}=300$$

最低总运费 minZ=4×400+5×200+5×200+5×300+5×300=6600

因此，每一个供应商的最佳运输量如表 9.34 所示。

表 9.34　最佳运输量表

供应商 \ 运输量 \ 工厂	1	2	3
A	400	0	0
B	200	200	300
C	0	300	0

二、运输工具需要量确定方法

运输路线及运输方式确定之后，就要确定物流运输对各种运输工具的需要量。

（一）确定铁路运输车数的需求量

车数是指需要整车运输的油罐数或车皮数。车数的需要量主要取决于整车运输的物流运量和货车的平均净载量。铁路整车运输所需车数，有以下两种计算方法。

1. 以铁路整车物流运量除以货车标重求得

铁路整车运输的物流运量，可以从前期实际资料中计算各类整车运量占铁路物流运量的百分比，再结合计划期的变动因素，确定计划期整车运输物流运量占铁路运输物流量的百分比；然后根据已确定的计划期铁路运输物流货物运量，计算计划期铁路整车运输物流的运量。

所需车数的计算公式如下：

$$车数=\frac{整车运输数量}{货车标重}$$

2. 以历史资料求得

以历史同期的某种物流运输计划金额与铁路整车完成数据的比值，再依据计划期物流运输计划金额，来计算铁路整车车数的需求量，其计算公式如下：

$$\text{车数}=\frac{\text{去年同期铁路整车完成车数}\times\text{计划期某类物流供应额（元）}}{\text{去年同期物流运输实际完成金额（元）}}$$

（二）确定公路运输对汽车的需要量

当采用汽车进行物流运输时，则需要确定物流运输对汽车的需要量。物流运输对汽车的需要量取决于需要由汽车运输的货物周转量和每辆汽车的年运输量（运输量吨千米），其计算公式如下：

$$\text{汽车需要量}=\frac{\text{货物周转量（吨千米）}}{\text{每辆汽车运输量（吨千米）}}$$

（三）确定船舶需要量

当采用水路运输工具进行物流运输时，则需要确定计划期水路物流运输对船舶的需要量。船舶的需要量按吨位计算。物流运输对水运工具的需要量，取决于需要水路运输的物流的货物周转量（总吨千米）和每吨（马力）生产量。

船舶需要量计算公式如下：

$$\text{船舶需要量}=\frac{\text{货物周转量（吨千米）}}{\text{船舶每吨位（马力）年生产量}}$$

船舶每吨位（马力）年生产量＝船行率×平均航行速度×载重量利用率（或每马力工作效率）×计划期营运天数

以上运输工具需要量的测算方法只是考虑了货物运量和货物周转量，而实际工作中关于运输工具的配备往往还涉及列车运行时刻表和船期表的要求，货物的性质和尺寸要求，站、场、码头的装卸条件，线路的状况等因素，通常应用线性规划方法进行比选并优化决策。

以海运中的班轮营运为例，如何最合理地将班轮船队中不同类型、吨级的船舶配置到每条航线上，做到不仅保证满足每条航线的技术、营运方面的要求，而且能够使船运公司取得良好的经济效益。首先要做到船舶的技术、营运性能与航线的任务、条件相适应，这主要包括下列几个方面。

（1）船舶的尺寸性能要适应航道水深、泊位水深、码头和船闸的尺寸要求。

（2）船舶的结构性能、装卸性能和船舶设备等应满足航线货物、港口装卸条件的要求。

（3）船舶的航行性能要适应航线营运条件。

（4）船舶航速应满足航线班期和船期表的要求。在充分考虑了航线与船舶之间的技术、营运适应性的前提下，要对不同的配船方案进行比选，根据经济效益优化决策。通常应用线性规划方法对班轮航线配船方案比选并优化决策。

班轮航线配船的线性规划模型如下。

目标函数：

$$\min C=\sum_{i=1}^{m}\sum_{j=1}^{n}C_{ij}X_{ij}+\sum_{j=1}^{n}P_jY_j \tag{9.9}$$

约束条件：

$$\begin{cases}\sum_{i=1}^{m}\frac{1}{N_{ij}}X_{ij}\leqslant M_i(i=1,2,\cdots,m)\\ \sum_{j=1}^{n}N_iX_{ij}+Y_j\leqslant Q_j(j=1,2,\cdots,n)\\ X_{ij}\geqslant 0,\ Y_j\geqslant 0(i=1,2,\cdots,m;\ j=1,2,\cdots,n)\end{cases}\tag{9.10}$$

式中，C 为系统总成本（元）；$i=1, 2, \cdots, m$，m 为船型编号；$j=1, 2, \cdots, n$，n 为航线编号；X_{ij} 为 i 型船舶在 j 航线上每季度完成的往返航次数，它是决策变量（次/季度）；Y_j 为航线上未被船舶承运的集装箱数量，它也是决策变量（teu）；C_{ij} 为一艘 i 型船在 j 航线上完成一个往返航次所花费的成本（元/次）；P_j 为 j 航线每个 TEU 的机会成本（元/teu）；N_{ij} 为每艘 i 型船在 j 航线上每季度可以完成的最大往返次数（次/季度）；N_i 为 i 型船舶集装箱装载能力（teu）；M_i 为 i 型船的集装箱艘数（艘）；Q_j 为航线的正向运量（teu）。

在此模型中，目标函数追求系数总成本最小，系统总成本包括船舶运输成本和机会成本。约束条件中，第一个约束条件是船队能力约束，它表示 i 型船分配到所有航线的船舶数量不能超过滚装船的船舶总数；第二个约束条件是运输需求约束，它表示 j 航线上所有船舶完成的运输量加上未被承运的部分正好等于该航线的运输任务。各条航线上的机会成本是指由于运力不足，一部分集装箱货源不能被本公司船舶所承运；船运公司在某航线上承运每个 TEU 集装箱所能获得的净利润定义为该航线单位机会成本值。

第十章　配送运输决策

配送运输是以用户需求为基础，以配送中心（或物流中心）为物品集中地，将配货与送货有机结合，在经济合理的范围内进行的运输活动，其突出的特点是小批量、高频率和多品种。配送运输与干线运输有所区别，配送运输需要对物品进行集中、分类和配货，然后再运送到客户处，属于二次输送、支线输送或终端输送。因此在配送运输中，配送中心是必备的运输资源，是货物集中、分类和配货的场所。城市内配送运输强调经济距离，汽车运输是城市配送采用的主要运输方式。

第一节　配送网络设计

配送网络是以配送中心为中心点，连接周边客户所在地理位置所进行的网络设计，包括配送中心的层次、个数和地理位置的设计。其设计思想参考了中心轮辐网络模型（hub and spoke）的设计思想，体现了规模效益和资源集中效益。由于市场是变化的，即客户地理位置、客户需求数量、客户时间窗口等是变化的，因此配送网络设计是一个动态的决策过程。

一、配送中心的类型

市场经济越发展，商品流通的规模和流通量就越大，配送中心的服务对象、服务形式、服务范围和服务功能也越多样化。根据国内外已构建的配送中心情况来看，大体可以分为下述几种类型。

（一）按配送中心的经济功能划分

1. 供应型

供应型配送中心，顾名思义就是向用户供应货物、行使供应职能的配送中心。其服务对象有两类：一是组装、装配型生产企业，为其供应零部件、原材料或半成品；二是大型商业超级市场、连锁企业以及配送网点，其特点是：配送的用户稳定，用户的要求范围明确、固定。因而，配送中心集中库存的品种范围固定，进货渠道稳定，都建有大型现代化仓库，占地面积大，采用高效先进的机械化作业。如英国斯温顿本田汽车配件配送中心，占地面积150万m^2，建筑面积7000m^2，经营配件6万余种，储存的大型配件达1560货格，小型配件为5万箱左右；位于美国洛杉矶的铃木汽车配件中心，占地面积4万m^2，建筑面积8200m^2，经营的汽车配件达1万种之多。

2. 销售型

以配送为手段，以商品销售为目的的配送中心属销售型配送中心。这种配送中心按其所有权来划分可分为三种情况：一种是生产企业为直接将自己的产品销售给消费者，以提高市场占有率而建的配送中心，如我国的海尔集团所建的配送中心，美国家乐氏芝加哥配送中心等。二是专门从事商品销售的流通企业为扩大销售而自建或合建的配送中心，我国目前拟建或在建的配送中心多属此类。三是流通企业和生产企业共建的销售型配送中心，这是一种公用型配送中心。这类配送中心的特点是用户多且不确定，每个用户购买的数量少，因此不易实行计划配送，集中库存的库存结构比较复杂。销售型配送中心往往采用共同配送，才能取得较好的经营效果。

3. 储存型

这是一类具有强大的储存功能的配送中心，主要是为了满足三方面的需要而建造的。一是企业在销售产品时，难免会出现生产滞后的现象，要满足买方市场的要求，客观上需要一定的产品储备；二是在生产过程中，生产企业也要储备一定数量的生产资料，以保证生产的连续性并应付急需；三是在配送的范围越大、距离越远时，或者为满足即时配送的需要，客观上也要求储存一定数量的商品。可见储存型配送中心是为了保障生产和流通得以正常进行而出现的。其特点是储存仓库规模大，库型多，储存量大。如瑞士的 Giba-Geigy 公司的配送中心，可储存 4 万个托盘，其储存规模位居世界前列；美国福来明公司的食品配送中心，建筑面积达 7 万 m^2，所经营的商品品种达 8.9 万个。

4. 流通型

这是一种只以暂存或随进随出方式运作的配送中心。其运作方式是成批进货，按用户订单要求零星出货，在进货的同时，货物经分拣机，直接分送至各用户的货位或配送运输工具上，货物在中心滞留的时间很短。

5. 加工型

这是一种根据用户需要对配送物品进行加工，而后实施配送的配送中心。这种配送中心同时行使加工职能，其加工活动主要有：分装、改包装、集中下料、套裁、初级加工、组装、剪切、表层处理等。闻名于世的麦当劳、肯德基的配送中心就是提供加工服务后向其连锁店配送的典型。在工业、建筑、水泥制品等领域的配送中心同样属于这种类型，如：石家庄水泥配送中心既提供成品混凝土，又提供各种类型的水泥预制件，直接配送至用户。

（二）按服务范围划分

1. 城市配送中心

向城市范围内的用户提供配送服务的配送中心称为城市配送中心。这类配送中心有两个明显的特征：一是用汽车将货物直接送达用户，因为运距短，所以非常经济；二是开展小批量、多批次、多用户的配送，实行“门到门”式的送货服务。因为汽车送货机动性强，城市配送中心供应快，调度灵活。

城市配送中心所服务的对象大多是零售商、连锁店和生产企业，大多采用与区域配送中心联网的方式运作。国内外绝大多数的配送中心都是城市配送中心。

2. 区域配送中心

向跨市、跨省（州）范围内的用户提供配送服务的配送中心称区域配送中心。这类配送中心有三个基本特征：其一，辐射能力较强，经济规模较大，设施和设备先进；其二，配送的货物批量较大；其三，配送的对象大多是大型用户，如城市配送中心和大型工商企业。虽然它也给批发商、企业用户、商店零星配送，但这些客户不是区域配送中心面对的主体对象。

例如，加拿大大都会公司的食品杂货配送中心的固定配送对象有 18 家区域批发商、320 家零售商，配送服务半径为 300km，每天发货量 10 万箱，自接到用户的订单起，到收到货物，一般不超过 8 小时。

3. 国际配送中心

向区域、国际范围内的用户提供配送服务的配送中心称为国际配送中心。其主要特征是：第一，经营规模大，辐射范围广，配送设施和设备的机械化、自动化程度高；第二，配送采用大批量、少批次和集装单元的方式；第三，配送对象主要是超大型用户，如区域配送中心和跨国工商企业集团；第四，存储吞吐能力强。如荷兰的“国际配送中心”，不仅在国内外建立了许多现代化的仓库，而且装备了很多现代化的物流设备。该中心在接到订单之后24小时之内即可装好货物，仅用3～4天的时间就可把货物运送到欧盟成员国的用户手中。

配送中心是为特定的客户服务的，因此它必须具备齐全的配送功能、完善的信息网络，而且功能主要是以配送为主，储存为辅。它与普通仓库的区别主要有：货物进出速度和频率比较快；配送中心只储存有需求的货品；配送中心提供较高的附加价值（如流通加工）的服务；配送中心的电脑作业以即时的方式存取数据，仓库的电脑作业以批次的方式存取数据。

二、配送中心的模式

配送中心模式是指配送中心各种基本要素的标准运作形式。模式的设计要综合考虑社会经济发展的需要和国内外配送中心运作的具体实际。因此，配送中心模式可解释为：为充分发挥配送中心的功能和效用，协调物流诸环节、诸要素之间的利益关系，通过合理设计和安排物流组织而建立的标准化、程式化的物流配送系统。

配送中心由于产权不同、货物所有权不同、经营方式不同，其模式也不尽相同。尽管如此，作为一种特殊的经济形式，其基本要素及其运作规律却有着共同的特征。由此构成了配送中心的基本模式。

（一）基于销售的配送中心模式

这是一种集商流和物流为一体的模式。这种配送中心模式的行为主体是生产企业或销售企业，配送仅是一种促销手段而与商流融为一体。事实上，无论在国内或是在国外，往往从事某种货物配送活动的活动中心，恰恰就是这种货物的生产者或经营者，甚至有的配送中心本身就是某个企业或企业所附设的一个机构。例如，我国的海尔集团的物流推进本部所管辖的自有型成品库负责向全国42个分销配送中心准时地配送制成品。建库之后，库存占压资金由1999年的15亿元，降至2000年的7亿元。海尔配送体制建立以后，已经做到中心城市6～8小时配送到位，区域销售店24小时配送到位，全国主干线分拨配送平均3.5天到位。又如保加利亚索菲亚服装配送中心建有可保管众多服装制造厂的各种服装的高层自动化仓库，附设了样品陈列室、批发洽谈室等。客户在陈列室看好样品，在洽谈室订好服装后，配送中心就可以准时把所需服装送达客户。

上述这种模式的配送中心，从表面上看是在独立地从事货物的大批量进货、存储、保管、分拣和小批量、多批次的运送活动，但这些活动只是产品销售活动的延伸，其实质是企业的一种营销手段或营销策略。就这类配送中心的运作而言，在流通实践中，它们既参与商品交易活动，向用户出让其产品的所有权；同时又向用户提供诸如货物分拣、加工、配货和送达等一系列的后勤服务。在这里，商品的销售和配送是合二为一的。不难看出，这种商流与物流合二为一的配送，主要是围绕着企业的产品销售和增加市场份额的根本目的而展开的。

基于销售的配送中心模式在批发业、连锁经营企业、大型加工制造业、零部件制造业等领域应用比较广泛。如日本日产汽车销售公司上乡工厂设有以自动化仓库为主体的配送中心（世界上最大的自动化仓库之一）。该中心占地1.35万m^2，高25m，内设15个巷道，货位3.77万个，保管有该厂自己生产并包装好的汽车维修配件，同时负责按照用户的订货要求，及时将配件送达用户。

以这种模式构建的配送中心，由于可以直接组织到货源并拥有产品的所有权和支配权，所以有其资源优势，便于配送中心扩大业务范围和服务对象，便于向生产企业提供多元化的后勤服务（如物料的配套供应）。从这种意义上说，这种模式也是一种充分发挥专业流通企业功能的配送模式。因为专业流通企业有自己的仓库、装卸搬运设备，有相对稳定的资源渠道，还有服务多年的客户群，如果和生产企业之间找到利益的共同点，优势互补，是不难实现成功合作的。

然而我们也应该看到，按照这种模式构建的配送中心，不但要投入较多的资金、人力和设备，而且资金、人力分散。只有具有一定的经济实力，方可形成一定的规模。尤其是对生产企业来说，如果都建这种模式的配送中心，势必造成新的资源浪费，也不利于企业把主要注意力集中在核心竞争力的提高上。

（二）基于供应的配送中心模式

这种配送中心模式的主体是拥有一定规模的库房、站场、车辆等物流设施和设备以及具备专业管理经验和操作技能的批发、仓储或运输企业。其本身并不直接参与商品交易活动，而是专门为用户提供诸如货物的保管、分拣、加工、运送等系列化服务。这类配送中心的职能通常是从工厂或转运站接收所有权属于用户的货物，然后代理客户存储，并按客户的要求分拣货物，即时或定时地小批量、多批次将货物分拣配送至指定的地点。以中国储运总公司唐家口仓库为例：其用户天津通讯广播器材公司把从日本进口的电视机元器件直接送到唐家口仓库保管。仓库负责按用户的要求进行分类、配货、装车并直接送到生产厂的生产流水线。每天配送 20 车次。在配送元器件的同时，仓库方又将成品电视机运回，由仓库负责保管并代理发运。

很明显，这类配送中心所从事的配送活动是一种纯粹的物流活动，其业务属于交货代理服务。从运作形式来看，其活动是与商流活动相分离的，只不过是仓储、运输企业服务项目的增加和服务内容的拓展而已。

这种模式构建的配送中心的好处在于可以充分利用原有的设施和设备并予以更新、改造、扩充，其投资相对要少；尽管可以同时为多家用户提供服务，但是其业务活动比较单纯、专一，因而企业占压的资金比较少，经营风险也比较小。

但是这类配送中心的最大缺陷是本身不直接掌握货物资源，因而其调度、调节能力较差，往往受到用户的制约；同时由于其活动只是一种代理性质的活动，所以，其收益只是收取相对于全部物流利润极小比率的服务费，是一种高消耗、低收益的配送中心模式。

（三）基于资源集成的配送中心模式

这是一种以资源集成为基础，集商流、物流、信息流和资金流四流合一的配送中心模式。这类配送中心的行为主体是虚拟物流企业，其服务对象是大中型生产企业或企业集团，其运作形式是由虚拟物流企业和供应链上游的生产、加工企业（供方）建立广泛的代理或买断关系，如和下游的大中型生产企业（需方或用户）形成较稳定的契约关系。虚拟物流企业的配送中心依据供方的交货通知完成运输、报关和检验、检疫并入库，然后按照需方的要求，经过拣选、加工、配料、装车、运输并送达需方，完成配送作业。

上述从供应商到用户的所有信息都是由企业的物流信息系统来管理的，而作业活动也都是由其组织、调度和控制的。高效及时的信息交换和管理，为配送中心作业的顺利完成提供了保证。信息技术的支撑是这类配送中心的突出特点。作业完毕之后，依照物流状况和配送中心与供、需双方的合同，各种费用就会在电脑中自动生成，并各流其向。

例如，我国中海集团物流公司的中海物流配送中心，通过委托合同的形式，已与IBM、美能达、联想、三星电子、诺基亚、神达电脑、宏基电脑等80多家国内外著名的跨国公司建立了长期稳定的合作关系，为其提供国际物流配送服务。中海公司除利用自己的硬件和软件设施以外，还与陆路运输公司及海运、空运货运代理企业建立了稳定的合作伙伴关系。货物可以由中海公司或者用户向供应商采购并签订贸易合同，然后中海公司取得货物的所有权或代理权。像IBM公司所采用的就是代理形式。IBM公司来自世界各地160多家供应商的物料在24小时内即可送达IBM工厂生产线，其运作程序是：IBM采购中心向其供应商发出订单，各供应商发货并通知中海物流配送中心，配送中心按交货指令完成运输、报关、检疫至验收入库的运作。然后，IBM工厂根据生产线上的需要向配送中心发出提货单，配送中心经过拣选、配料、装车、运送、报关并即时送达至工厂。

另外中海公司还自主开发了一套既满足公司内部业务需要，又能面向市场的物流信息管理系统。该系统融进库、出库、运输、报关、检疫、信息反馈和费用结算于一体，只要输入原始数据，系统即可完成其他操作。供、需双方均可通过EDI或互联网随时查看最新交易情况以及库存结构和数量。

由此不难看出，这种基于资源集成的配送中心所开展的是一种典型的规模经营活动，这种模式也是一种完整意义上的配送中心模式。它有如下几个特点。

1. 规模大，服务范围广

可以有效地组织国内外若干个供应商资源、配送资源，并对若干个用户进行共同配送，以其规模优势来降低成本。

2. 完善的信息系统和网络体系的服务

有完善的信息系统和网络体系服务于用户的变换需求，以互联网和企业内部网络为平台，既可以让用户了解市场、价格、制度、政策以及物流资源情况，又可以了解配送中心的物流系统的组织运作情况，实时地进行跟踪、控制、查询、反馈，自动进行数据动态分析，进而优化调配方案。

3. 具有物流领域的专业化优势

配送中心以专业化的人员、专业化的设施设备、专业化的运作方式来提高配送效率。

4. 物流配送设施设备的社会化

其物流配送设施设备不完全是属于自己所有，既有自有的，又有公用的。配送中心分布地域广，因而所提供的是一种社会化的配送服务，所追求的是物流合理化。如宝供集团，在中国管理着48万m^2的仓库，但没有$1m^2$是自己建造的。其物流网络是充分借助于社会资源，经过整合而集中控制运作的。它在广州、北京、上海、成都设立了四个分公司，到目前为止，业务范围已基本覆盖整个中国。针对每个客户的不同产品，不同要求，从接单、发运、入库、验收、配送，其任一网点都能在统一的指挥系统指挥下运作，为客户提供便捷、及时的服务。

选择配送中心的模式，应根据实际情况而定。从我国近几年配送业的发展情况也可以看出一些规律和趋势。尽管从长远看，生产领域的物流外包是我国发展经济的必然趋势和必须突破的重要环节。但是，就现阶段而言，提倡并鼓励超大型龙头生产企业，批发、零售企业和商业连锁企业构建自营型或合作型基于销售的配送中心，选择商流、物流合一的配送中心模式是较为适宜的。

三、配送网络设计

常用的配送网络结构设计有三大类，即集中型配送网络、单层次配送网络和多层次配送网络。

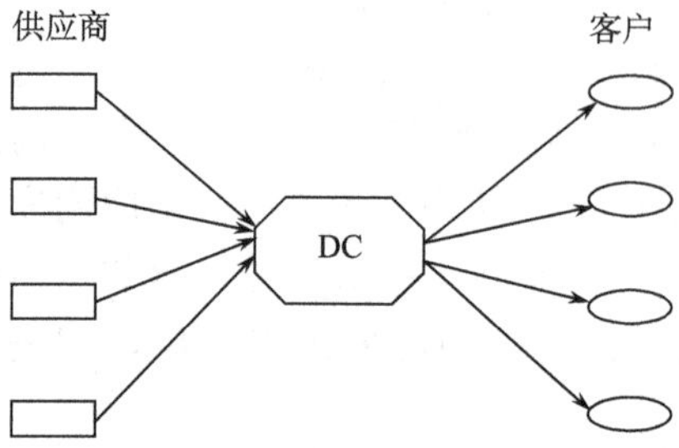

图 10.1　集中型配送网络

（一）集中型配送网络

集中型配送网络是指配送系统中只设一个配送中心（distribution center，DC），所有货物首先要在配送中心集结，然后再根据客户需求进行配送，如图 10.1 就是一个区域的集中配送网络模型。在这个区域内的货物配送中，大多数供应商的货物是先集中到配送中心，然后再由配送中心根据各门店的需求进行配货和运输。配送中心集结的供应商货物越多，越容易形成规模经济效益。

集中型配送网络由于实现了商品的集中管理、集中配送，规模经济效益显著，能够带来供应链成本的降低。但是，由于所有货物都需要经过配送中心，因此可能使部分客户的交货期延长。

（二）单层次配送网络

单层次配送网络，也称分散型配送网络，是配送系统中在一个层次上设多个配送中心，供应商将货物运送到不同的配送中心，然后再配送给客户，如图 10.2 所示，配送中心是按照客户地理位置分布划分的配送区域设立的，即按照客户就近原则设立。

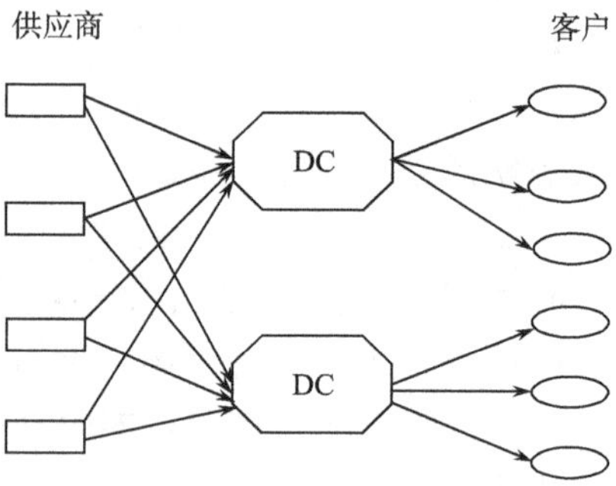

图 10.2　单层次配送网络

与集中型配送中心相比，配送系统中存在多个配送中心，在一定程度上分散了资源集中效益，而且在配送中心管理上相应费用也高。但是，由于配送中心距离客户较近，向外运输成本降低，客户交货期缩短。

（三）多层次配送网络

多层次配送网络是配送系统中在两个或两个以上层次设多个配送中心，是集中型配送网络与分散型配送网络于一体的一种网络结构，如图 10.3 所示。

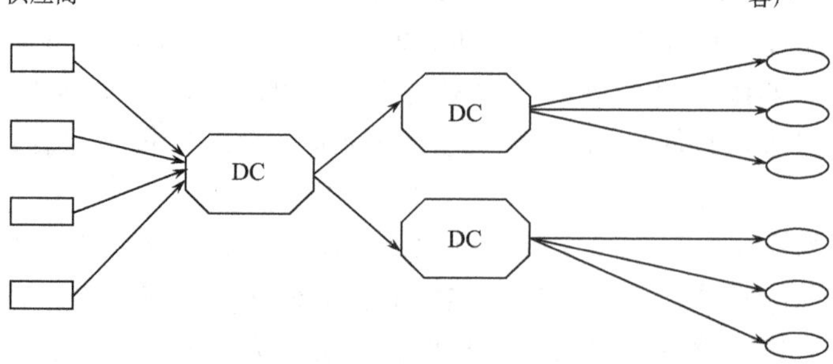

图 10.3　多层次配送网络

多层次配送网络设计主要用于区域配送，一般情况下，在区域设立一级配送中心，在区域下属城市中靠近客户设立二级配送中心。这种网络结构既体现了资源的集中管理，又体现了客户就近原则，能够带来供应链成本的降低。

【阅读资料】日本连锁经营的物流配送业

日本的连锁经营是从20世纪20年代末从欧美引进的，经过70多年的发展，到20世纪90年代达到鼎盛阶段，已成为连锁经营的第二大国。但是，日本连锁经营在20世纪60年代以前一直发展缓慢，从20世纪60年代末起才随着日本经济和物流配送业的大力发展而进入黄金发展时期。

日本零售业中，有74%的店铺经营的商品是通过物流配送中心加工配送的，70%以上的连锁店、90%以上的大型杂货店都有物流配送中心。这是因为物流配送中心是连锁经营的关键环节，是连锁经营的核心竞争力所在。连锁经营的集中化、统一化管理，在很大程度上依靠物流配送中心来具体实现。通过物流配送中心的配送活动，不仅可以大大简化门店的作业活动，从而降低连锁企业的物流总费用，而且还能实现商品在流通领域内的增值，并向门店提供增值服务。总之，20世纪60年代以来，日本物流配送中心的快速发展为连锁经营提供了强有力的支持。

日本连锁企业物流配送中心主要有两种类型：一种是自营型物流配送中心，约占七成，只为连锁企业自己的分店服务；另一种是社会型物流配送中心，即连锁企业利用社会化的物流配送中心为自己的连锁分店服务，或自己拥有物流配送中心，但在为自己的连锁分店服务的同时，也承担其他连锁企业分店店铺的配送业务。在配送方式上，除采用传统的配送方式外，也采用诸如共同配送、集合配送、委托配送等新型配送方式。

（引自：牛鱼龙，2006）

第二节 物流配送中心规划

配送中心地理位置的选择，将直接影响到配送中心的实际运营效率与成本，以及以后仓储规模的扩充与发展。一般来说，如果有预定地点或区位方案，可在系统规划进行之前提出，并作为系统规划过程的限制因素；如果没有预定方案，可在系统规划形成后进行选址规划。选址问题决策分析方式一般采用定性分析与定量分析相结合的方法。

一、选址问题的定性分析

配送中心选址包括两方面的含义：地理区域的选择和具体地址的选择。配送中心选址时应考虑的主要因素有客户分布、供应商分布、交通条件、土地条件、自然条件和政策条件等。

（一）客户、供应商分布

配送中心是为客户服务的，所以配送中心选址首先要考虑客户分布情况。面向零售商的配送中心，其主要客户是超市和零售店。这些客户大部分是分布在人口密集的地方或城镇，配送中心为了提高服务水平和降低配送成本，多建在城市边缘接近客户分布的区域。

配送中心的货源来自于供应商，所以配送中心选址必须考虑供应商的分布区域。配送中心越接近供应商，则安全库存量就可控制在较低的水平上。

（二）交通和自然条件

交通条件是影响配送成本及效率的重要因素之一。配送中心选址必须考虑对外交通的渠道，以及未来交通与临近地区的发展状况等因素。为了确保配送运输作业的顺利进行，配送中心地址的选择应尽量临近重要的运输渠道。一般配送中心应尽量选择在交通方便的高速公路、国道及快速道路附近，如果以铁路及轮船作为运输工具，则要考虑靠近火车编组站和港口等。

配送中心选址要考虑自然条件，以减少建造配送中心的风险。需考虑的自然条件包括温度、湿度、降雨量、台风、地震、河川等自然要素及其变化情况。

（三）土地和人力资源条件

建造配送中心需要土地，对土地的使用必须符合相关的法令规章及城市规划的限制。规划配送中心用地问题，既要考虑土地面积的多少，也要考虑地价问题，还要考虑地形地质问题。

配送作业需要使用人力资源。人力资源条件要考虑临近地区的人口数量、交通条件和工资水平等。

（四）政策条件

各地方政府的经济政策也是配送中心选址规划要考虑的因素之一。政策条件包括土地政策、税收政策和地区产业政策等。

二、选址问题的定量分析

选址的定量分析方法有很多，如有用于理论分析的重心计算法，用于直观分析的图上作业法，用于复杂情况分析的整数规划方法等。

（一）重心计算法

单选址是最简单的选址问题，就是将一新节点布置到一个与现存运输节点有关的二维空间去。此时，如果生产费用中运费是很重要的因素，而且多种货物由各个现有节点供应，则可根据重心法确定新址位置。重心法是一种模拟方法，其基本原理是：将现有各个供应点（资源点）或需求点（用户点）看成是分布在某一平面内的物流运输系统的节点，它们的资源数量可以看成是这些节点的重量，这样就可以利用求几何重心的方法来找到距现有节点的距离、供应量、运输费率之积总和为最小的节点，从而确定物流系统的重心，即新的运输节点的最佳位置。

(1) 需求量往往被聚集在一定数量的点上，每个点代表分散在一定区域内的众多顾客的需求总量。

(2) 忽略不同地点选址可能产生的固定资产构建劳动力成本、库存成本等成本差异。

(3) 运输费率的线性假设。

(4) 直线运输假设。

(5) 静态选址假设，即不考虑未来的收益与成本的变化。

如果用 P_i（x_i，y_i）表示现有节点（或各供应点）的位置（$i=1，2，\cdots，n$），w_i 表示第 i 个节点的运量，c_i 表示各节点的运输费率。令 P_0（x_0，y_0）表示新节点的位置，如图 10.4 所示。

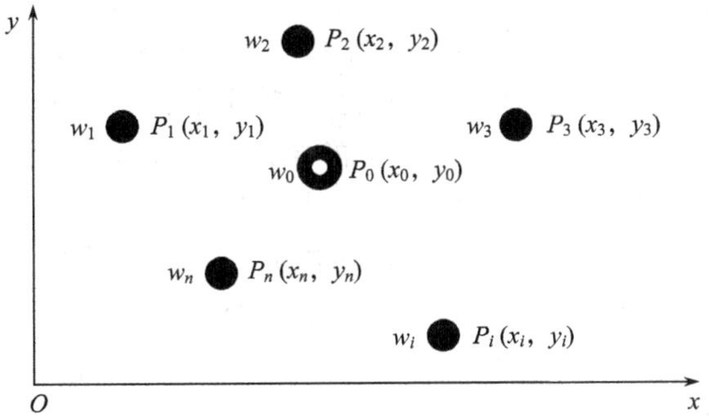

图 10.4　节点位置坐标图

根据重心法有：

$$\begin{cases} \sum_{i=1}^{n} x_i w_i c_i = x_0 \sum_{i=1}^{n} w_i c_i \\ \sum_{i=1}^{n} y_i w_i c_i = y_0 \sum_{i=1}^{n} w_i c_i \end{cases} \tag{10.1}$$

解得

$$\begin{cases} x_0 = \dfrac{\sum_{i=1}^{n} x_i w_i c_i}{\sum_{i=1}^{n} w_i c_i} \\ y_0 = \dfrac{\sum_{i=1}^{n} y_i w_i c_i}{\sum_{i=1}^{n} w_i c_i} \end{cases} \tag{10.2}$$

若各供应点的运输费用都相等，则有

$$\begin{cases} x_0 = \dfrac{\sum_{i=1}^{n} x_i w_i}{\sum_{i=1}^{n} w_i} \\ y_0 = \dfrac{\sum_{i=1}^{n} y_i w_i}{\sum_{i=1}^{n} w_i} \end{cases} \tag{10.3}$$

上式就是用重心法求得新运输节点位置的计算公式。

（二）成本分析法

成本分析法是在已经具有一个运输节点位置选择集的前提下，以物流系统的总成本最小为目标，通过简单的财务计算，比较选择最佳位置。具体表述为：假设配送中心的候选地点有 S 个，分别用 D_1，D_2，…，D_s 表示；商品的供应商有 m 个，分别用 A_1，A_2，…，A_m 表示，其供应量分别用 P_1，P_2，…，P_m 表示；产品销售地有 n 个，分别用 B_1，B_2，…，

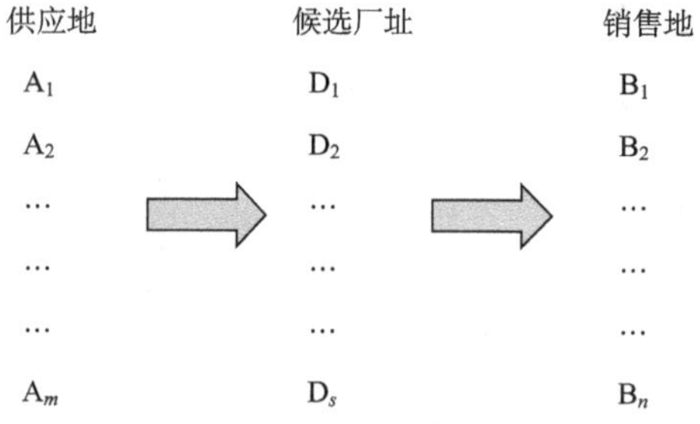

图 10.5 选址示意图

B_n 表示，其销售量分别用 Q_1，Q_2，…，Q_n 表示（图 10.5）。设 U_{ij} 和 C_{ij} 分别表示从 A_i 到 D_j 的单位运输成本和距离；V_{ij} 和 d_{jk} 分别表示从 D_j 到 B_k 的单位运输成本和距离。

目的就是从 S 个候选地址中选取一个最优地址建造配送中心，使物流总费用达到最低。

引进变量：

$$X=(X_1,\ X_2,\ \cdots,\ X_s) \tag{10.4}$$

其中，

$$X=\begin{cases}1 & \text{表示在 } D_j \text{ 建造}\\ 0 & \text{表示不在 } D_j \text{ 建造}\end{cases} \tag{10.5}$$

那么目标函数为

$$\min f_{(X)}=\sum_{j=1}^{s}\left(\sum_{i=1}^{m}U_{ij}C_{ij}P_i+\sum_{k=1}^{n}V_{ij}d_{jk}Q_k\right)X_j \tag{10.6}$$

约束条件：

$$\sum_{j=1}^{s}X_j=1 \tag{10.7}$$

【案例】配送中心的选址

计划建造一个配送中心，商品主要配送到 B_1、B_2、B_3 三个地区，三个地区的销售量分别为 20 万 t、30 万 t 和 50 万 t；商品主要由 A_1、A_2 两个供应商提供，供应量分别为 40 万 t 和 60 万 t。配送中心地址计划从 D_1、D_2、D_3 中选择一个。这三个候选地址与各点之间的单位运输成本如表 10.1 所示。图 10.6 是选址问题示意图。试从运输成本分析，地址应如何选择。

表 10.1 候选地址与各点之间的距离和单位运输成本

候选地 \ 关联地		配送客户			供应商	
		B_1	B_2	B_3	A_1	A_2
D_1	距离（km）	10	30	35	50	55
	单位运费（元/t · km）	1	1.2	2	1.5	1
D_2	距离（km）	10	10	15	15	30
	单位运费（元/t · km）	2	1.5	2	2.2	2
D_3	距离（km）	35	30	10	40	50
	单位运费（元/t · km）	1	1	2	1.4	1
物流量（万 t）		20	30	50	40	60

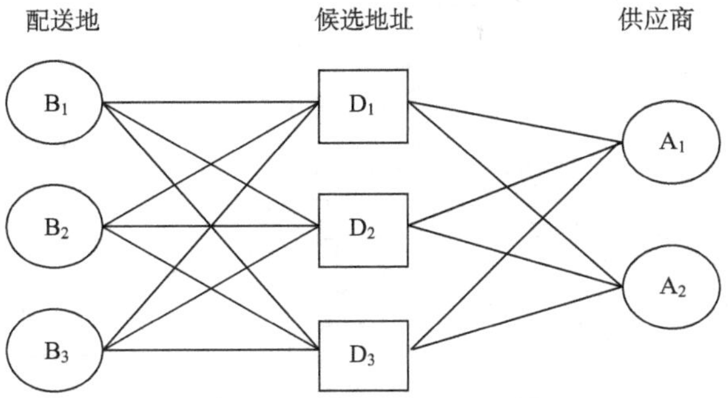

图 10.6　选址问题示意图

根据前面对选址问题的分析，可以列出本例中各候选地址的总运输成本。

如果在 D_1 建配送中心，运输总成本为

$$TC_1 = \sum_{i=1}^{m} U_{ij} C_{ij} P_i + \sum_{k=1}^{n} V_{ij} d_{jk} Q_k$$
$$= (10 \times 1 \times 20 + 30 \times 1.2 \times 30 + 35 \times 2 \times 50) + (50 \times 1.5 \times 40 + 55 \times 1 \times 60)$$
$$= 8150(\text{万元})$$

如果在 D_2 建配送中心，运输总成本为

$$TC_2 = (10\times2\times20+10\times1.5\times30+15\times2\times50) + (15\times2.2\times40+30\times2\times60)$$
$$= 7270\ (\text{万元})$$

如果在 D_3 建配送中心，运输总成本为

$$TC_3 = (35\times1\times20+30\times1\times30+10\times2\times50) + (40\times1.4\times40+50\times1\times60)$$
$$= 7840\ (\text{万元})$$

对三个候选配送中心的计算结果进行比较分析，可以看出，D_2 的运输总成本最低，所以应选 D_2 作为建立配送中心地点。

（三）混合整数规划选址

在物流网络需要新建，要考虑基建投资的情况下，可以用混合整数规划法在多个物流节点中进行选址与布局。应用混合整数规划法选址和布局的步骤是，首先要对待选地址的总费用以及一些限制条件进行分析和抽象，转化为整数规划模型，然后求解模型，找出最佳位置。

设在一个供需平衡的系统中有 m 个供应点 A_i（$i=1, 2, \cdots, m$），各点的生产量为 a_i（$i=1, 2, \cdots, m$）；有 n 个需求点 B_j（$j=1, 2, \cdots, n$），各点的需求量为 b_j（$j=1, 2, \cdots, n$）；有 q 个可能备选结点的地址 D_k（$k=1, 2, \cdots, q$），如图 10.7 所示。假设各备选节点地址的基建投资、中转费用和运输费率均为已知，以总成本最低为目标，确定物流节点选址的最佳方案。

物流节点布局的数学模型的目标函数为

$$\min F = \sum_{i=1}^{m}\sum_{k=1}^{q} c_{ik} x_{ik} + \sum_{k=1}^{q}\sum_{j=1}^{n} c_{ik} y_{kj} + \sum_{i=1}^{m}\sum_{j=1}^{n} c_{ij} z_{ij} + \sum_{k=1}^{q}\left(F_k w_k + c_k \sum_{i=1}^{m} x_{ik}\right) \quad (10.8)$$

约束条件为

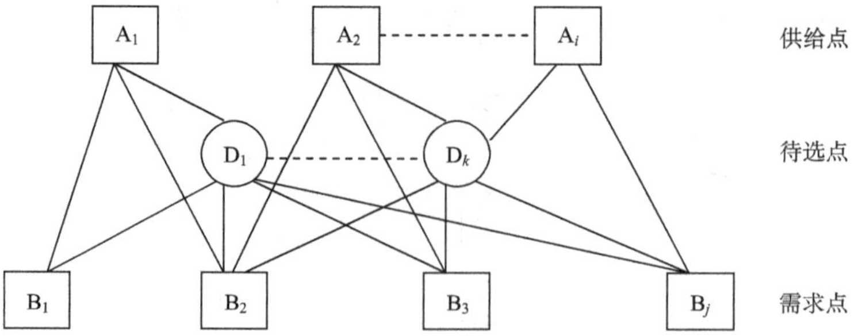

图 10.7　需求点以及供给点

$$\begin{cases} \sum_{k=1}^{q} x_{ik} + \sum_{j=1}^{n} z_{ij} \leqslant a_i & i=1, 2, \cdots, m \\ \sum_{k=1}^{q} y_{kj} + \sum_{i=1}^{m} z_{ij} \geqslant b_j & j=1, 2, \cdots, n \\ \sum_{i=1}^{m} x_{ik} = \sum_{j=1}^{n} y_{kj} & k=1, 2, \cdots, q \\ \sum_{i=1}^{m} x_{ik} - Mw_k \leqslant 0 & k=1, 2, \cdots, q \\ x_{ik}, y_{kj}, z_{ij} \geqslant 0 & w_k = 0 \text{ 或 } 1 \end{cases} \tag{10.9}$$

式中，x_{ik}为供给点i到备选点k的货运量；y_{kj}为备选点k到需求点j的货运量；z_{ij}为供给点i到需求点j的货运量；w_k为备选点k是否被选中的决策变量，$w_k=1$表示k被选中，$w_k=0$表示k未被选中；c_{ik}为供给点i到备选点k的单位运费；c_{kj}为备选点k到需求点j的单位运费；c_{ij}为供给点i到需求点j的单位运费；F_k为备选设施k选中后的基建投资；c_k为备选点k中单位货运量的中转费用；M为是一个相当大的正整数。

这是一个混合整数规划模型，可以用分枝定界法求解模型，求出x_{ik}，y_{kj}，z_{ij}和w_k的值。x_{ik}表示待选点D_k与供给点A_i的关系；y_{kj}表示待选点D_k与需求点B_j的关系。

第三节　配送路线优化设计

在配送网络结构设计好后，接下来的问题就是如何设计从配送中心出发到达客户位置的路线，以使配送成本最低，即配送路线优化设计。常用的配送路线设计包括两大类，即基于行程安排决策（traveling salesman problem，TSP）设计和基于运输路线选择（vehicle routing problem，VRP）设计。有关TSP和VRP的解法有许多种，下面重点介绍图解法。

一、配送路线类型

（一）TSP问题

TSP是前已述及的旅行商问题，也是配送路线优化中最简单的问题。这类问题是假设配送所用车辆的载重量或体积正好能够满足一个配送小区所有客户的需求，即企业用一辆车，设计一条路线就能服务所有客户，如垃圾回收、超市门店的配送、牛奶的配送等。在

TSP 模型中，一辆车，没有装载能力限制，没有司机约束规则，路线优化的核心问题是如何安排车辆行程，以使车辆总行程最短。基本的 TSP 模型描述如下：给出一个起点配送中心和一组 n 个客户的集合，寻找一条在起点配送中心开始和结束的路线，这条路线经过每一个消费者，并且为最短路线，即：①每一个车辆在配送中心起程和终止；②每一条路线包含所有一次要服务的客户点；③一辆车完成一条路线所有客户点的配送；④每一个客户点必须在预先设置的时间窗口内得到服务；⑤以成本最小为确定车辆路线行程的评价指标。

（二）VRP 问题

在实际运输中，经常会遇到车辆受承载能力、容积的限制，一辆车不能满足所配送区域用户的需求，此外客户服务时间窗口、服务优先等级、送货与取货的混合等，均使运输问题变得复杂。解决运输复杂问题常用方法就是 VRP 法。VRP 法是运筹学中的热点问题，它可以对一系列发货点和收货点，调用一定的车辆，组织适当的行车路线，使车辆有序地访问它们，在满足特定的约束条件下，力争实现一定的目标（如车辆空驶里程最短，运输总费用最低等)。典型的 VRP 法可描述为：①多个用户同时需要运输服务，且一辆车不能同时满足这些用户的需求；②每个用户只能被一辆车访问一次；③所有车辆从仓库出发，并最终回到仓库；④所有的车辆必须满足能力约束；⑤车辆在路线上可以取货或送货。

二、图解法

（一）图解法的含义与类型

配送中心在每一次的配送任务中，其配送客户的地理位置、配送数量、客户接受货物的时间窗口都是确定的，因此可以将这些已有的信息在地图上标注，根据决策问题类型，进行配送路线优化设计。由于是以地图为基本工具，故此种方法称为图解法。

在图解法中采用的优化方法主要包括最近插入法、节约法和扫描法。插入法和节约法都能解决 TSP 和 VRP 两大类型的路线优化问题，扫描法主要用来解决 VRP 类型的配送路线优化设计。

（二）图解法的判断准则

在图解法实施中，必须对初步优化的路线进行合理性分析，对不合理的路线要进行改进。按照实际运输工作经验，当运行路线不发生交叉时，经过各停留点的次序是合理的，同时，如有可能应尽量使运行路线形成“水滴状”。因此，可以总结出合理配送路线设计三准则：第一，配送小区不重叠［图 10.8（a）］；第二，运行路线不发生交叉［图 10.8（b）］；第三，运行路线形成“水滴状”［图 10.8（c）］。

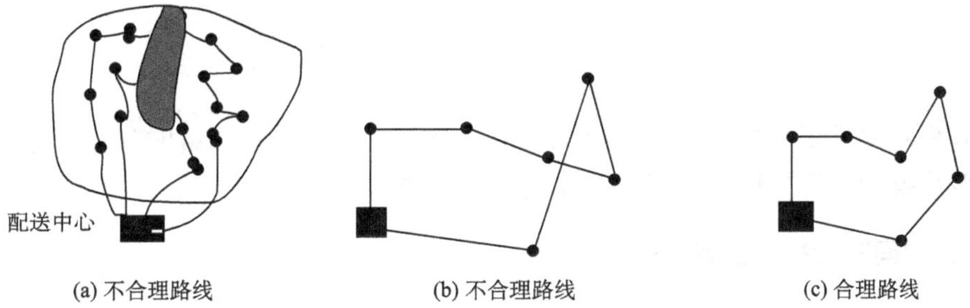

图 10.8　合理路线与不合理路线

当然，如果点与点之间的空间关系并不真正代表其运行时间或距离（如可能有路障、单行道路、交通拥挤等），或者运输路线较为复杂，则使用电子计算机寻求路线上的停留点的合理次序更为方便。

而且，如果客户有特殊送货时间要求，则在进行路线优化设计时，以满足客户收货时间为首要原则，然后再用这三条准则进行改进。

三、主要图解方法

（一）TSP 的最近插入法图解

最近插入法是从企业仓库出发，选择与仓库距离最近的客户（要考虑时间窗口）形成一条配送路线，然后寻找与这条路线最近的客户点，并将其加入到原先的路线中，重新形成一条配送路线；依次类推，直到将所有客户都加到配送路线上为止，形成一条可行的配送路线。按照路线的合理判断准则，对可行配送路线进行合理化改进，就得到一条优化的配送路线。

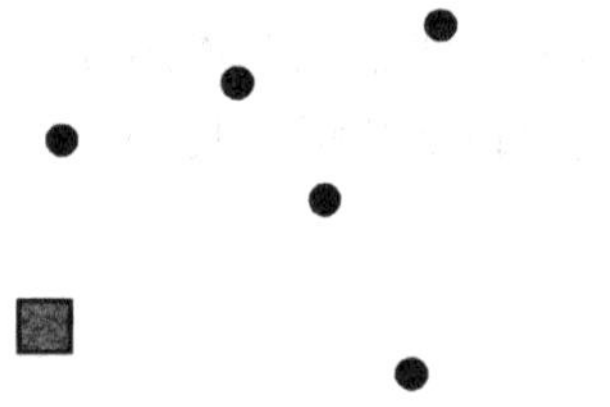

图 10.9　配送中心与客户的相对位置

【案例】距离就近插入法图解

设企业车辆一次配送 5 个客户，客户接受货物时间无特别要求。企业配送中心用■表示，客户用●表示，配送中心与客户之间的相对距离如图 10.9 所示。求最优配送路线。

根据图解法三准则，对图中的 TSP 用最近插入法进行图解，图解过程与结果如图 10.10 所示。

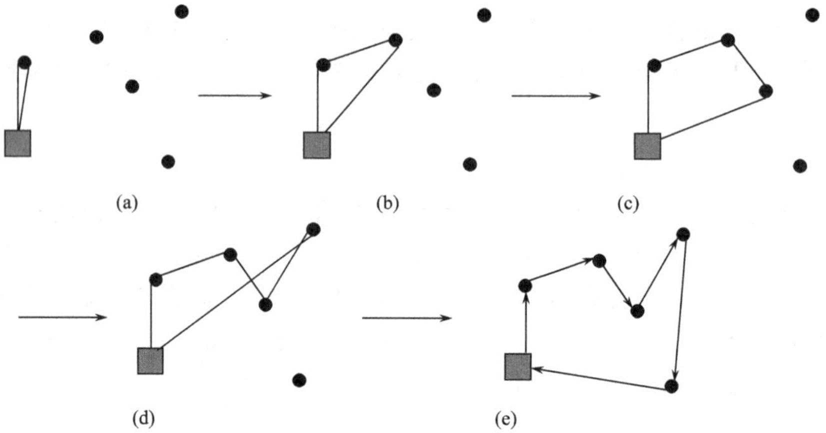

图 10.10　最近插入法图解过程

如果客户对接受货物的时间有明确的要求，在用最近插入法图解时就还要考虑时间最近插入。一般图解的过程要以满足时间要求为首要条件。

【案例】时间就近插入法图解

图 10.11 是图 10.9 所示的配送中，客户对接受服务设立了时间窗口。请用最近插入法图解路线结果。

根据以满足时间要求为首要条件的原则，最近插入法的图解结果见图 10.12。

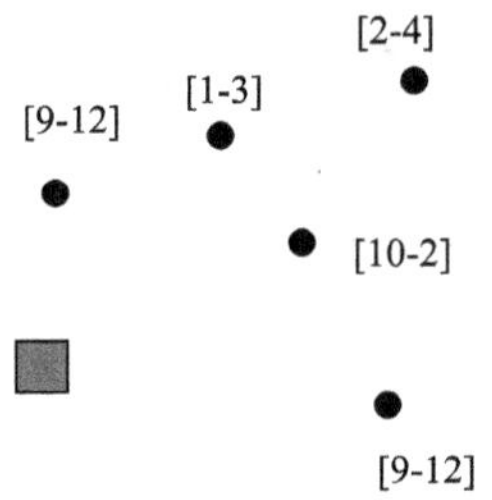

图 10.11　配送网络的时间窗口

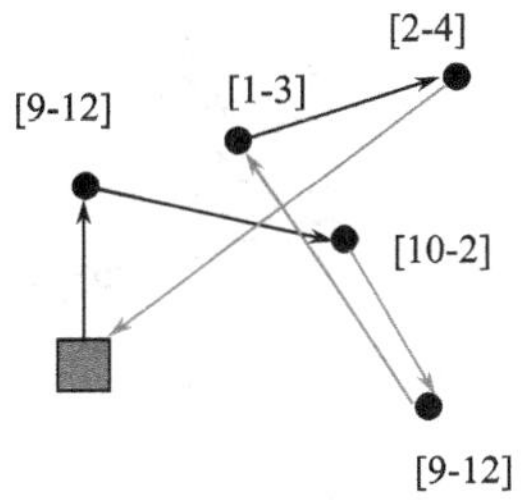

图 10.12　基于时间窗口的图解结果

（二）TSP 的节约法图解

节约法分为时间节约法和里程节约法两种。里程节约法是通过车辆在一条配送路线上同时配送客户点的增多，来实现其配送总距离的节约。其基本原理是三角形的一边必定小于另外两边之和。如图 10.13 所示，假设 P 是出发地点，A 和 B 分别是所要到达的地点，它们相互之间的道路距离分别为 a、b 和 c。如果要从 P 分别到 A 和 B 地，那么总里程为 2a+2b；如果从 P 到 A 再到 B，然后回到 P，则总里程为 a+b+c；两种方法的里程差是（2a+2b）－（a+b+c）=a+b－c。显然，根据三角形的两边之和大于第三边的原理，a+b－c>0，那么第二种方法将使里程得到节约。如果需要到达更多的地点，可以根据节约距离的大小顺序连接各点，并规划出旅行路线。

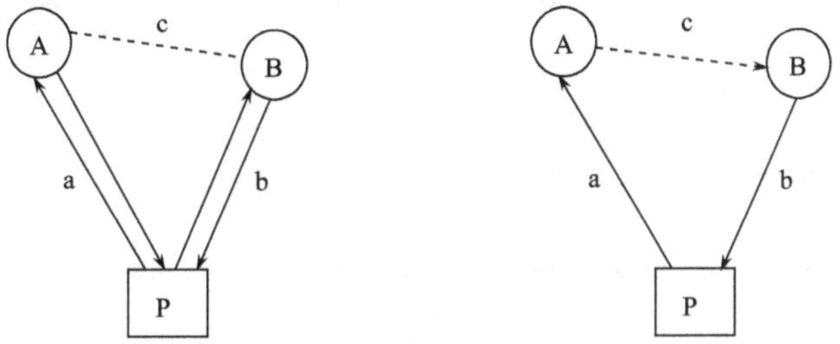

图 10.13　节约法的基本原理

案例如果用节约法，则其图解过程变为如图 10.14 所示。

比较图 10.10 和图 10.14 可以发现，用不同的图解方法，得到的结果是不一样的（图 10.15），到底哪个才是最优选择，这就需要用数学求解法来辅助解答。

辅助图解法的数学求解常用步骤如下。

（1）以出发点 P 为起点，连接起点到每一个客户为终点的分离路线开始。

（2）假定问题是均衡的，即 $C_{PA}=C_{AP}$，利用下列公式计算节约的里程：

$$S_{AB}=C_{PA}+C_{PB}-C_{AB} \tag{10.10}$$

式中，S_{AB}表示节约里程；C_{PA}表示从出发点 P 到 A 地的距离；C_{PB}表示从出发点 P 到 B 地的距离；C_{AB}表示从 A 地到 B 地的距离。

（3）从最大到最小排序节约值。

（4）根据节约值连接客户点形成路线。注意不要破坏先前连接的任何连线，当所有客户连接在一条路线上时，配送路线完成。

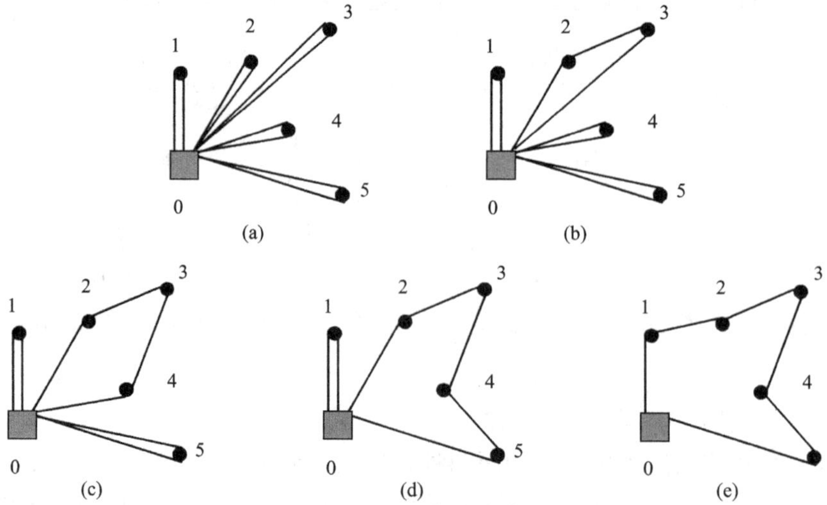

图 10.14　节约法图解过程

图 10.15　两个图解结果

案例中增加已知条件客户间和客户到配送中心的距离如表 10.2 所示。

表 10.2　客户间、客户到配送中心的距离

C_{AB}	0	1	2	3	4	5
0	—	7	9	14	8	12
1	7	—	5	13	11	18
2	9	5	—	7	8	16
3	14	13	7	—	10	18
4	8	11	8	10	—	9
5	12	18	16	18	9	—

根据表 10.2 给定的客户间、客户到配送中心的距离，结合图 10.14 所示的各点的相对位置，首先可以计算出各点之间的里程节约量及其排序（表 10.3）。

第一步，设计初始方案，从配送中心向各客户配送，共形成 5 条配送路线，如图 10.14（a）所示；

第二步，按照节约里程的大小顺序，依次连接 2 和 3、3 和 4、4 和 5、2 和 1，加上初始方案中已经连接的 0 和 1、5 和 0，形成一条闭合回路的配送路线 0—1—2—3—4—5—0，完成优化路线设计。

表 10.3　客户间、客户到配送中心的里程节约量及排序

S_{AB}	0	1	2	3	4	5
0						
1						
2		11				
3		8	16			
4		4	9	12		
5		1	5	8	11	
S_{AB}排序	$S_{23}>S_{34}>S_{45}>S_{21}>S_{24}>S_{31}>S_{35}=S_{25}>S_{14}>S_{51}$					

从数学求解中可见，S_{23}比S_{24}要优先连接，所以 10.14（e）才是最优解。

该问题中如果加上时间限制或装载量的限制，则要在满足里程节约的条件下，根据限制拆分配送路线。这种配送路线优化方法，称为 VRP 图解法。

（三）VRP 的扫描法图解

1. VRP 图解基本原理

VRP 是要综合考虑车辆的装载能力（吨位或体积）和企业规定的工作时间，来对配送路线进行优化。对这一类问题的求解可基本上分为两大步骤：第一步根据客户地理位置和时间窗口将配送区域中的客户聚类，然后根据客户需求的数量和一辆车的装载能力确定配送路线数量和配送车次；第二步，在每一条路线上采用 TSP 解决方法。

求解 VRP 的关键是要确定配送路线的数量。企业配送路线数量的确定可参照两种方法，但要注意安排车辆负责相互距离最近的站点的货物运输。第一种方法是考虑客户的时间窗口，根据时间窗口的开放时间和地理位置将客户聚类，然后再根据企业一辆车的装载能力设计配送路线数量，如图 10.16 所示。第二种方法是不考虑时间窗口，将地理位置接近的客户按照客户的需求数量和企业一辆车的装载能力进行聚类，确定路线数量。图解这类问题的方法可采用扫描法。

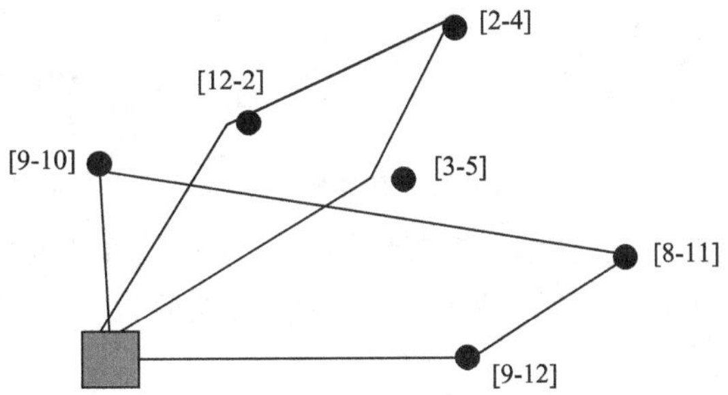

图 10.16　考虑时间窗口的 VRP 解决方案

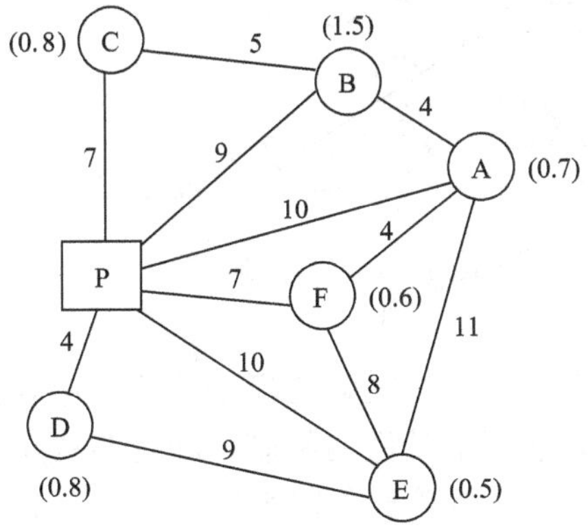

图 10.17　配送中心配送路线网络

【案例】VRP 里程节约法图解

图 10.17 是一个配送网络，P 是配送中心所在地，A—F 是 P 的 6 个配送点，线路上的数字表示两点间的距离（km），图中括号内的数字是配送量（t）。现在采用的配送车辆是装载量为 2t 和 4t 的两种货车，并限制车辆一次运行距离不超过 30km。试求车辆的最佳配送路线。

首先列出配送中心至客户以及客户间距离，计算其里程节约量，并对里程节约量由大到小排序（表 10.4）。

表 10.4　客户间、客户到配送中心的距离、里程节约量及排序

C_{ij}	P	A	B	C	D	E	F	S_{ij}	P	A	B	C	D	E	F
P		10	9	7	4	10	7	P							
A	10		4	9	14	11	4	A							
B	9	4		5	13	15	8	B		15					
C	7	9	5		11	17	13	C		8	11				
D	4	14	13	11		9	11	D		−6	−11	−18			
E	10	11	15	17	9		8	E		9	4	−2	5		
F	7	4	8	13	11	8		F		13	8	1	−6	9	
S_{ij} 排序	$S_{AB}>S_{AF}>S_{BC}>S_{AE}=S_{EF}>S_{AC}=S_{BF}>S_{DE}>S_{BE}>S_{CF}$														

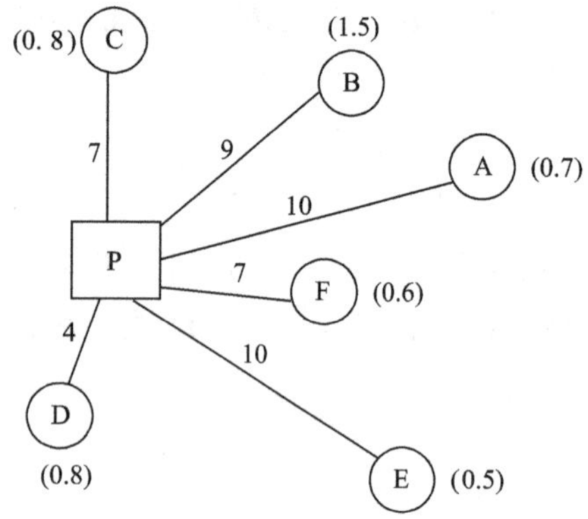

图 10.18　初始解

然后，按照里程节约大小顺序，连接相应的客户，组合成配送路线图。

初始解：从配送中心向各配送点配送的分离路线，如图 10.18 所示。此时配送路线有 6 条，总运行距离为 2×（10+9+7+4+10+7）=94（km），需要装载量为 2t 的货车 6 辆。

二次解：按照节约里程的顺序大小，连接 A 和 B、A 和 F、B 和 C，与 P 和 C、P 和 F 一起组成配送路线 1，如图 10.19 所示，该路线装载量为 0.7+1.5+0.8+0.6=3.6（t），需用 1 辆 4t 货车，运行里程为 4+5+7+7+4=27（km）。P—D、P—E 为独立配送路线，需要装载量为 2t 的货车 2 辆。此时总配送路线 3 条，总运行里程 27+2×（4+10）=55（km），共需要装载量为 4t 的货车 1 辆、装载量为 2t 的货车 2 辆。

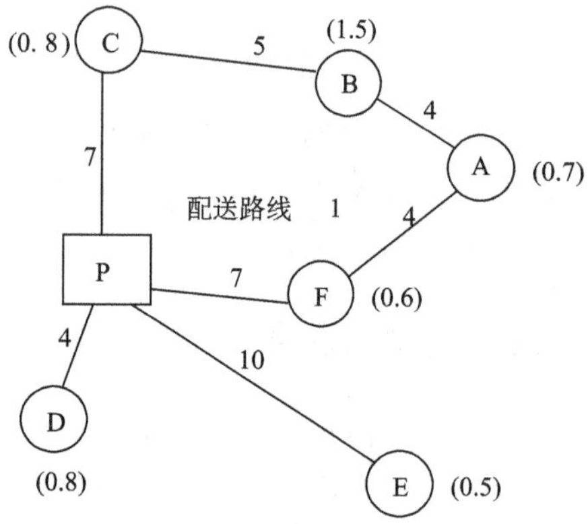

图 10.19　二次解

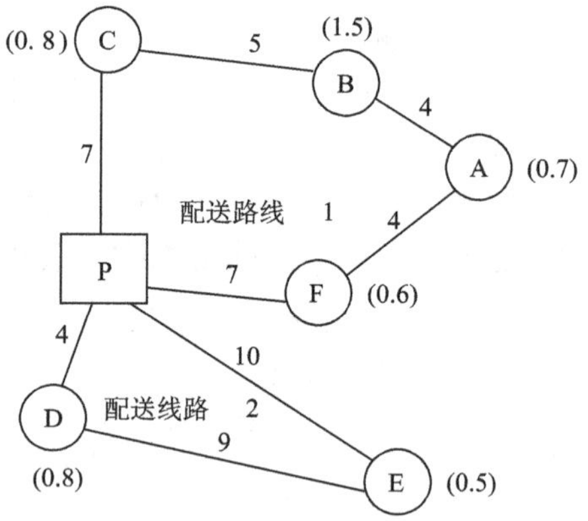

图 10.20　三次解

按照节约里程的顺序大小，A—E 和 E—F 都有可能连接到二次解的配送路线 1 中，但由于受车辆装载量≤4t 或≤2t，和每次运行距离≤30km 这两个条件的限制，配送路线 1 不能再增加配送点，所以不再连接 A 和 E 与 E 和 F。同理也不能再连接 B 和 E。

三次解：由于 A、B、C 和 F 已在配送路线 1 中，不再考虑 A 和 C、B 和 F、C 和 F 的连接。再重复二次解的工作，继续增加一次此配送路线上的配送点。接下来按节约里程的顺序是 D 和 E，连接 D 和 E，使之与 P 和 D、P 和 E 一起组成配送路线 2，如图 10.20 所示。该配送路线装载量为 0.8+0.5=1.3（t），行程为 4+10+9=23（km），需要 1 辆 2t 货车。

至此，由于受车辆装载量和每次运行距离这两个条件的限制，没法再合并路线，所以，三次解也是最终解，这样，总的配送路线一共有 2 条，P—C—B—A—F—P 和 P—D—E—P，总运行距离为 27+23=50（km），共需要装载量为 2t 和 4t 的货车各 1 辆。

2. 扫描法图解

扫描法是一个简便而又较准确的优化方法，平均误差率在 10%左右。用扫描法解决 VRP 的步骤如下。

第一步，建立极坐标系。以起始点（如配送中心、仓库等）作为极坐标的原点，以任意一个方向定义为极轴正方向，或以连通网络中任意一个客户所在地和原点的连线定义为极轴正方向，建立极坐标系。然后，把网络中所有客户所在地的位置全部转换为用极坐标表示。

第二步，分组。从最小角度的客户开始，按顺时针或逆时针方向旋转，将客户逐个并入一个组，直到客户的需求总量达到配送车辆的额定载重量为止。然后继续这一过程，直到所有的客户都相继分入一个组为止。

第三步，组内路线优化。对各个分组内的客户，按旅行商问题（TSP 方法）进行路线优化，分别选择一个最优或较优的配送路线。

图 10.21 是有 12 个客户的配送网络，单车装载能力为 3 个客户单位，用扫描法确定的配送路线为 4 条。

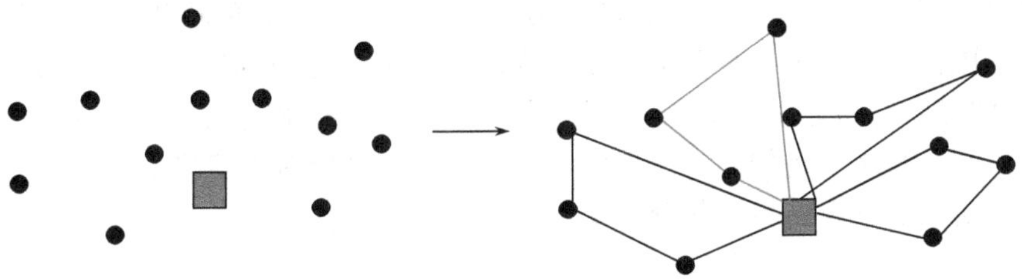

图 10.21　VRP 的扫描法图解

扫描法也可以解决具有时间窗口的配送问题，它是把对时间要求最苛刻的客户点作为扫描线的起始点，然后沿顺时针或逆时针方向旋转扫描线，把距离相近且能满足时间窗口要求的点划到一条线上，直到装满一辆车为止，再开始新的路线。

【案例】用扫描算法求解该运输问题

设有一个仓库 v_0 需要对 9 个客户 v_1，v_2，…，v_9 送货，它们的需求量及极坐标在表 10.5 中给出，它们的相互位置如图 10.22 所示，图中各点旁的数字是相应的客户的需求量，各客户到仓库 v_0 的距离分别为 r_1，r_2，…，r_9。每辆送货车辆的额定载运量为 12 个单位货物，并有足够多的车辆。试用扫描算法求解该运输问题。

表 10.5　客户需求量及极坐标值

	v_1	v_2	v_3	v_4	v_5	v_6	v_7	v_8	v_9
需求量（单位货物）	5	3	6	5	3	4	2	1	6
极坐标（°）	80	30	135	280	255	210	170	350	335

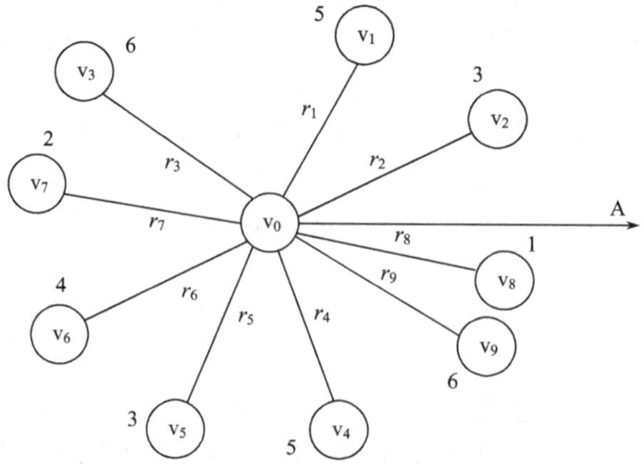

图 10.22　客户与仓库的位置图

第一步，建立极坐标系。

第二步，分组。从角度为 0 的极坐标轴开始，按逆时针方向进行扫描，第一个被分组的客户是 v_2，其需求量为 3；继续旋转，下一个被分组的是客户 v_1，其需求量为 5；由于 v_2 和 v_1 的需求量之和为 8，没有达到送货车辆的额定载运量 12，所以继续旋转，下一个被分组的客户是 v_3，其需求量是 6；由于 v_2、v_1 和 v_3 的需求总量为 14，超过送货车辆的额定载运量 12，所以不能把 v_3 分入第 1 组，需要分入一个新的组，即 v_3 第一个被分入第 2 组。这样在第 1 组中只有客户 v_2 和 v_1。继续旋转，第二个被分入第 2 组的客户是 v_7，其需求量为 2，v_3 和 v_7 的需求量之和为 8，还可以继续旋转；下一个被分组的客户是 v_6，其需求量为 4，v_3、v_7 和 v_6 的需求总量为 12，符合车辆额定载运量的要求并正好装满，故把 v_3、v_7 和 v_6 定为第 2 组，并开始第 3 组的划分。如此继续下去，直到所有的客户都被分组为止。最后得到如图 10.23 所示的分组结果，共分 4 个组。

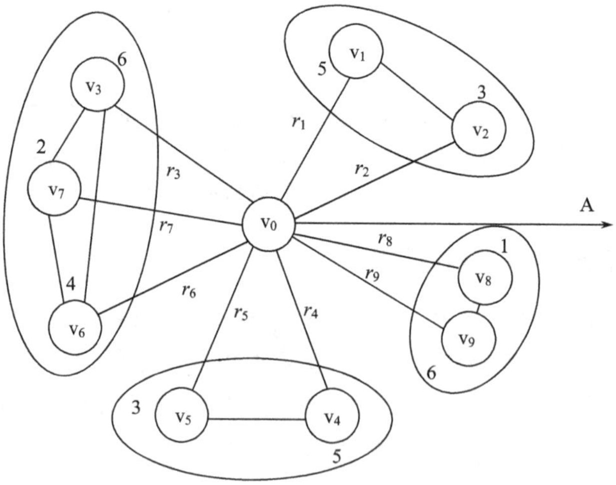

图 10.23　扫描算法的求解结果

第三步，组内路线优化。对每一个组，组内的各客户和供应点 v_0 一起构成一个单回路配送运输问题，可以根据第九章第二节中介绍的方法进行路线优化，这里就不再详述。

主要参考文献

陈克勤. 2006. 物流运输实务. 北京：中国物资出版社.
陈子侠. 2007. 基于GIS物流配送线路优化与仿真. 北京：经济科学出版社.
杜文. 2006. 物流运输与配送管理. 北京：机械工业出版社.
姜宏. 2001. 物流运输技术与实务. 北京：人民交通出版社.
李念祖. 2006. 物流运筹学基础. 北京：中国物资出版社.
刘莉，徐玲玲. 2009. 物流运输与组织管理. 北京：化学工业出版社.
刘南. 2006. 现代运输管理. 北京：高等教育出版社.
刘学军，徐鹏. 2006. 交通地理信息系统. 北京：科学出版社.
吕拉昌，李文翎. 2012. 中国地理. 北京：科学出版社.
牛鱼龙. 2006. 日本物流经典案例. 重庆：重庆大学出版社.
秦明森. 2006. 物流运输与配送管理实务. 北京：中国物资出版社.
申纲领. 2010. 物流运输管理. 北京：北京大学出版社.
孙瑛，韩杨，刘娜. 2011. 物流运输管理实务. 北京：清华大学出版社.
唐路遥. 2004. 摩托罗拉的绩效管理. 现代商业银行，(7)：29-30.
王任祥. 2008. 交通运输地理. 北京：人民交通出版社.
王述英. 2006. 物流运输组织与管理. 北京：电子工业出版社.
徐丽群. 2007. 运输物流管理. 北京：机械工业出版社.
许淑君，卢君. 2011. 运输管理. 上海：复旦大学出版社.
杨家其. 2003. 现代物流与运输. 北京：人民交通出版社.
杨庆云. 2005. 物流运输管理. 北京：中国轻工业出版社.
杨万钟. 1999. 经济地理学导论. 上海：华东师范大学出版社.
张理，李雪松. 2005. 现代物流运输管理. 北京：中国水利水电出版社.
张理，刘志萍. 2012. 物流运输管理. 北京：清华大学出版社，北京交通大学出版社.
张潜. 2009. 物流运筹学. 北京：北京大学出版社.
张瑞夫. 2008. 现代物流管理案例精选. 北京：中国财政经济出版社.
张旭凤. 2010. 物流运输管理. 北京：北京大学出版社.
周敏. 2010. 世界港口交通地图集. 北京：中国地图出版社.
周行. 2000. 海尔物流与创新. 商品储运与养护，(4)：12-17.
朱仕兄. 2009. 物流运输管理实务. 北京：北京交通大学出版社.
朱新民. 2008. 物流运输管理. 大连：东北财经大学出版社.
邹龙. 2008. 物流运输管理. 重庆：重庆大学出版社.
Hillier. F. S，Lieberman. G. J. 2007. 运筹学导论. 胡运权等译. 北京：清华大学出版社.